I0151403

PORTUGIESISCH

WORTSCHATZ

FÜR DAS SELBSTSTUDIUM

DEUTSCH
PORTUGIESISCH

Die nützlichsten Wörter
Zur Erweiterung Ihres Wortschatzes und
Verbesserung der Sprachfertigkeit

7000 Wörter

Wortschatz Deutsch-Brasilianisch Portugiesisch für das Selbststudium - 7000 Wörter

Von Andrey Taranov

T&P Books Vokabelbücher sind dafür vorgesehen, beim Lernen einer Fremdsprache zu helfen, Wörter zu memorieren und zu wiederholen. Das Wörterbuch ist nach Themen aufgeteilt und deckt alle wichtigen Bereiche des täglichen Lebens, Berufs, Wissenschaft, Kultur etc. ab.

Durch das Benutzen der themenbezogenen T&P Books ergeben sich folgende Vorteile für den Lernprozess:

* Sachgemäß geordnete Informationen bestimmen den späteren Erfolg auf den darauffolgenden Stufen der Memorisierung
* Die Verfügbarkeit von Wörtern, die sich aus der gleichen Wurzel ableiten lassen, erlaubt die Memorisierung von Worteinheiten (mehr als bei einzeln stehenden Wörtern)
* Kleine Worteinheiten unterstützen den Aufbauprozess von assoziativen Verbindungen für die Festigung des Wortschatzes
* Die Kenntnis der Sprache kann aufgrund der Anzahl der gelernten Wörter eingeschätzt werden

T&P Books Publishing
www.tpbooks.com

ISBN: 978-1-78767-465-3

Dieses Buch ist auch im E-Book Format erhältlich.
Besuchen Sie uns auch auf www.tpbooks.com oder auf einer der bedeutenden Buchhandlungen online.

WORTSCHATZ DEUTSCH-BRASILIANISCH PORTUGIESISCH
für das Selbststudium

Die Vokabelbücher von T&P Books sind dafür vorgesehen, Ihnen beim Lernen einer Fremdsprache zu helfen, Wörter zu memorieren und zu wiederholen. Der Wortschatz enthält über 7000 häufig gebrauchte, thematisch geordnete Wörter.

* Der Wortschatz enthält die am häufigsten benutzten Wörter
* Eignet sich als Ergänzung zu jedem Sprachkurs
* Erfüllt die Bedürfnisse von Anfängern und fortgeschrittenen Lernenden von Fremdsprachen
* Praktisch für den täglichen Gebrauch, zur Wiederholung und um sich selbst zu testen
* Ermöglicht es, Ihren Wortschatz einzuschätzen

Besondere Merkmale des Wortschatzes:

* Wörter sind entsprechend ihrer Bedeutung und nicht alphabetisch organisiert
* Wörter werden in drei Spalten präsentiert, um das Wiederholen und den Selbstüberprüfungsprozess zu erleichtern
* Wortgruppen werden in kleinere Einheiten aufgespalten, um den Lernprozess zu fördern
* Der Wortschatz bietet eine praktische und einfache Lautschrift jedes Wortes der Fremdsprache

Der Wortschatz hat 198 Themen, einschließlich:

Grundbegriffe, Zahlen, Farben, Monate, Jahreszeiten, Maßeinheiten, Kleidung und Accessoires, Essen und Ernährung, Restaurant, Familienangehörige, Verwandte, Charaktereigenschaften, Empfindungen, Gefühle, Krankheiten, Großstadt, Kleinstadt, Sehenswürdigkeiten, Einkaufen, Geld, Haus, Zuhause, Büro, Import & Export, Marketing, Arbeitssuche, Sport, Ausbildung, Computer, Internet, Werkzeug, Natur, Länder, Nationalitäten und vieles mehr...

INHALT

LEITFADEN FÜR DIE AUSSPRACHE

T&P phonetisches Alphabet	Portugiesisch Beispiel	Deutsch Beispiel

Vokale

[a]	baixo ['baɪʃu]	schwarz
[e]	erro ['eʀu]	Pferde
[ɛ]	leve ['lɛvə]	essen
[i]	lancil [lã'sil]	ihr, finden
[o], [ɔ]	boca, orar ['bokə], [ɔ'rar]	wohnen, oft
[u]	urgente [uʀ'ʒẽtə]	kurz
[ã]	toranja [tu'rãʒə]	Nasalvokal [a]
[ẽ]	gente ['ʒẽtə]	sprengen
[ĩ]	seringa [sə'rĩgə]	Nasalvokal [i]
[õ]	ponto ['põtu]	Gong
[ũ]	umbigo [ũ'bigu]	Nasalvokal [u]

Konsonanten

[b]	banco ['bãku]	Brille
[d]	duche ['duʃə]	Detektiv
[ʤ]	abade [a'baʤi]	Kambodscha
[f]	facto ['faktu]	fünf
[g]	gorila [gu'rilə]	gelb
[j]	feira ['fejrə]	Jacke
[k]	claro ['klaru]	Kalender
[l]	Londres ['lõdrəʃ]	Juli
[ʎ]	molho ['moʎu]	Schicksal
[m]	montanha [mõ'tɐɲə]	Mitte
[n]	novela [nu'vɛlə]	nicht
[ɲ]	senhora [sə'ɲorə]	Champagner
[ŋ]	marketing ['markətiŋ]	lang
[p]	prata ['pratə]	Polizei
[s]	safira [sə'firə]	sein
[ʃ]	texto ['tɛʃtu]	Chance
[t]	teto ['tɛtu]	still
[ʧ]	doente [do'ẽtʃi]	Matsch
[v]	alvo ['alvu]	November
[z]	vizinha [vi'ziɲə]	sein
[ʒ]	juntos ['ʒũtuʃ]	Regisseur
[w]	sequoia [sə'kwɔjə]	schwanger

ABKÜRZUNGEN
die im Vokabular verwendet werden

Deutsch. Abkürzungen

Adj	-	Adjektiv
Adv	-	Adverb
Amtsspr.	-	Amtssprache
f	-	Femininum
f, n	-	Femininum, Neutrum
Fem.	-	Femininum
m	-	Maskulinum
m, f	-	Maskulinum, Femininum
m, n	-	Maskulinum, Neutrum
Mask.	-	Maskulinum
n	-	Neutrum
pl	-	Plural
Sg.	-	Singular
ugs.	-	umgangssprachlich
unzähl.	-	unzählbar
usw.	-	und so weiter
v mod	-	Modalverb
vi	-	intransitives Verb
vi, vt	-	intransitives, transitives Verb
vt	-	transitives Verb
zähl.	-	zählbar
z.B.	-	zum Beispiel

Portugiesisch. Abkürzungen

f	-	Femininum
f pl	-	Femininum plural
m	-	Maskulinum
m pl	-	Maskulinum plural
m, f	-	Maskulinum, Femininum
pl	-	Plural
v aux	-	Hilfsverb
vi	-	intransitives Verb
vi, vt	-	intransitives, transitives Verb
vr	-	reflexives Verb
vt	-	transitives Verb

GRUNDBEGRIFFE

Grundbegriffe. Teil 1

1. Pronomen

ich	eu	['ew]
du	você	[vɔ'se]
er	ele	['ɛli]
sie	ela	['ɛla]
wir	nós	[nɔs]
ihr	vocês	[vɔ'ses]
sie (Mask.)	eles	['ɛlis]
sie (Fem.)	elas	['ɛlas]

2. Grüße. Begrüßungen. Verabschiedungen

Hallo! (ugs.)	Oi!	[ɔj]
Hallo! (Amtsspr.)	Olá!	[o'la]
Guten Morgen!	Bom dia!	[bõ 'dʒia]
Guten Tag!	Boa tarde!	['boa 'tardʒi]
Guten Abend!	Boa noite!	['boa 'nojtʃi]
grüßen (vi, vt)	cumprimentar (vt)	[kũprimẽ'tar]
Hallo! (ugs.)	Oi!	[ɔj]
Gruß (m)	saudação (f)	[sawda'sãw]
begrüßen (vt)	saudar (vt)	[saw'dar]
Wie geht es Ihnen?	Como você está?	['kɔmu vo'se is'ta]
Wie geht's dir?	Como vai?	['kɔmu 'vaj]
Was gibt es Neues?	E aí, novidades?	[a a'i novi'dadʒis]
Auf Wiedersehen!	Tchau!	['tʃaw]
Bis bald!	Até breve!	[a'tɛ 'brɛvi]
Lebe wohl! Leben Sie wohl!	Adeus!	[a'dews]
sich verabschieden	despedir-se (vr)	[dʒispe'dʒirsi]
Tschüs!	Até mais!	[a'tɛ majs]
Danke!	Obrigado! -a!	[obri'gadu, -a]
Dankeschön!	Muito obrigado! -a!	['mwĩtu obri'gadu, -a]
Bitte (Antwort)	De nada	[de 'nada]
Keine Ursache.	Não tem de quê	['nãw tẽj de ke]
Nichts zu danken.	Não foi nada!	['nãw foj 'nada]
Entschuldige!	Desculpa!	[dʒis'kuwpa]
Entschuldigung!	Desculpe!	[dʒis'kuwpe]

entschuldigen (vt)	desculpar (vt)	[dʒiskuw'par]
sich entschuldigen	desculpar-se (vr)	[dʒiskuw'parsi]
Verzeihung!	Me desculpe	[mi dʒis'kuwpe]
Es tut mir leid!	Desculpe!	[dʒis'kuwpe]
verzeihen (vt)	perdoar (vt)	[per'dwar]
Das macht nichts!	Não faz mal	['nãw fajʒ maw]
bitte (Die Rechnung, ~!)	por favor	[por fa'vor]
Nicht vergessen!	Não se esqueça!	['nãw si is'kesa]
Natürlich!	Com certeza!	[kõ ser'teza]
Natürlich nicht!	Claro que não!	['klaru ki 'nãw]
Gut! Okay!	Está bem! De acordo!	[is'ta bẽj], [de a'kordu]
Es ist genug!	Chega!	['ʃega]

3. Grundzahlen. Teil 1

null	zero	['zɛru]
eins	um	[ũ]
zwei	dois	['dojs]
drei	três	[tres]
vier	quatro	['kwatru]
fünf	cinco	['sĩku]
sechs	seis	[sejs]
sieben	sete	['sɛtʃi]
acht	oito	['ojtu]
neun	nove	['nɔvi]
zehn	dez	[dɛz]
elf	onze	['õzi]
zwölf	doze	['dozi]
dreizehn	treze	['trezi]
vierzehn	catorze	[ka'torzi]
fünfzehn	quinze	['kĩzi]
sechzehn	dezesseis	[deze'sejs]
siebzehn	dezessete	[dezi'setʃi]
achtzehn	dezoito	[dʒi'zojtu]
neunzehn	dezenove	[deze'nɔvi]
zwanzig	vinte	['vĩtʃi]
einundzwanzig	vinte e um	['vĩtʃi i ũ]
zweiundzwanzig	vinte e dois	['vĩtʃi i 'dojs]
dreiundzwanzig	vinte e três	['vĩtʃi i 'tres]
dreißig	trinta	['trĩta]
einunddreißig	trinta e um	['trĩta i ũ]
zweiunddreißig	trinta e dois	['trĩta i 'dojs]
dreiunddreißig	trinta e três	['trĩta i 'tres]
vierzig	quarenta	[kwa'rẽta]
einundvierzig	quarenta e um	[kwa'rẽta i 'ũ]
zweiundvierzig	quarenta e dois	[kwa'rẽta i 'dojs]
dreiundvierzig	quarenta e três	[kwa'rẽta i 'tres]

fünfzig	cinquenta	[sĩˈkwẽta]
einundfünfzig	cinquenta e um	[sĩˈkwẽta i ũ]
zweiundfünfzig	cinquenta e dois	[sĩˈkwẽta i ˈdojs]
dreiundfünfzig	cinquenta e três	[sĩˈkwẽta i ˈtres]

sechzig	sessenta	[seˈsẽta]
einundsechzig	sessenta e um	[seˈsẽta i ũ]
zweiundsechzig	sessenta e dois	[seˈsẽta i ˈdojs]
dreiundsechzig	sessenta e três	[seˈsẽta i ˈtres]

siebzig	setenta	[seˈtẽta]
einundsiebzig	setenta e um	[seˈtẽta i ũ]
zweiundsiebzig	setenta e dois	[seˈtẽta i ˈdojs]
dreiundsiebzig	setenta e três	[seˈtẽta i ˈtres]

achtzig	oitenta	[ojˈtẽta]
einundachtzig	oitenta e um	[ojˈtẽta i ˈũ]
zweiundachtzig	oitenta e dois	[ojˈtẽta i ˈdojs]
dreiundachtzig	oitenta e três	[ojˈtẽta i ˈtres]

neunzig	noventa	[noˈvẽta]
einundneunzig	noventa e um	[noˈvẽta i ˈũ]
zweiundneunzig	noventa e dois	[noˈvẽta i ˈdojs]
dreiundneunzig	noventa e três	[noˈvẽta i ˈtres]

4. Grundzahlen. Teil 2

einhundert	cem	[sẽ]
zweihundert	duzentos	[duˈzẽtus]
dreihundert	trezentos	[treˈzẽtus]
vierhundert	quatrocentos	[kwatroˈsẽtus]
fünfhundert	quinhentos	[kiˈɲẽtus]

sechshundert	seiscentos	[sejˈsẽtus]
siebenhundert	setecentos	[seteˈsẽtus]
achthundert	oitocentos	[ojtuˈsẽtus]
neunhundert	novecentos	[noveˈsẽtus]

eintausend	mil	[miw]
zweitausend	dois mil	[ˈdojs miw]
dreitausend	três mil	[ˈtres miw]
zehntausend	dez mil	[ˈdez miw]
hunderttausend	cem mil	[sẽ miw]
Million (f)	um milhão	[ũ miˈʎãw]
Milliarde (f)	um bilhão	[ũ biˈʎãw]

5. Zahlen. Brüche

Bruch (m)	fração (f)	[fraˈsãw]
Hälfte (f)	um meio	[ũ ˈmeju]
Drittel (n)	um terço	[ũ ˈtersu]
Viertel (n)	um quarto	[ũ ˈkwartu]

Achtel (m, n)	um oitavo	[ũ oj'tavu]
Zehntel (n)	um décimo	[ũ 'dɛsimu]
zwei Drittel	dois terços	['dojs 'tersus]
drei Viertel	três quartos	[tres 'kwartus]

6. Zahlen. Grundrechenarten

Subtraktion (f)	subtração (f)	[subtra'sãw]
subtrahieren (vt)	subtrair (vi, vt)	[subtra'ir]
Division (f)	divisão (f)	[dʒivi'zãw]
dividieren (vt)	dividir (vt)	[dʒivi'dʒir]
Addition (f)	adição (f)	[adʒi'sãw]
addieren (vt)	somar (vt)	[so'mar]
hinzufügen (vt)	adicionar (vt)	[adʒisjo'nar]
Multiplikation (f)	multiplicação (f)	[muwtʃiplika'sãw]
multiplizieren (vt)	multiplicar (vt)	[muwtʃipli'kar]

7. Zahlen. Verschiedenes

Ziffer (f)	algarismo, dígito (m)	[awga'rizmu], ['dʒiʒitu]
Zahl (f)	número (m)	['numeru]
Zahlwort (n)	numeral (m)	[nume'raw]
Minus (n)	sinal (m) de menos	[si'naw de 'menus]
Plus (n)	mais (m)	[majs]
Formel (f)	fórmula (f)	['fɔrmula]
Berechnung (f)	cálculo (m)	['kawkulu]
zählen (vt)	contar (vt)	[kõ'tar]
berechnen (vt)	calcular (vt)	[kawku'lar]
vergleichen (vt)	comparar (vt)	[kõpa'rar]
Wie viel?	Quanto?	['kwãtu]
Wie viele?	Quantos? -as?	['kwãtus, -as]
Summe (f)	soma (f)	['sɔma]
Ergebnis (n)	resultado (m)	[hezuw'tadu]
Rest (m)	resto (m)	['hɛstu]
einige (~ Tage)	alguns, algumas ...	[aw'gũs], [aw'gumas]
einige, ein paar	poucos, poucas	['pokus], ['pokas]
wenig (es kostet ~)	um pouco ...	[ũ 'poku]
Übrige (n)	resto (m)	['hɛstu]
anderthalb	um e meio	[ũ i 'meju]
Dutzend (n)	dúzia (f)	['duzja]
entzwei (Adv)	ao meio	[aw 'meju]
zu gleichen Teilen	em partes iguais	[ẽ 'partʃis i'gwais]
Hälfte (f)	metade (f)	[me'tadʒi]
Mal (n)	vez (f)	[vez]

8. Die wichtigsten Verben. Teil 1

abbiegen (nach links ~)	**virar** (vi)	[vi'rar]
abschicken (vt)	**enviar** (vt)	[ẽ'vjar]
ändern (vt)	**mudar** (vt)	[mu'dar]
andeuten (vt)	**dar uma dica**	[dar 'uma 'dʒika]
Angst haben	**ter medo**	[ter 'medu]
ankommen (vi)	**chegar** (vi)	[ʃe'gar]
antworten (vi)	**responder** (vt)	[hespõ'der]
arbeiten (vi)	**trabalhar** (vi)	[traba'ʎar]
auf ... zählen	**contar com ...**	[kõ'tar kõ]
aufbewahren (vt)	**guardar** (vt)	[gwar'dar]
aufschreiben (vt)	**anotar** (vt)	[ano'tar]
ausgehen (vi)	**sair** (vi)	[sa'ir]
aussprechen (vt)	**pronunciar** (vt)	[pronũ'sjar]
bedauern (vt)	**arrepender-se** (vr)	[ahepẽ'dersi]
bedeuten (vt)	**significar** (vt)	[signifi'kar]
beenden (vt)	**acabar, terminar** (vt)	[aka'bar], [termi'nar]
befehlen (Milit.)	**ordenar** (vt)	[orde'nar]
befreien (Stadt usw.)	**libertar, liberar** (vt)	[liber'tar], [libe'rar]
beginnen (vt)	**começar** (vt)	[kome'sar]
bemerken (vt)	**perceber** (vt)	[perse'ber]
beobachten (vt)	**observar** (vt)	[obser'var]
berühren (vt)	**tocar** (vt)	[to'kar]
besitzen (vt)	**possuir** (vt)	[po'swir]
besprechen (vt)	**discutir** (vt)	[dʒisku'tʃir]
bestehen auf	**insistir** (vi)	[ĩsis'tʃir]
bestellen (im Restaurant)	**pedir** (vt)	[pe'dʒir]
bestrafen (vt)	**punir** (vt)	[pu'nir]
beten (vi)	**rezar, orar** (vi)	[he'zar], [o'rar]
bitten (vt)	**pedir** (vt)	[pe'dʒir]
brechen (vt)	**quebrar** (vt)	[ke'brar]
denken (vi, vt)	**pensar** (vi, vt)	[pẽ'sar]
drohen (vi)	**ameaçar** (vt)	[amea'sar]
Durst haben	**ter sede**	[ter 'sedʒi]
einladen (vt)	**convidar** (vt)	[kõvi'dar]
einstellen (vt)	**cessar** (vt)	[se'sar]
einwenden (vt)	**objetar** (vt)	[obʒe'tar]
empfehlen (vt)	**recomendar** (vt)	[hekomẽ'dar]
erklären (vt)	**explicar** (vt)	[ispli'kar]
erlauben (vt)	**permitir** (vt)	[permi'tʃir]
ermorden (vt)	**matar** (vt)	[ma'tar]
erwähnen (vt)	**mencionar** (vt)	[mẽsjo'nar]
existieren (vi)	**existir** (vi)	[ezis'tʃir]

9. Die wichtigsten Verben. Teil 2

fallen (vi)	cair (vi)	[ka'ir]
fallen lassen	deixar cair (vt)	[dej'ʃar ka'ir]
fangen (vt)	pegar (vt)	[pe'gar]
finden (vt)	encontrar (vt)	[ëkõ'trar]
fliegen (vi)	voar (vi)	[vo'ar]
folgen (Folge mir!)	seguir ...	[se'gir]
fortsetzen (vt)	continuar (vt)	[kõtʃi'nwar]
fragen (vt)	perguntar (vt)	[pergũ'tar]
frühstücken (vi)	tomar café da manhã	[to'mar ka'fɛ da ma'ɲã]
geben (vt)	dar (vt)	[dar]
gefallen (vi)	gostar (vt)	[gos'tar]
gehen (zu Fuß gehen)	ir (vi)	[ir]
gehören (vi)	pertencer (vt)	[pertë'ser]
graben (vt)	cavar (vt)	[ka'var]
haben (vt)	ter (vt)	[ter]
helfen (vi)	ajudar (vt)	[aʒu'dar]
herabsteigen (vi)	descer (vi)	[de'ser]
hereinkommen (vi)	entrar (vi)	[ë'trar]
hoffen (vi)	esperar (vi, vt)	[ispe'rar]
hören (vt)	ouvir (vt)	[o'vir]
hungrig sein	ter fome	[ter 'fɔmi]
informieren (vt)	informar (vt)	[ĩfor'mar]
jagen (vi)	caçar (vi)	[ka'sar]
kennen (vt)	conhecer (vt)	[koɲe'ser]
klagen (vi)	queixar-se (vr)	[kej'ʃarsi]
können (v mod)	poder (vi)	[po'der]
kontrollieren (vt)	controlar (vt)	[kõtro'lar]
kosten (vt)	custar (vt)	[kus'tar]
kränken (vt)	insultar (vt)	[ĩsuw'tar]
lächeln (vi)	sorrir (vi)	[so'hir]
lachen (vi)	rir (vi)	[hir]
laufen (vi)	correr (vi)	[ko'her]
leiten (Betrieb usw.)	dirigir (vt)	[dʒiri'ʒir]
lernen (vt)	estudar (vt)	[istu'dar]
lesen (vi, vt)	ler (vt)	[ler]
lieben (vt)	amar (vt)	[a'mar]
machen (vt)	fazer (vt)	[fa'zer]
mieten (Haus usw.)	alugar (vt)	[alu'gar]
nehmen (vt)	pegar (vt)	[pe'gar]
noch einmal sagen	repetir (vt)	[hepe'tʃir]
nötig sein	ser necessário	[ser nese'sarju]
öffnen (vt)	abrir (vt)	[a'brir]

10. Die wichtigsten Verben. Teil 3

planen (vt)	planejar (vt)	[plane'ʒar]
prahlen (vi)	gabar-se (vr)	[ga'barsi]
raten (vt)	aconselhar (vt)	[akõse'ʎar]
rechnen (vt)	contar (vt)	[kõ'tar]
reservieren (vt)	reservar (vt)	[hezer'var]
retten (vt)	salvar (vt)	[saw'var]
richtig raten (vt)	adivinhar (vt)	[adʒivi'ɲar]
rufen (um Hilfe ~)	chamar (vt)	[ʃa'mar]
sagen (vt)	dizer (vt)	[dʒi'zer]
schaffen (Etwas Neues zu ~)	criar (vt)	[krjar]
schelten (vt)	ralhar, repreender (vt)	[ha'ʎar], [heprjẽ'der]
schießen (vi)	disparar, atirar (vi)	[dʒispa'rar], [atʃi'rar]
schmücken (vt)	decorar (vt)	[deko'rar]
schreiben (vi, vt)	escrever (vt)	[iskre'ver]
schreien (vi)	gritar (vi)	[gri'tar]
schweigen (vi)	ficar em silêncio	[fi'kar ẽ si'lẽsju]
schwimmen (vi)	nadar (vi)	[na'dar]
schwimmen gehen	ir nadar	[ir na'dar]
sehen (vi, vt)	ver (vt)	[ver]
sein (Lehrer ~)	ser (vi)	[ser]
sein (müde ~)	estar (vi)	[is'tar]
sich beeilen	apressar-se (vr)	[apre'sarsi]
sich entschuldigen	desculpar-se (vr)	[dʒiskuw'parsi]
sich interessieren	interessar-se (vr)	[ĩtere'sarsi]
sich irren	errar (vi)	[e'har]
sich setzen	sentar-se (vr)	[sẽ'tarsi]
sich weigern	negar-se (vt)	[ne'garsi]
spielen (vi, vt)	brincar, jogar (vi, vt)	[brĩ'kar], [ʒo'gar]
sprechen (vi)	falar (vi)	[fa'lar]
staunen (vi)	surpreender-se (vr)	[surprjẽ'dersi]
stehlen (vt)	roubar (vt)	[ho'bar]
stoppen (vt)	parar (vi)	[pa'rar]
suchen (vt)	buscar (vt)	[bus'kar]

11. Die wichtigsten Verben. Teil 4

täuschen (vt)	enganar (vt)	[ẽga'nar]
teilnehmen (vi)	participar (vi)	[partʃisi'par]
übersetzen (Buch usw.)	traduzir (vt)	[tradu'zir]
unterschätzen (vt)	subestimar (vt)	[subestʃi'mar]
unterschreiben (vt)	assinar (vt)	[asi'nar]
vereinigen (vt)	unir (vt)	[u'nir]
vergessen (vt)	esquecer (vt)	[iske'ser]
vergleichen (vt)	comparar (vt)	[kõpa'rar]

verkaufen (vt)	**vender** (vt)	[vẽ'der]
verlangen (vt)	**exigir** (vt)	[ezi'ʒir]
versäumen (vt)	**faltar a ...**	[faw'tar a]
versprechen (vt)	**prometer** (vt)	[prome'ter]
verstecken (vt)	**esconder** (vt)	[iskõ'der]
verstehen (vt)	**entender** (vt)	[ẽtẽ'der]
versuchen (vt)	**tentar** (vt)	[tẽ'tar]
verteidigen (vt)	**defender** (vt)	[defẽ'der]
vertrauen (vi)	**confiar** (vt)	[kõ'fjar]
verwechseln (vt)	**confundir** (vt)	[kõfũ'dʒir]
verzeihen (vi, vt)	**desculpar** (vt)	[dʒiskuw'par]
verzeihen (vt)	**perdoar** (vt)	[per'dwar]
voraussehen (vt)	**prever** (vt)	[pre'ver]
vorschlagen (vt)	**propor** (vt)	[pro'por]
vorziehen (vt)	**preferir** (vt)	[prefe'rir]
wählen (vt)	**escolher** (vt)	[isko'ʎer]
warnen (vt)	**advertir** (vt)	[adʒiver'tʃir]
warten (vi)	**esperar** (vt)	[ispe'rar]
weinen (vi)	**chorar** (vi)	[ʃo'rar]
wissen (vt)	**saber** (vt)	[sa'ber]
Witz machen	**brincar** (vi)	[brĩ'kar]
wollen (vt)	**querer** (vt)	[ke'rer]
zahlen (vt)	**pagar** (vt)	[pa'gar]
zeigen (jemandem etwas)	**mostrar** (vt)	[mos'trar]
zu Abend essen	**jantar** (vi)	[ʒã'tar]
zu Mittag essen	**almoçar** (vi)	[awmo'sar]
zubereiten (vt)	**preparar** (vt)	[prepa'rar]
zustimmen (vi)	**concordar** (vi)	[kõkor'dar]
zweifeln (vi)	**duvidar** (vt)	[duvi'dar]

12. Farben

Farbe (f)	**cor** (f)	[kɔr]
Schattierung (f)	**tom** (m)	[tõ]
Farbton (m)	**tonalidade** (m)	[tonali'dadʒi]
Regenbogen (m)	**arco-íris** (m)	['arku 'iris]
weiß	**branco**	['brãku]
schwarz	**preto**	['pretu]
grau	**cinza**	['sĩza]
grün	**verde**	['verdʒi]
gelb	**amarelo**	[ama'rɛlu]
rot	**vermelho**	[ver'meʎu]
blau	**azul**	[a'zuw]
hellblau	**azul claro**	[a'zuw 'klaru]
rosa	**rosa**	['hɔza]
orange	**laranja**	[la'rãʒa]

| violett | violeta | [vjo'leta] |
| braun | marrom | [ma'hõ] |

| golden | dourado | [do'radu] |
| silbrig | prateado | [pra'tʃjadu] |

beige	bege	['bɛʒi]
cremefarben	creme	['krɛmi]
türkis	turquesa	[tur'keza]
kirschrot	vermelho cereja	[ver'meʎu se'reʒa]
lila	lilás	[li'las]
himbeerrot	carmim	[kah'mĩ]

hell	claro	['klaru]
dunkel	escuro	[is'kuru]
grell	vivo	['vivu]

Farb- (z.B. -stifte)	de cor	[de kɔr]
Farb- (z.B. -film)	a cores	[a 'kores]
schwarz-weiß	preto e branco	['pretu i 'brãku]
einfarbig	de uma só cor	[de 'uma sɔ kɔr]
bunt	multicolor	[muwtʃiko'lor]

13. Fragen

Wer?	Quem?	[kẽj]
Was?	O que?	[u ki]
Wo?	Onde?	['õdʒi]
Wohin?	Para onde?	['para 'õdʒi]
Woher?	De onde?	[de 'õdʒi]
Wann?	Quando?	['kwãdu]
Wozu?	Para quê?	['para ke]
Warum?	Por quê?	[por 'ke]

Wofür?	Para quê?	['para ke]
Wie?	Como?	['kɔmu]
Welcher?	Qual?	[kwaw]

Wem?	A quem?	[a kẽj]
Über wen?	De quem?	[de kẽj]
Wovon? (~ sprichst du?)	Do quê?	[du ke]
Mit wem?	Com quem?	[kõ kẽj]

Wie viele?	Quantos? -as?	['kwãtus, -as]
Wie viel?	Quanto?	['kwãtu]
Wessen?	De quem?	[de kẽj]

14. Funktionswörter. Adverbien. Teil 1

Wo?	Onde?	['õdʒi]
hier	aqui	[a'ki]
dort	lá, ali	[la], [a'li]

| irgendwo | em algum lugar | [ẽ aw'gũ lu'gar] |
| nirgends | em lugar nenhum | [ẽ lu'gar ne'ɲũ] |

| an (bei) | perto de … | ['pɛrtu de] |
| am Fenster | perto da janela | ['pɛrtu da ʒa'nɛla] |

Wohin?	Para onde?	['para 'õdʒi]
hierher	aqui	[a'ki]
dahin	para lá	['para la]
von hier	daqui	[da'ki]
von da	de lá, dali	[de la], [da'li]

| nah (Adv) | perto | ['pɛrtu] |
| weit, fern (Adv) | longe | ['lõʒi] |

in der Nähe von …	perto de …	['pɛrtu de]
in der Nähe	à mão, perto	[a mãw], ['pɛrtu]
unweit (~ unseres Hotels)	não fica longe	['nãw 'fika 'lõʒi]

link (Adj)	esquerdo	[is'kerdu]
links (Adv)	à esquerda	[a is'kerda]
nach links	para a esquerda	['para a is'kerda]

recht (Adj)	direito	[dʒi'rejtu]
rechts (Adv)	à direita	[a dʒi'rejta]
nach rechts	para a direita	['para a dʒi'rejta]

vorne (Adv)	em frente	[ẽ 'frẽtʃi]
Vorder-	da frente	[da 'frẽtʃi]
vorwärts	adiante	[a'dʒjãtʃi]

hinten (Adv)	atrás de …	[a'trajs de]
von hinten	de trás	[de trajs]
rückwärts (Adv)	para trás	['para trajs]

| Mitte (f) | meio (m), metade (f) | ['meju], [me'tadʒi] |
| in der Mitte | no meio | [nu 'meju] |

seitlich (Adv)	do lado	[du 'ladu]
überall (Adv)	em todo lugar	[ẽ 'todu lu'gar]
ringsherum (Adv)	por todos os lados	[por 'todus os 'ladus]

von innen (Adv)	de dentro	[de 'dẽtru]
irgendwohin (Adv)	para algum lugar	['para aw'gũ lu'gar]
geradeaus (Adv)	diretamente	[dʒireta'mẽtʃi]
zurück (Adv)	de volta	[de 'vɔwta]

| irgendwoher (Adv) | de algum lugar | [de aw'gũ lu'gar] |
| von irgendwo (Adv) | de algum lugar | [de aw'gũ lu'gar] |

erstens	em primeiro lugar	[ẽ pri'mejru lu'gar]
zweitens	em segundo lugar	[ẽ se'gũdu lu'gar]
drittens	em terceiro lugar	[ẽ ter'sejru lu'gar]

| plötzlich (Adv) | de repente | [de he'pẽtʃi] |
| zuerst (Adv) | no início | [nu i'nisju] |

zum ersten Mal	pela primeira vez	['pɛla pri'mejra 'vez]
lange vor...	muito antes de ...	['mwĩtu 'ãtʃis de]
von Anfang an	de novo	[de 'novu]
für immer	para sempre	['para 'sẽpri]

nie (Adv)	nunca	['nũka]
wieder (Adv)	de novo	[de 'novu]
jetzt (Adv)	agora	[a'gɔra]
oft (Adv)	frequentemente	[frekwẽtʃi'mẽtʃi]
damals (Adv)	então	[ẽ'tãw]
dringend (Adv)	urgentemente	[urʒẽte'mẽtʃi]
gewöhnlich (Adv)	normalmente	[nɔrmaw'mẽtʃi]

übrigens, ...	a propósito, ...	[a pro'pozitu]
möglicherweise (Adv)	é possível	[ɛ po'sivew]
wahrscheinlich (Adv)	provavelmente	[provavɛw'mẽtʃi]
vielleicht (Adv)	talvez	[taw'vez]
außerdem ...	além disso, ...	[a'lẽj 'dʒisu]
deshalb ...	por isso ...	[por 'isu]
trotz ...	apesar de ...	[ape'zar de]
dank ...	graças a ...	['grasas a]

was (~ ist denn?)	que	[ki]
das (~ ist alles)	que	[ki]
etwas	algo	[awgu]
irgendwas	alguma coisa	[aw'guma 'kojza]
nichts	nada	['nada]

wer (~ ist ~?)	quem	[kẽj]
jemand	alguém	[aw'gẽj]
irgendwer	alguém	[aw'gẽj]

niemand	ninguém	[nĩ'gẽj]
nirgends	para lugar nenhum	['para lu'gar ne'ɲũ]
niemandes (~ Eigentum)	de ninguém	[de nĩ'gẽj]
jemandes	de alguém	[de aw'gẽj]

so (derart)	tão	[tãw]
auch	também	[tã'bẽj]
ebenfalls	também	[tã'bẽj]

15. Funktionswörter. Adverbien. Teil 2

Warum?	Por quê?	[por 'ke]
aus irgendeinem Grund	por alguma razão	[por aw'guma ha'zãw]
weil ...	porque ...	[por'ke]
zu irgendeinem Zweck	por qualquer razão	[por kwaw'ker ha'zãw]

und	e	[i]
oder	ou	['o]
aber	mas	[mas]
für (präp)	para	['para]
zu (~ viele)	muito, demais	['mwĩtu], [dʒi'majs]
nur (~ einmal)	só, somente	[sɔ], [sɔ'mẽtʃi]

| genau (Adv) | exatamente | [ɛzata'mẽtʃi] |
| etwa | cerca de ... | ['serka de] |

ungefähr (Adv)	aproximadamente	[aprosimada'mẽti]
ungefähr (Adj)	aproximado	[aprosi'madu]
fast	quase	['kwazi]
Übrige (n)	resto (m)	['hɛstu]

der andere	o outro	[u 'otru]
andere	outro	['otru]
jeder (~ Mann)	cada	['kada]
beliebig (Adj)	qualquer	[kwaw'ker]
viel (zähl.)	muitos, muitas	['mwĩtos], ['mwĩtas]
viel (unzähl.)	muito	['mwĩtu]
viele Menschen	muitas pessoas	['mwĩtas pe'soas]
alle (wir ~)	todos	['todus]

im Austausch gegen ...	em troca de ...	[ẽ 'trɔka de]
dafür (Adv)	em troca	[ẽ 'trɔka]
mit der Hand (Hand-)	à mão	[a mãw]
schwerlich (Adv)	pouco provável	['poku pro'vavew]

wahrscheinlich (Adv)	provavelmente	[provavɛw'mẽtʃi]
absichtlich (Adv)	de propósito	[de pro'pɔzitu]
zufällig (Adv)	por acidente	[por asi'dẽtʃi]

sehr (Adv)	muito	['mwĩtu]
zum Beispiel	por exemplo	[por e'zẽplu]
zwischen	entre	['ẽtri]
unter (Wir sind ~ Mördern)	entre, no meio de ...	['ẽtri], [nu 'meju de]
so viele (~ Ideen)	tanto	['tãtu]
besonders (Adv)	especialmente	[ispesjal'mẽte]

Grundbegriffe. Teil 2

16. Gegenteile

| reich (Adj) | rico | ['hiku] |
| arm (Adj) | pobre | ['pɔbri] |

| krank (Adj) | doente | [do'ĕtʃi] |
| gesund (Adj) | bem | [bĕj] |

| groß (Adj) | grande | ['grãdʒi] |
| klein (Adj) | pequeno | [pe'kenu] |

| schnell (Adv) | rapidamente | [hapida'mĕtʃi] |
| langsam (Adv) | lentamente | [lĕta'mĕtʃi] |

| schnell (Adj) | rápido | ['hapidu] |
| langsam (Adj) | lento | ['lĕtu] |

| froh (Adj) | alegre, feliz | [a'lɛgri], [fe'liz] |
| traurig (Adj) | triste | ['tristʃi] |

| zusammen | juntos | ['ʒũtus] |
| getrennt (Adv) | separadamente | [separada'mĕtʃi] |

| laut (~ lesen) | em voz alta | [ĕ vɔz 'awta] |
| still (~ lesen) | para si | ['para si] |

| hoch (Adj) | alto | ['awtu] |
| niedrig (Adj) | baixo | ['baɪʃu] |

| tief (Adj) | profundo | [pro'fũdu] |
| flach (Adj) | raso | ['hazu] |

| ja | sim | [sĩ] |
| nein | não | [nãw] |

| fern (Adj) | distante | [dʒis'tãtʃi] |
| nah (Adj) | próximo | ['prɔsimu] |

| weit (Adv) | longe | ['lõʒi] |
| nebenan (Adv) | perto | ['pɛrtu] |

| lang (Adj) | longo | ['lõgu] |
| kurz (Adj) | curto | ['kurtu] |

| gut (gütig) | bom, bondoso | [bõ], [bõ'dozu] |
| böse (der ~ Geist) | mal | [maw] |

verheiratet (Ehemann)	casado	[ka'zadu]
ledig (Adj)	solteiro	[sow'tejru]
verbieten (vt)	proibir (vt)	[proi'bir]
erlauben (vt)	permitir (vt)	[permi'tʃir]
Ende (n)	fim (m)	[fĩ]
Anfang (m)	início (m)	[i'nisju]
link (Adj)	esquerdo	[is'kerdu]
recht (Adj)	direito	[dʒi'rejtu]
der erste	primeiro	[pri'mejru]
der letzte	último	['uwtʃimu]
Verbrechen (n)	crime (m)	['krimi]
Bestrafung (f)	castigo (m)	[kas'tʃigu]
befehlen (vt)	ordenar (vt)	[orde'nar]
gehorchen (vi)	obedecer (vt)	[obede'ser]
gerade (Adj)	reto	['hɛtu]
krumm (Adj)	curvo	['kurvu]
Paradies (n)	paraíso (m)	[para'izu]
Hölle (f)	inferno (m)	[ĩ'fɛrnu]
geboren sein	nascer (vi)	[na'ser]
sterben (vi)	morrer (vi)	[mo'her]
stark (Adj)	forte	['fortʃi]
schwach (Adj)	fraco, débil	['fraku], ['debiw]
alt	velho, idoso	['vɛʎu], [i'dozu]
jung (Adj)	jovem	['ʒɔvẽ]
alt (Adj)	velho	['vɛʎu]
neu (Adj)	novo	['novu]
hart (Adj)	duro	['duru]
weich (Adj)	macio	[ma'siu]
warm (Adj)	quente	['kẽtʃi]
kalt (Adj)	frio	['friu]
dick (Adj)	gordo	['gordu]
mager (Adj)	magro	['magru]
eng (Adj)	estreito	[is'trejtu]
breit (Adj)	largo	['largu]
gut (Adj)	bom	[bõ]
schlecht (Adj)	mau	[maw]
tapfer (Adj)	valente, corajoso	[va'lẽtʃi], [kora'ʒozu]
feige (Adj)	covarde	[ko'vardʒi]

17. Wochentage

Montag (m)	segunda-feira (f)	[se'gũda-'fejra]
Dienstag (m)	terça-feira (f)	['tersa 'fejra]
Mittwoch (m)	quarta-feira (f)	['kwarta-'fejra]
Donnerstag (m)	quinta-feira (f)	['kĩta-'fejra]
Freitag (m)	sexta-feira (f)	['sesta-'fejra]
Samstag (m)	sábado (m)	['sabadu]
Sonntag (m)	domingo (m)	[do'mĩgu]

heute	hoje	['oʒi]
morgen	amanhã	[ama'ɲã]
übermorgen	depois de amanhã	[de'pojs de ama'ɲã]
gestern	ontem	['õtẽ]
vorgestern	anteontem	[ãtʃi'õtẽ]

Tag (m)	dia (m)	['dʒia]
Arbeitstag (m)	dia (m) de trabalho	['dʒia de tra'baʎu]
Feiertag (m)	feriado (m)	[fe'rjadu]
freier Tag (m)	dia (m) de folga	['dʒia de 'fɔwga]
Wochenende (n)	fim (m) de semana	[fĩ de se'mana]

den ganzen Tag	o dia todo	[u 'dʒia 'todu]
am nächsten Tag	no dia seguinte	[nu 'dʒia se'gĩtʃi]
zwei Tage vorher	há dois dias	[a 'dojs 'dʒias]
am Vortag	na véspera	[na 'vɛspera]
täglich (Adj)	diário	['dʒjarju]
täglich (Adv)	todos os dias	['todus us 'dʒias]

Woche (f)	semana (f)	[se'mana]
letzte Woche	na semana passada	[na se'mana pa'sada]
nächste Woche	semana que vem	[se'mana ke vẽj]
wöchentlich (Adj)	semanal	[sema'naw]
wöchentlich (Adv)	toda semana	['tɔda se'mana]
zweimal pro Woche	duas vezes por semana	['duas 'vezis por se'mana]
jeden Dienstag	toda terça-feira	['tɔda tersa 'fejra]

18. Stunden. Tag und Nacht

Morgen (m)	manhã (f)	[ma'ɲã]
morgens	de manhã	[de ma'ɲã]
Mittag (m)	meio-dia (m)	['meju 'dʒia]
nachmittags	à tarde	[a 'tardʒi]

Abend (m)	tardinha (f)	[tar'dʒiɲa]
abends	à tardinha	[a tar'dʒiɲa]
Nacht (f)	noite (f)	['nojtʃi]
nachts	à noite	[a 'nojtʃi]
Mitternacht (f)	meia-noite (f)	['meja 'nojtʃi]

Sekunde (f)	segundo (m)	[se'gũdu]
Minute (f)	minuto (m)	[mi'nutu]
Stunde (f)	hora (f)	['ɔra]

eine halbe Stunde	meia hora (f)	['meja 'ɔra]
Viertelstunde (f)	quarto (m) de hora	['kwartu de 'ɔra]
fünfzehn Minuten	quinze minutos	['kĩzi mi'nutus]
Tag und Nacht	vinte e quatro horas	['vĩtʃi i 'kwatru 'ɔras]

Sonnenaufgang (m)	nascer (m) do sol	[na'ser du sɔw]
Morgendämmerung (f)	amanhecer (m)	[amaɲe'ser]
früher Morgen (m)	madrugada (f)	[madru'gada]
Sonnenuntergang (m)	pôr-do-sol (m)	[por du 'sɔw]

früh am Morgen	de madrugada	[de madru'gada]
heute Morgen	esta manhã	['ɛsta ma'ɲã]
morgen früh	amanhã de manhã	[ama'ɲã de ma'ɲã]

heute Mittag	esta tarde	['ɛsta 'tardʒi]
nachmittags	à tarde	[a 'tardʒi]
morgen Nachmittag	amanhã à tarde	[ama'ɲã a 'tardʒi]

| heute Abend | esta noite, hoje à noite | ['ɛsta 'nojtʃi], ['oʒi a 'nojtʃi] |
| morgen Abend | amanhã à noite | [ama'ɲã a 'nojtʃi] |

Punkt drei Uhr	às três horas em ponto	[as tres 'ɔras ẽ 'põtu]
gegen vier Uhr	por volta das quatro	[por 'vɔwta das 'kwatru]
um zwölf Uhr	às doze	[as 'dozi]

in zwanzig Minuten	em vinte minutos	[ẽ 'vĩtʃi mi'nutus]
in einer Stunde	em uma hora	[ẽ 'uma 'ɔra]
rechtzeitig (Adv)	a tempo	[a 'tẽpu]

Viertel vor …	… um quarto para	[… ũ 'kwartu 'para]
innerhalb einer Stunde	dentro de uma hora	['dẽtru de 'uma 'ɔra]
alle fünfzehn Minuten	a cada quinze minutos	[a 'kada 'kĩzi mi'nutus]
Tag und Nacht	as vinte e quatro horas	[as 'vĩtʃi i 'kwatru 'ɔras]

19. Monate. Jahreszeiten

Januar (m)	janeiro (m)	[ʒa'nejru]
Februar (m)	fevereiro (m)	[feve'rejru]
März (m)	março (m)	['marsu]
April (m)	abril (m)	[a'briw]
Mai (m)	maio (m)	['maju]
Juni (m)	junho (m)	['ʒuɲu]

Juli (m)	julho (m)	['ʒuʎu]
August (m)	agosto (m)	[a'gostu]
September (m)	setembro (m)	[se'tẽbru]
Oktober (m)	outubro (m)	[o'tubru]
November (m)	novembro (m)	[no'vẽbru]
Dezember (m)	dezembro (m)	[de'zẽbru]

Frühling (m)	primavera (f)	[prima'vɛra]
im Frühling	na primavera	[na prima'vɛra]
Frühlings-	primaveril	[primave'riw]
Sommer (m)	verão (m)	[ve'rãw]

im Sommer	no verão	[nu ve'rãw]
Sommer-	de verão	[de ve'rãw]
Herbst (m)	outono (m)	[o'tɔnu]
im Herbst	no outono	[nu o'tɔnu]
Herbst-	outonal	[oto'naw]
Winter (m)	inverno (m)	[ĩ'vɛrnu]
im Winter	no inverno	[nu ĩ'vɛrnu]
Winter-	de inverno	[de ĩ'vɛrnu]
Monat (m)	mês (m)	[mes]
in diesem Monat	este mês	['estʃi mes]
nächsten Monat	mês que vem	['mes ki vẽj]
letzten Monat	no mês passado	[no mes pa'sadu]
vor einem Monat	um mês atrás	[ũ 'mes a'trajs]
über eine Monat	em um mês	[ẽ ũ mes]
in zwei Monaten	em dois meses	[ẽ dojs 'mezis]
den ganzen Monat	um mês inteiro	[ũ mes ĩ'tejru]
monatlich (Adj)	mensal	[mẽ'saw]
monatlich (Adv)	mensalmente	[mẽsaw'mẽtʃi]
jeden Monat	todo mês	['todu 'mes]
zweimal pro Monat	duas vezes por mês	['duas 'vezis por mes]
Jahr (n)	ano (m)	['anu]
dieses Jahr	este ano	['estʃi 'anu]
nächstes Jahr	ano que vem	['anu ki vẽj]
voriges Jahr	no ano passado	[nu 'anu pa'sadu]
vor einem Jahr	há um ano	[a ũ 'anu]
in einem Jahr	em um ano	[ẽ ũ 'anu]
in zwei Jahren	dentro de dois anos	['dẽtru de 'dojs 'anus]
das ganze Jahr	um ano inteiro	[ũ 'anu ĩ'tejru]
jedes Jahr	cada ano	['kada 'anu]
jährlich (Adj)	anual	[a'nwaw]
jährlich (Adv)	anualmente	[anwaw'mẽte]
viermal pro Jahr	quatro vezes por ano	['kwatru 'vezis por 'anu]
Datum (heutige ~)	data (f)	['data]
Datum (Geburts-)	data (f)	['data]
Kalender (m)	calendário (m)	[kalẽ'darju]
ein halbes Jahr	meio ano	['meju 'anu]
Halbjahr (n)	seis meses	[sejs 'mezis]
Saison (f)	estação (f)	[ista'sãw]
Jahrhundert (n)	século (m)	['sɛkulu]

20. Zeit. Verschiedenes

Zeit (f)	tempo (m)	['tẽpu]
Augenblick (m)	momento (m)	[mo'mẽtu]

Moment (m)	instante (m)	[ĩs'tãtʃi]
augenblicklich (Adj)	instantâneo	[ĩstã'tanju]
Zeitspanne (f)	lapso (m) de tempo	['lapsu de 'tẽpu]
Leben (n)	vida (f)	['vida]
Ewigkeit (f)	eternidade (f)	[eterni'dadʒi]

Epoche (f)	época (f)	['ɛpoka]
Ära (f)	era (f)	['ɛra]
Zyklus (m)	ciclo (m)	['siklu]
Periode (f)	período (m)	[pe'riodu]
Frist (äußerste ~)	prazo (m)	['prazu]

Zukunft (f)	futuro (m)	[fu'turu]
zukünftig (Adj)	futuro	[fu'turu]
nächstes Mal	da próxima vez	[da 'prɔsima vez]
Vergangenheit (f)	passado (m)	[pa'sadu]
vorig (Adj)	passado	[pa'sadu]
letztes Mal	na última vez	[na 'uwtʃima 'vez]
später (Adv)	mais tarde	[majs 'tardʒi]
danach	depois	[de'pojs]
zur Zeit	atualmente	[atwaw'mẽtʃi]
jetzt	agora	[a'gɔra]
sofort	imediatamente	[imedʒata'mẽtʃi]
bald	em breve	[ẽ 'brɛvi]
im Voraus	de antemão	[de ante'mãw]

lange her	há muito tempo	[a 'mwĩtu 'tẽpu]
vor kurzem	recentemente	[hesẽtʃi'mẽtʃi]
Schicksal (n)	destino (m)	[des'tʃinu]
Erinnerungen (pl)	recordações (f pl)	[hekorda'sõjs]
Archiv (n)	arquivo (m)	[ar'kivu]
während ...	durante ...	[du'rãtʃi]
lange (Adv)	durante muito tempo	[du'rãtʃi 'mwĩtu 'tẽpu]
nicht lange (Adv)	pouco tempo	['poku 'tẽpu]
früh (~ am Morgen)	cedo	['sedu]
spät (Adv)	tarde	['tardʒi]

für immer	para sempre	['para 'sẽpri]
beginnen (vt)	começar (vt)	[kome'sar]
verschieben (vt)	adiar (vt)	[a'dʒjar]

gleichzeitig	ao mesmo tempo	['aw 'mezmu 'tẽpu]
ständig (Adv)	permanentemente	[permanẽtʃi'mẽtʃi]
konstant (Adj)	constante	[kõs'tãtʃi]
zeitweilig (Adj)	temporário	[tẽpo'rarju]

manchmal	às vezes	[as 'vezis]
selten (Adv)	raras vezes, raramente	['harus 'vezis]' [hara'mẽtʃi]
oft	frequentemente	[frekwẽtʃi'mẽtʃi]

21. Linien und Formen

| Quadrat (n) | quadrado (m) | [kwa'dradu] |
| quadratisch | quadrado | [kwa'dradu] |

Kreis (m)	círculo (m)	['sirkulu]
rund	redondo	[he'dõdu]
Dreieck (n)	triângulo (m)	['trjãgulu]
dreieckig	triangular	[trjãgu'lar]

Oval (n)	oval (f)	[o'vaw]
oval	oval	[o'vaw]
Rechteck (n)	retângulo (m)	[he'tãgulu]
rechteckig	retangular	[hetãgu'lar]

Pyramide (f)	pirâmide (f)	[pi'ramidʒi]
Rhombus (m)	losango (m)	[lo'zãgu]
Trapez (n)	trapézio (m)	[tra'pεzju]
Würfel (m)	cubo (m)	['kubu]
Prisma (n)	prisma (m)	['prizma]

Kreis (m)	circunferência (f)	[sirkũfe'rẽsja]
Sphäre (f)	esfera (f)	[is'fεra]
Kugel (f)	globo (m)	['globu]
Durchmesser (m)	diâmetro (m)	['dʒjametru]
Radius (m)	raio (m)	['haju]
Umfang (m)	perímetro (m)	[pe'rimetru]
Zentrum (n)	centro (m)	['sẽtru]

waagerecht (Adj)	horizontal	[orizõ'taw]
senkrecht (Adj)	vertical	[vertʃi'kaw]
Parallele (f)	paralela (f)	[para'lεla]
parallel (Adj)	paralelo	[para'lεlu]

Linie (f)	linha (f)	['liɲa]
Strich (m)	traço (m)	['trasu]
Gerade (f)	reta (f)	['hεta]
Kurve (f)	curva (f)	['kurva]
dünn (schmal)	fino	['finu]
Kontur (f)	contorno (m)	[kõ'tornu]

Schnittpunkt (m)	interseção (f)	[ĩterse'sãw]
rechter Winkel (m)	ângulo (m) reto	[ãgulu 'hεtu]
Segment (n)	segmento (m)	[sε'gmẽtu]
Sektor (m)	setor (m)	[sε'tor]
Seite (f)	lado (m)	['ladu]
Winkel (m)	ângulo (m)	[ãgulu]

22. Maßeinheiten

Gewicht (n)	peso (m)	['pezu]
Länge (f)	comprimento (m)	[kõpri'mẽtu]
Breite (f)	largura (f)	[lar'gura]
Höhe (f)	altura (f)	[aw'tura]
Tiefe (f)	profundidade (f)	[profũdʒi'dadʒi]
Volumen (n)	volume (m)	[vo'lumi]
Fläche (f)	área (f)	['arja]
Gramm (n)	grama (m)	['grama]
Milligramm (n)	miligrama (m)	[mili'grama]

Kilo (n)	quilograma (m)	[kilo'grama]
Tonne (f)	tonelada (f)	[tune'lada]
Pfund (n)	libra (f)	['libra]
Unze (f)	onça (f)	['ösa]

Meter (m)	metro (m)	['mɛtru]
Millimeter (m)	milímetro (m)	[mi'limetru]
Zentimeter (m)	centímetro (m)	[sẽ'tʃimetru]
Kilometer (m)	quilômetro (m)	[ki'lometru]
Meile (f)	milha (f)	['miʎa]

Zoll (m)	polegada (f)	[pole'gada]
Fuß (m)	pé (m)	[pɛ]
Yard (n)	jarda (f)	['ʒarda]

| Quadratmeter (m) | metro (m) quadrado | ['mɛtru kwa'dradu] |
| Hektar (n) | hectare (m) | [ek'tari] |

Liter (m)	litro (m)	['litru]
Grad (m)	grau (m)	[graw]
Volt (n)	volt (m)	['vɔwtʃi]
Ampère (n)	ampère (m)	[ã'pɛri]
Pferdestärke (f)	cavalo (m) de potência	[ka'valu de po'tẽsja]

Anzahl (f)	quantidade (f)	[kwãtʃi'dadʒi]
etwas …	um pouco de …	[ũ 'poku de]
Hälfte (f)	metade (f)	[me'tadʒi]
Dutzend (n)	dúzia (f)	['duzja]
Stück (n)	peça (f)	['pɛsa]

| Größe (f) | tamanho (m), dimensão (f) | [ta'maɲu], [dʒimẽ'sãw] |
| Maßstab (m) | escala (f) | [is'kala] |

minimal (Adj)	mínimo	['minimu]
der kleinste	menor, mais pequeno	[me'nɔr], [majs pe'kenu]
mittler, mittel-	médio	['mɛdʒju]
maximal (Adj)	máximo	['masimu]
der größte	maior, mais grande	[ma'jɔr], [majs 'grãdʒi]

23. Behälter

Glas (Einmachglas)	pote (m) de vidro	['pɔtʃi de 'vidru]
Dose (z.B. Bierdose)	lata (f)	['lata]
Eimer (m)	balde (m)	['bawdʒi]
Fass (n), Tonne (f)	barril (m)	[ba'hiw]

Waschschüssel (n)	bacia (f)	[ba'sia]
Tank (m)	tanque (m)	['tãki]
Flachmann (m)	cantil (m) de bolso	[kã'tʃiw dʒi 'bowsu]
Kanister (m)	galão (m) de gasolina	[ga'lãw de gazo'lina]
Zisterne (f)	cisterna (f)	[sis'tɛrna]

| Kaffeebecher (m) | caneca (f) | [ka'nɛka] |
| Tasse (f) | xícara (f) | ['ʃikara] |

Untertasse (f)	pires (m)	['piris]
Wasserglas (n)	copo (m)	['kɔpu]
Weinglas (n)	taça (f) de vinho	['tasa de 'viɲu]
Kochtopf (m)	panela (f)	[pa'nɛla]

Flasche (f)	garrafa (f)	[ga'hafa]
Flaschenhals (m)	gargalo (m)	[gar'galu]

Karaffe (f)	jarra (f)	['ʒaha]
Tonkrug (m)	jarro (m)	['ʒahu]
Gefäß (n)	recipiente (m)	[hesi'pjëtʃi]
Tontopf (m)	pote (m)	['potʃi]
Vase (f)	vaso (m)	['vazu]

Flakon (n)	frasco (m)	['frasku]
Fläschchen (n)	frasquinho (m)	[fras'kiɲu]
Tube (z.B. Zahnpasta)	tubo (m)	['tubu]

Sack (~ Kartoffeln)	saco (m)	['saku]
Tüte (z.B. Plastiktüte)	sacola (f)	[sa'kɔla]
Schachtel (z.B. Zigaretten~)	maço (m)	['masu]

Karton (z.B. Schuhkarton)	caixa (f)	['kaɪʃa]
Kiste (z.B. Bananenkiste)	caixote (m)	[kaj'ʃotʃi]
Korb (m)	cesto (m)	['sestu]

24. Werkstoffe

Stoff (z.B. Baustoffe)	material (m)	[mate'rjaw]
Holz (n)	madeira (f)	[ma'dejra]
hölzern	de madeira	[de ma'dejra]

Glas (n)	vidro (m)	['vidru]
gläsern, Glas-	de vidro	[de 'vidru]

Stein (m)	pedra (f)	['pɛdra]
steinern	de pedra	[de 'pɛdra]

Kunststoff (m)	plástico (m)	['plastʃiku]
Kunststoff-	plástico	['plastʃiku]

Gummi (n)	borracha (f)	[bo'haʃa]
Gummi-	de borracha	[de bo'haʃa]

Stoff (m)	tecido, pano (m)	[te'sidu], ['panu]
aus Stoff	de tecido	[de te'sidu]

Papier (n)	papel (m)	[pa'pɛw]
Papier-	de papel	[de pa'pɛw]

Pappe (f)	papelão (m)	[pape'lãw]
Pappen-	de papelão	[de pape'lãw]
Polyäthylen (n)	polietileno (m)	[poljetʃi'lɛnu]

Zellophan (n)	celofane (m)	[selo'fani]
Linoleum (n)	linóleo (m)	[li'nɔlju]
Furnier (n)	madeira (f) compensada	[ma'dejra kõpẽ'sada]

Porzellan (n)	porcelana (f)	[porse'lana]
aus Porzellan	de porcelana	[de porse'lana]
Ton (m)	argila (f), barro (m)	[ar'ʒila], ['bahu]
Ton-	de barro	[de 'bahu]
Keramik (f)	cerâmica (f)	[se'ramika]
keramisch	de cerâmica	[de se'ramika]

25. Metalle

Metall (n)	metal (m)	[me'taw]
metallisch, Metall-	metálico	[me'taliku]
Legierung (f)	liga (f)	['liga]

Gold (n)	ouro (m)	['oru]
golden	de ouro	[de 'oru]
Silber (n)	prata (f)	['prata]
silbern, Silber-	de prata	[de 'prata]

Eisen (n)	ferro (m)	['fɛhu]
eisern, Eisen-	de ferro	[de 'fɛhu]
Stahl (m)	aço (m)	['asu]
stählern	de aço	[de 'asu]
Kupfer (n)	cobre (m)	['kɔbri]
kupfern, Kupfer-	de cobre	[de 'kɔbri]

Aluminium (n)	alumínio (m)	[alu'minju]
Aluminium-	de alumínio	[de alu'minju]
Bronze (f)	bronze (m)	['brõzi]
bronzen	de bronze	[de 'brõzi]

Messing (n)	latão (m)	[la'tãw]
Nickel (n)	níquel (m)	['nikew]
Platin (n)	platina (f)	[pla'tʃina]
Quecksilber (n)	mercúrio (m)	[mer'kurju]
Zinn (n)	estanho (m)	[is'taɲu]
Blei (n)	chumbo (m)	['ʃũbu]
Zink (n)	zinco (m)	['zĩku]

DER MENSCH

Der Mensch. Körper

26. Menschen. Grundbegriffe

Mensch (m)	ser (m) humano	[ser u'manu]
Mann (m)	homem (m)	['ɔmẽ]
Frau (f)	mulher (f)	[mu'ʎer]
Kind (n)	criança (f)	['krjãsa]
Mädchen (n)	menina (f)	[me'nina]
Junge (m)	menino (m)	[me'ninu]
Teenager (m)	adolescente (m)	[adole'sẽtʃi]
Greis (m)	velho (m)	['vɛʎu]
alte Frau (f)	velha (f)	['vɛʎa]

27. Anatomie des Menschen

Organismus (m)	organismo (m)	[orga'nizmu]
Herz (n)	coração (m)	[kora'sãw]
Blut (n)	sangue (m)	['sãgi]
Arterie (f)	artéria (f)	[ar'tɛrja]
Vene (f)	veia (f)	['veja]
Gehirn (n)	cérebro (m)	['sɛrebru]
Nerv (m)	nervo (m)	['nervu]
Nerven (pl)	nervos (m pl)	['nervus]
Wirbel (m)	vértebra (f)	['vɛrtebra]
Wirbelsäule (f)	coluna (f) vertebral	[ko'luna verte'braw]
Magen (m)	estômago (m)	[is'tomagu]
Gedärm (n)	intestinos (m pl)	[ĩtes'tʃinus]
Darm (z.B. Dickdarm)	intestino (m)	[ĩtes'tʃinu]
Leber (f)	fígado (m)	['figadu]
Niere (f)	rim (m)	[hĩ]
Knochen (m)	osso (m)	['osu]
Skelett (n)	esqueleto (m)	[iske'letu]
Rippe (f)	costela (f)	[kos'tɛla]
Schädel (m)	crânio (m)	['kranju]
Muskel (m)	músculo (m)	['muskulu]
Bizeps (m)	bíceps (m)	['biseps]
Trizeps (m)	tríceps (m)	['triseps]
Sehne (f)	tendão (m)	[tẽ'dãw]
Gelenk (n)	articulação (f)	[artʃikula'sãw]

Lungen (pl)	pulmões (m pl)	[puw'mãws]
Geschlechtsorgane (pl)	órgãos (m pl) genitais	['ɔrgãws ʒeni'tajs]
Haut (f)	pele (f)	['pɛli]

28. Kopf

Kopf (m)	cabeça (f)	[ka'besa]
Gesicht (n)	rosto, cara (f)	['hostu], ['kara]
Nase (f)	nariz (m)	[na'riz]
Mund (m)	boca (f)	['boka]

Auge (n)	olho (m)	['oʎu]
Augen (pl)	olhos (m pl)	['oʎus]
Pupille (f)	pupila (f)	[pu'pila]
Augenbraue (f)	sobrancelha (f)	[sobrã'seʎa]
Wimper (f)	cílio (f)	['silju]
Augenlid (n)	pálpebra (f)	['pawpebra]

Zunge (f)	língua (f)	['lĩgwa]
Zahn (m)	dente (m)	['dẽtʃi]
Lippen (pl)	lábios (m pl)	['labjus]
Backenknochen (pl)	maçãs (f pl) do rosto	[ma'sãs du 'hostu]
Zahnfleisch (n)	gengiva (f)	[ʒẽ'ʒiva]
Gaumen (m)	palato (m)	[pa'latu]

Nasenlöcher (pl)	narinas (f pl)	[na'rinas]
Kinn (n)	queixo (m)	['kejʃu]
Kiefer (m)	mandíbula (f)	[mã'dʒibula]
Wange (f)	bochecha (f)	[bo'ʃeʃa]

Stirn (f)	testa (f)	['tɛsta]
Schläfe (f)	têmpora (f)	['tẽpora]
Ohr (n)	orelha (f)	[o'reʎa]
Nacken (m)	costas (f pl) da cabeça	['kɔstas da ka'besa]
Hals (m)	pescoço (m)	[pes'kosu]
Kehle (f)	garganta (f)	[gar'gãta]

Haare (pl)	cabelo (m)	[ka'belu]
Frisur (f)	penteado (m)	[pẽ'tʃadu]
Haarschnitt (m)	corte (m) de cabelo	['kɔrtʃi de ka'belu]
Perücke (f)	peruca (f)	[pe'ruka]

Schnurrbart (m)	bigode (m)	[bi'gɔdʒi]
Bart (m)	barba (f)	['barba]
haben (einen Bart ~)	ter (vt)	[ter]
Zopf (m)	trança (f)	['trãsa]
Backenbart (m)	suíças (f pl)	['swisas]

rothaarig	ruivo	['hwivu]
grau	grisalho	[gri'zaʎu]
kahl	careca	[ka'rɛka]
Glatze (f)	calva (f)	['kawvu]
Pferdeschwanz (m)	rabo-de-cavalo (m)	['habu-de-ka'valu]
Pony (Ponyfrisur)	franja (f)	['frãʒa]

29. Menschlicher Körper

Hand (f)	**mão** (f)	[mãw]
Arm (m)	**braço** (m)	['brasu]

Finger (m)	**dedo** (m)	['dedu]
Zehe (f)	**dedo** (m) **do pé**	['dedu du pɛ]
Daumen (m)	**polegar** (m)	[pole'gar]
kleiner Finger (m)	**dedo** (m) **mindinho**	['dedu mĩ'dʒiɲu]
Nagel (m)	**unha** (f)	['uɲa]

Faust (f)	**punho** (m)	['puɲu]
Handfläche (f)	**palma** (f)	['pawma]
Handgelenk (n)	**pulso** (m)	['puwsu]
Unterarm (m)	**antebraço** (m)	[ãtʃi'brasu]
Ellbogen (m)	**cotovelo** (m)	[koto'velu]
Schulter (f)	**ombro** (m)	['õbru]

Bein (n)	**perna** (f)	['pɛrna]
Fuß (m)	**pé** (m)	[pɛ]
Knie (n)	**joelho** (m)	[ʒo'eʎu]
Wade (f)	**panturrilha** (f)	[pãtu'hiʎa]
Hüfte (f)	**quadril** (m)	[kwa'driw]
Ferse (f)	**calcanhar** (m)	[kawka'ɲar]

Körper (m)	**corpo** (m)	['korpu]
Bauch (m)	**barriga** (f), **ventre** (m)	[ba'higa], ['vẽtri]
Brust (f)	**peito** (m)	['pejtu]
Busen (m)	**seio** (m)	['seju]
Seite (f), Flanke (f)	**lado** (m)	['ladu]
Rücken (m)	**costas** (f pl)	['kɔstas]
Kreuz (n)	**região** (f) **lombar**	[he'ʒjãw lõ'bar]
Taille (f)	**cintura** (f)	[sĩ'tura]

Nabel (m)	**umbigo** (m)	[ũ'bigu]
Gesäßbacken (pl)	**nádegas** (f pl)	['nadegas]
Hinterteil (n)	**traseiro** (m)	[tra'zejru]

Leberfleck (m)	**sinal** (m), **pinta** (f)	[si'naw], ['pĩta]
Muttermal (n)	**sinal** (m) **de nascença**	[si'naw de na'sẽsa]
Tätowierung (f)	**tatuagem** (f)	[ta'twaʒẽ]
Narbe (f)	**cicatriz** (f)	[sika'triz]

Kleidung & Accessoires

30. Oberbekleidung. Mäntel

Kleidung (f)	**roupa** (f)	['hopa]
Oberkleidung (f)	**roupa** (f) **exterior**	['hopa iste'rjor]
Winterkleidung (f)	**roupa** (f) **de inverno**	['hopa de ĩ'vɛrnu]
Mantel (m)	**sobretudo** (m)	[sobri'tudu]
Pelzmantel (m)	**casaco** (m) **de pele**	[kaz'aku de 'pɛli]
Pelzjacke (f)	**jaqueta** (f) **de pele**	[ʒa'keta de 'pɛli]
Daunenjacke (f)	**casaco** (m) **acolchoado**	[ka'zaku akow'ʃwadu]
Jacke (z.B. Lederjacke)	**casaco** (m), **jaqueta** (f)	[kaz'aku], [ʒa'keta]
Regenmantel (m)	**impermeável** (m)	[ĩper'mjavew]
wasserdicht	**a prova d'água**	[a 'prɔva 'dagwa]

31. Herren- & Damenbekleidung

Hemd (n)	**camisa** (f)	[ka'miza]
Hose (f)	**calça** (f)	['kawsa]
Jeans (pl)	**jeans** (m)	['dʒins]
Jackett (n)	**paletó, terno** (m)	[pale'tɔ], ['tɛrnu]
Anzug (m)	**terno** (m)	['tɛrnu]
Damenkleid (n)	**vestido** (m)	[ves'tʃidu]
Rock (m)	**saia** (f)	['saja]
Bluse (f)	**blusa** (f)	['bluza]
Strickjacke (f)	**casaco** (m) **de malha**	[ka'zaku de 'maʎa]
Jacke (Damen Kostüm)	**casaco, blazer** (m)	[ka'zaku], ['blejzer]
T-Shirt (n)	**camiseta** (f)	[kami'zɛta]
Shorts (pl)	**short** (m)	['ʃortʃi]
Sportanzug (m)	**training** (m)	['trejnĩŋ]
Bademantel (m)	**roupão** (m) **de banho**	[ho'pãw de 'baɲu]
Schlafanzug (m)	**pijama** (m)	[pi'ʒama]
Sweater (m)	**suéter** (m)	['swɛter]
Pullover (m)	**pulôver** (m)	[pu'lover]
Weste (f)	**colete** (m)	[ko'letʃi]
Frack (m)	**fraque** (m)	['fraki]
Smoking (m)	**smoking** (m)	[iz'mokĩs]
Uniform (f)	**uniforme** (m)	[uni'fɔrmi]
Arbeitskleidung (f)	**roupa** (f) **de trabalho**	['hopa de tra'baʎu]
Overall (m)	**macacão** (m)	[maka'kãws]
Kittel (z.B. Arztkittel)	**jaleco** (m), **bata** (f)	[ʒa'lɛku], ['bata]

32. Kleidung. Unterwäsche

Unterwäsche (f)	roupa (f) íntima	['hopa 'tʃima]
Herrenslip (m)	cueca boxer (f)	['kwɛka 'bɔkser]
Damenslip (m)	calcinha (f)	[kaw'siɲa]
Unterhemd (n)	camiseta (f)	[kami'zɛta]
Socken (pl)	meias (f pl)	['mejas]
Nachthemd (n)	camisola (f)	[kami'zɔla]
Büstenhalter (m)	sutiã (m)	[su'tʃjã]
Kniestrümpfe (pl)	meias longas (f pl)	['mejas 'lõgas]
Strumpfhose (f)	meias-calças (f pl)	['mejas 'kalsas]
Strümpfe (pl)	meias (f pl)	['mejas]
Badeanzug (m)	maiô (m)	[ma'jo]

33. Kopfbekleidung

Mütze (f)	chapéu (m), touca (f)	[ʃa'pɛw], ['toka]
Filzhut (m)	chapéu (m) de feltro	[ʃa'pɛw de 'fewtru]
Baseballkappe (f)	boné (m) de beisebol	[bo'nɛ de bejsi'bɔw]
Schiebermütze (f)	boina (f)	['bojna]
Baskenmütze (f)	boina (f) francesa	['bojna frã'seza]
Kapuze (f)	capuz (m)	[ka'puz]
Panamahut (m)	chapéu panamá (m)	[ʃa'pɛw pana'ma]
Strickmütze (f)	touca (f)	['toka]
Kopftuch (n)	lenço (m)	['lẽsu]
Damenhut (m)	chapéu (m) feminino	[ʃa'pɛw femi'ninu]
Schutzhelm (m)	capacete (m)	[kapa'setʃi]
Feldmütze (f)	bibico (m)	[bi'biko]
Helm (z.B. Motorradhelm)	capacete (m)	[kapa'setʃi]
Melone (f)	chapéu-coco (m)	[ʃa'pɛw 'koku]
Zylinder (m)	cartola (f)	[kar'tɔla]

34. Schuhwerk

Schuhe (pl)	calçado (m)	[kaw'sadu]
Stiefeletten (pl)	botinas (f pl), sapatos (m pl)	[bo'tʃinas], [sapa'tõjs]
Halbschuhe (pl)	sapatos (m pl)	[sa'patus]
Stiefel (pl)	botas (f pl)	['bɔtas]
Hausschuhe (pl)	pantufas (f pl)	[pã'tufas]
Tennisschuhe (pl)	tênis (m pl)	['tenis]
Leinenschuhe (pl)	tênis (m pl)	['tenis]
Sandalen (pl)	sandálias (f pl)	[sã'dalias]
Schuster (m)	sapateiro (m)	[sapa'tejru]
Absatz (m)	salto (m)	['sawtu]

Paar (n)	par (m)	[par]
Schnürsenkel (m)	cadarço (m)	[ka'darsu]
schnüren (vt)	amarrar os cadarços	[ama'har us ka'darsus]
Schuhlöffel (m)	calçadeira (f)	[kawsa'dejra]
Schuhcreme (f)	graxa (f) para calçado	['graʃa 'para kaw'sadu]

35. Textilien. Stoffe

Baumwolle (f)	algodão (m)	[awgo'dãw]
Baumwolle-	de algodão	[de awgo'dãw]
Leinen (m)	linho (m)	['liɲu]
Leinen-	de linho	[de 'liɲu]
Seide (f)	seda (f)	['seda]
Seiden-	de seda	[de 'seda]
Wolle (f)	lã (f)	[lã]
Woll-	de lã	[de lã]
Samt (m)	veludo (m)	[ve'ludu]
Wildleder (n)	camurça (f)	[ka'mursa]
Cord (m)	veludo (m) cotelê	[ve'ludu kɔte'le]
Nylon (n)	nylon (m)	['najlɔn]
Nylon-	de nylon	[de 'najlɔn]
Polyester (m)	poliéster (m)	[po'ljɛster]
Polyester-	de poliéster	[de po'ljɛster]
Leder (n)	couro (m)	['koru]
Leder-	de couro	[de 'koru]
Pelz (m)	pele (f)	['pɛli]
Pelz-	de pele	[de 'pɛli]

36. Persönliche Accessoires

Handschuhe (pl)	luva (f)	['luva]
Fausthandschuhe (pl)	mitenes (f pl)	[mi'tɛnes]
Schal (Kaschmir-)	cachecol (m)	[kaʃe'kɔw]
Brille (f)	óculos (m pl)	['ɔkulus]
Brillengestell (n)	armação (f)	[arma'sãw]
Regenschirm (m)	guarda-chuva (m)	['gwarda 'ʃuva]
Spazierstock (m)	bengala (f)	[bẽ'gala]
Haarbürste (f)	escova (f) para o cabelo	[is'kova 'para u ka'belu]
Fächer (m)	leque (m)	['lɛki]
Krawatte (f)	gravata (f)	[gra'vata]
Fliege (f)	gravata-borboleta (f)	[gra'vata borbo'leta]
Hosenträger (pl)	suspensórios (m pl)	[suspẽ'sɔrjus]
Taschentuch (n)	lenço (m)	['lẽsu]
Kamm (m)	pente (m)	['pẽtʃi]
Haarspange (f)	fivela (f) para cabelo	[fi'vɛla 'para ka'belu]

Haarnadel (f)	grampo (m)	['grãpu]
Schnalle (f)	fivela (f)	[fi'vɛla]
Gürtel (m)	cinto (m)	['sĩtu]
Umhängegurt (m)	alça (f) de ombro	['awsa de 'õbru]
Tasche (f)	bolsa (f)	['bowsa]
Handtasche (f)	bolsa, carteira (f)	['bowsa], [kar'tejra]
Rucksack (m)	mochila (f)	[mo'ʃila]

37. Kleidung. Verschiedenes

Mode (f)	moda (f)	['mɔda]
modisch	na moda	[na 'mɔda]
Modedesigner (m)	estilista (m)	[istʃi'lista]
Kragen (m)	colarinho (m)	[kola'riɲu]
Tasche (f)	bolso (m)	['bowsu]
Taschen-	de bolso	[de 'bowsu]
Ärmel (m)	manga (f)	['mãga]
Aufhänger (m)	ganchinho (m)	[gã'ʃiɲu]
Hosenschlitz (m)	bragueta (f)	[bra'gwetʃi]
Reißverschluss (m)	zíper (m)	['ziper]
Verschluss (m)	colchete (m)	[kow'ʃetʃi]
Knopf (m)	botão (m)	[bo'tãw]
Knopfloch (n)	botoeira (f)	[bo'twejra]
abgehen (Knopf usw.)	soltar-se (vr)	[sow'tarsi]
nähen (vi, vt)	costurar (vi)	[kostu'rar]
sticken (vt)	bordar (vt)	[bor'dar]
Stickerei (f)	bordado (m)	[bor'dadu]
Nadel (f)	agulha (f)	[a'guʎa]
Faden (m)	fio, linha (f)	['fiu], ['liɲa]
Naht (f)	costura (f)	[kos'tura]
sich beschmutzen	sujar-se (vr)	[su'ʒarsi]
Fleck (m)	mancha (f)	['mãʃa]
sich knittern	amarrotar-se (vr)	[amaho'tarse]
zerreißen (vt)	rasgar (vt)	[haz'gar]
Motte (f)	traça (f)	['trasa]

38. Kosmetikartikel. Kosmetik

Zahnpasta (f)	pasta (f) de dente	['pasta de 'dẽtʃi]
Zahnbürste (f)	escova (f) de dente	[is'kova de 'dẽtʃi]
Zähne putzen	escovar os dentes	[isko'var us 'dẽtʃis]
Rasierer (m)	gilete (f)	[ʒi'lɛtʃi]
Rasiercreme (f)	creme (m) de barbear	['krɛmi de bar'bjar]
sich rasieren	barbear-se (vr)	[bar'bjarsi]
Seife (f)	sabonete (m)	[sabo'netʃi]

Shampoo (n)	xampu (m)	[ʃãˈpu]
Schere (f)	tesoura (f)	[teˈzora]
Nagelfeile (f)	lixa (f) de unhas	[ˈliʃa de ˈuɲas]
Nagelzange (f)	corta-unhas (m)	[ˈkɔrta ˈuɲas]
Pinzette (f)	pinça (f)	[ˈpĩsa]

Kosmetik (f)	cosméticos (m pl)	[kozˈmɛtʃikus]
Gesichtsmaske (f)	máscara (f)	[ˈmaskara]
Maniküre (f)	manicure (f)	[maniˈkuri]
Maniküre machen	fazer as unhas	[faˈzer as ˈuɲas]
Pediküre (f)	pedicure (f)	[pediˈkure]

Kosmetiktasche (f)	bolsa (f) de maquiagem	[ˈbowsa de maˈkjaʒẽ]
Puder (m)	pó (m)	[pɔ]
Puderdose (f)	pó (m) compacto	[pɔ kõˈpaktu]
Rouge (n)	blush (m)	[blaʃ]

Parfüm (n)	perfume (m)	[perˈfumi]
Duftwasser (n)	água-de-colônia (f)	[ˈagwa de koˈlonja]
Lotion (f)	loção (f)	[loˈsãw]
Kölnischwasser (n)	colônia (f)	[koˈlonja]

Lidschatten (m)	sombra (f) de olhos	[ˈsõbra de ˈoʎus]
Kajalstift (m)	delineador (m)	[delinjaˈdor]
Wimperntusche (f)	máscara (f), rímel (m)	[ˈmaskara], [ˈhimew]

Lippenstift (m)	batom (m)	[ˈbatõ]
Nagellack (m)	esmalte (m)	[izˈmawtʃi]
Haarlack (m)	laquê (m), spray fixador (m)	[laˈke], [isˈprej fiksaˈdor]
Deodorant (n)	desodorante (m)	[dʒizodoˈrãtʃi]

Creme (f)	creme (m)	[ˈkrɛmi]
Gesichtscreme (f)	creme (m) de rosto	[ˈkrɛmi de ˈhostu]
Handcreme (f)	creme (m) de mãos	[ˈkrɛmi de ˈmãws]
Anti-Falten-Creme (f)	creme (m) antirrugas	[ˈkrɛmi ãtʃiˈhugas]
Tagescreme (f)	creme (m) de dia	[ˈkrɛmi de ˈdʒia]
Nachtcreme (f)	creme (m) de noite	[ˈkrɛmi de ˈnojtʃi]
Tages-	de dia	[de ˈdʒia]
Nacht-	da noite	[da ˈnojtʃi]

Tampon (m)	absorvente (m) interno	[absorˈvɛtʃi ĩˈtɛrnu]
Toilettenpapier (n)	papel (m) higiênico	[paˈpɛw iˈʒjeniku]
Föhn (m)	secador (m) de cabelo	[sekaˈdor de kaˈbelu]

39. Schmuck

Schmuck (m)	joias (f pl)	[ˈʒɔjas]
Edel- (stein)	precioso	[preˈsjozu]
Repunze (f)	marca (f) de contraste	[ˈmarka de kõˈtrastʃi]

Ring (m)	anel (m)	[aˈnɛw]
Ehering (m)	aliança (f)	[aˈljãsa]
Armband (n)	pulseira (f)	[puwˈsejra]
Ohrringe (pl)	brincos (m pl)	[ˈbrĩkus]

Kette (f)	colar (m)	[ko'lar]
Krone (f)	coroa (f)	[ko'roa]
Halskette (f)	colar (m) de contas	[ko'lar de 'kõtas]

Brillant (m)	diamante (m)	[dʒja'mãtʃi]
Smaragd (m)	esmeralda (f)	[izme'rawda]
Rubin (m)	rubi (m)	[hu'bi]
Saphir (m)	safira (f)	[sa'fira]
Perle (f)	pérola (f)	['pɛrola]
Bernstein (m)	âmbar (m)	[ãbar]

40. Armbanduhren Uhren

Armbanduhr (f)	relógio (m) de pulso	[he'lɔʒu de 'puwsu]
Zifferblatt (n)	mostrador (m)	[mostra'dor]
Zeiger (m)	ponteiro (m)	[põ'tejru]
Metallarmband (n)	bracelete (f) em aço	[brase'letʃi ẽ 'asu]
Uhrenarmband (n)	bracelete (f) em couro	[brase'letʃi ẽ 'koru]

Batterie (f)	pilha (f)	['piʎa]
verbraucht sein	acabar (vi)	[aka'bar]
die Batterie wechseln	trocar a pilha	[tro'kar a 'piʎa]
vorgehen (vi)	estar adiantado	[is'tar adʒjã'tadu]
nachgehen (vi)	estar atrasado	[is'tar atra'zadu]

Wanduhr (f)	relógio (m) de parede	[he'lɔʒu de pa'redʒi]
Sanduhr (f)	ampulheta (f)	[ãpu'ʎeta]
Sonnenuhr (f)	relógio (m) de sol	[he'lɔʒu de sɔw]
Wecker (m)	despertador (m)	[dʒisperta'dor]
Uhrmacher (m)	relojoeiro (m)	[helo'ʒwejru]
reparieren (vt)	reparar (vt)	[hepa'rar]

Essen. Ernährung

41. Essen

Fleisch (n)	carne (f)	['karni]
Hühnerfleisch (n)	galinha (f)	[ga'liɲa]
Küken (n)	frango (m)	['frãgu]
Ente (f)	pato (m)	['patu]
Gans (f)	ganso (m)	['gãsu]
Wild (n)	caça (f)	['kasa]
Pute (f)	peru (m)	[pe'ru]
Schweinefleisch (n)	carne (f) de porco	['karni de 'porku]
Kalbfleisch (n)	carne (f) de vitela	['karni de vi'tɛla]
Hammelfleisch (n)	carne (f) de carneiro	['karni de kar'nejru]
Rindfleisch (n)	carne (f) de vaca	['karni de 'vaka]
Kaninchenfleisch (n)	carne (f) de coelho	['karni de ko'eʎu]
Wurst (f)	linguiça (f), salsichão (m)	[lĩ'gwisa], [sawsi'ʃãw]
Würstchen (n)	salsicha (f)	[saw'siʃa]
Schinkenspeck (m)	bacon (m)	['bejkõ]
Schinken (m)	presunto (m)	[pre'zũtu]
Räucherschinken (m)	pernil (m) de porco	[per'niw de 'porku]
Pastete (f)	patê (m)	[pa'te]
Leber (f)	fígado (m)	['figadu]
Hackfleisch (n)	guisado (m)	[gi'zadu]
Zunge (f)	língua (f)	['lĩgwa]
Ei (n)	ovo (m)	['ovu]
Eier (pl)	ovos (m pl)	['ɔvus]
Eiweiß (n)	clara (f) de ovo	['klara de 'ovu]
Eigelb (n)	gema (f) de ovo	['ʒɛma de 'ovu]
Fisch (m)	peixe (m)	['pejʃi]
Meeresfrüchte (pl)	mariscos (m pl)	[ma'riskus]
Krebstiere (pl)	crustáceos (m pl)	[krus'tasjus]
Kaviar (m)	caviar (m)	[ka'vjar]
Krabbe (f)	caranguejo (m)	[karã'geʒu]
Garnele (f)	camarão (m)	[kama'rãw]
Auster (f)	ostra (f)	['ostra]
Languste (f)	lagosta (f)	[la'gosta]
Krake (m)	polvo (m)	['powvu]
Kalmar (m)	lula (f)	['lula]
Störfleisch (n)	esturjão (m)	[istur'ʒãw]
Lachs (m)	salmão (m)	[saw'mãw]
Heilbutt (m)	halibute (m)	[ali'butʃi]
Dorsch (m)	bacalhau (m)	[baka'ʎaw]

Makrele (f)	cavala, sarda (f)	[ka'vala], ['sarda]
Tunfisch (m)	atum (m)	[a'tũ]
Aal (m)	enguia (f)	[ẽ'gia]

Forelle (f)	truta (f)	['truta]
Sardine (f)	sardinha (f)	[sar'dʒiɲa]
Hecht (m)	lúcio (m)	['lusju]
Hering (m)	arenque (m)	[a'rẽki]

Brot (n)	pão (m)	[pãw]
Käse (m)	queijo (m)	['kejʒu]
Zucker (m)	açúcar (m)	[a'sukar]
Salz (n)	sal (m)	[saw]

Reis (m)	arroz (m)	[a'hoz]
Teigwaren (pl)	massas (f pl)	['masas]
Nudeln (pl)	talharim, miojo (m)	[taʎa'rĩ], [mi'oʒu]

Butter (f)	manteiga (f)	[mã'tejga]
Pflanzenöl (n)	óleo (m) vegetal	['ɔlju veʒe'taw]
Sonnenblumenöl (n)	óleo (m) de girassol	['ɔlju de ʒira'sɔw]
Margarine (f)	margarina (f)	[marga'rina]

| Oliven (pl) | azeitonas (f pl) | [azej'tɔnas] |
| Olivenöl (n) | azeite (m) | [a'zejtʃi] |

Milch (f)	leite (m)	['lejtʃi]
Kondensmilch (f)	leite (m) condensado	['lejtʃi kõdẽ'sadu]
Joghurt (m)	iogurte (m)	[jo'gurtʃi]
saure Sahne (f)	creme azedo (m)	['krɛmi a'zedu]
Sahne (f)	creme (m) de leite	['krɛmi de 'lejtʃi]

| Mayonnaise (f) | maionese (f) | [majo'nɛzi] |
| Buttercreme (f) | creme (m) | ['krɛmi] |

Grütze (f)	grãos (m pl) de cereais	['grãws de se'rjajs]
Mehl (n)	farinha (f)	[fa'riɲa]
Konserven (pl)	enlatados (m pl)	[ẽla'tadus]

Maisflocken (pl)	flocos (m pl) de milho	['flɔkus de 'miʎu]
Honig (m)	mel (m)	[mɛw]
Marmelade (f)	geleia (f)	[ʒe'lɛja]
Kaugummi (m, n)	chiclete (m)	[ʃi'klɛtʃi]

42. Getränke

Wasser (n)	água (f)	['agwa]
Trinkwasser (n)	água (f) potável	['agwa pu'tavɛw]
Mineralwasser (n)	água (f) mineral	['agwa mine'raw]

still	sem gás	[sẽ gajs]
mit Kohlensäure	gaseificada	[gazejfi'kadu]
mit Gas	com gás	[kõ gajs]
Eis (n)	gelo (m)	['ʒelu]

mit Eis	com gelo	[kõ 'ʒelu]
alkoholfrei (Adj)	não alcoólico	[nãw aw'kɔliku]
alkoholfreies Getränk (n)	refrigerante (m)	[hefriʒe'rãtʃi]
Erfrischungsgetränk (n)	refresco (m)	[he'fresku]
Limonade (f)	limonada (f)	[limo'nada]
Spirituosen (pl)	bebidas (f pl) alcoólicas	[be'bidas aw'kɔlikas]
Wein (m)	vinho (m)	['viɲu]
Weißwein (m)	vinho (m) branco	['viɲu 'brãku]
Rotwein (m)	vinho (m) tinto	['viɲu 'tʃĩtu]
Likör (m)	licor (m)	[li'kor]
Champagner (m)	champanhe (m)	[ʃã'paɲi]
Wermut (m)	vermute (m)	[ver'mutʃi]
Whisky (m)	uísque (m)	['wiski]
Wodka (m)	vodca (f)	['vɔdʒka]
Gin (m)	gim (m)	[ʒĩ]
Kognak (m)	conhaque (m)	[ko'ɲaki]
Rum (m)	rum (m)	[hũ]
Kaffee (m)	café (m)	[ka'fɛ]
schwarzer Kaffee (m)	café (m) preto	[ka'fɛ 'pretu]
Milchkaffee (m)	café (m) com leite	[ka'fɛ kõ 'lejtʃi]
Cappuccino (m)	cappuccino (m)	[kapu'tʃinu]
Pulverkaffee (m)	café (m) solúvel	[ka'fɛ so'luvew]
Milch (f)	leite (m)	['lejtʃi]
Cocktail (m)	coquetel (m)	[koke'tɛw]
Milchcocktail (m)	batida (f), milkshake (m)	[ba'tʃida], ['milkʃejk]
Saft (m)	suco (m)	['suku]
Tomatensaft (m)	suco (m) de tomate	['suku de to'matʃi]
Orangensaft (m)	suco (m) de laranja	['suku de la'rãʒa]
frisch gepresster Saft (m)	suco (m) fresco	['suku 'fresku]
Bier (n)	cerveja (f)	[ser'veʒa]
Helles (n)	cerveja (f) clara	[ser'veʒa 'klara]
Dunkelbier (n)	cerveja (f) preta	[ser'veʒa 'preta]
Tee (m)	chá (m)	[ʃa]
schwarzer Tee (m)	chá (m) preto	[ʃa 'pretu]
grüner Tee (m)	chá (m) verde	[ʃa 'verdʒi]

43. Gemüse

Gemüse (n)	vegetais (m pl)	[veʒe'tajs]
grünes Gemüse (pl)	verdura (f)	[ver'dura]
Tomate (f)	tomate (m)	[to'matʃi]
Gurke (f)	pepino (m)	[pe'pinu]
Karotte (f)	cenoura (f)	[se'nora]
Kartoffel (f)	batata (f)	[ba'tata]
Zwiebel (f)	cebola (f)	[se'bola]

Knoblauch (m)	alho (m)	['aʎu]
Kohl (m)	couve (f)	['kovi]
Blumenkohl (m)	couve-flor (f)	['kovi 'flɔr]
Rosenkohl (m)	couve-de-bruxelas (f)	['kovi de bru'ʃelas]
Brokkoli (m)	brócolis (m pl)	['brɔkolis]

Rote Bete (f)	beterraba (f)	[bete'haba]
Aubergine (f)	berinjela (f)	[berĩ'ʒɛla]
Zucchini (f)	abobrinha (f)	[abo'briɲa]
Kürbis (m)	abóbora (f)	[a'bɔbora]
Rübe (f)	nabo (m)	['nabu]

Petersilie (f)	salsa (f)	['sawsa]
Dill (m)	endro, aneto (m)	['ẽdru], [a'netu]
Kopf Salat (m)	alface (f)	[aw'fasi]
Sellerie (m)	aipo (m)	['ajpu]
Spargel (m)	aspargo (m)	[as'pargu]
Spinat (m)	espinafre (m)	[ispi'nafri]

Erbse (f)	ervilha (f)	[er'viʎa]
Bohnen (pl)	feijão (m)	[fej'ʒãw]
Mais (m)	milho (m)	['miʎu]
weiße Bohne (f)	feijão (m) roxo	[fej'ʒãw 'hoʃu]

Paprika (m)	pimentão (m)	[pimẽ'tãw]
Radieschen (n)	rabanete (m)	[haba'netʃi]
Artischocke (f)	alcachofra (f)	[awka'ʃofra]

44. Obst. Nüsse

Frucht (f)	fruta (f)	['fruta]
Apfel (m)	maçã (f)	[ma'sã]
Birne (f)	pera (f)	['pera]
Zitrone (f)	limão (m)	[li'mãw]
Apfelsine (f)	laranja (f)	[la'rãʒa]
Erdbeere (f)	morango (m)	[mo'rãgu]

Mandarine (f)	tangerina (f)	[tãʒe'rina]
Pflaume (f)	ameixa (f)	[a'mejʃa]
Pfirsich (m)	pêssego (m)	['pesegu]
Aprikose (f)	damasco (m)	[da'masku]
Himbeere (f)	framboesa (f)	[frãbo'eza]
Ananas (f)	abacaxi (m)	[abaka'ʃi]

Banane (f)	banana (f)	[ba'nana]
Wassermelone (f)	melancia (f)	[melã'sia]
Weintrauben (pl)	uva (f)	['uva]
Sauerkirsche (f)	ginja (f)	['ʒĩʒa]
Süßkirsche (f)	cereja (f)	[se'reʒa]
Melone (f)	melão (m)	[me'lãw]

Grapefruit (f)	toranja (f)	[to'rãʒa]
Avocado (f)	abacate (m)	[aba'katʃi]
Papaya (f)	mamão (m)	[ma'mãw]

Mango (f)	**manga** (f)	['mãga]
Granatapfel (m)	**romã** (f)	['homa]

rote Johannisbeere (f)	**groselha** (f) **vermelha**	[[gro'zɛʎa ver'meʎa]
schwarze Johannisbeere (f)	**groselha** (f) **negra**	[gro'zɛʎa 'negra]
Stachelbeere (f)	**groselha** (f) **espinhosa**	[gro'zɛʎa ispi'ɲoza]
Heidelbeere (f)	**mirtilo** (m)	[mih'tʃilu]
Brombeere (f)	**amora** (f) **silvestre**	[a'mɔra siw'vɛstri]

Rosinen (pl)	**passa** (f)	['pasa]
Feige (f)	**figo** (m)	['figu]
Dattel (f)	**tâmara** (f)	['tamara]

Erdnuss (f)	**amendoim** (m)	[amẽdoʔ]
Mandel (f)	**amêndoa** (f)	[a'mẽdwa]
Walnuss (f)	**noz** (f)	[nɔz]
Haselnuss (f)	**avelã** (f)	[ave'lã]
Kokosnuss (f)	**coco** (m)	['koku]
Pistazien (pl)	**pistaches** (m pl)	[pis'taʃis]

45. Brot. Süßigkeiten

Konditorwaren (pl)	**pastelaria** (f)	[pastela'ria]
Brot (n)	**pão** (m)	[pãw]
Keks (m, n)	**biscoito** (m), **bolacha** (f)	[bis'kojtu], [bo'laʃa]

Schokolade (f)	**chocolate** (m)	[ʃoko'latʃi]
Schokoladen-	**de chocolate**	[de ʃoko'latʃi]
Bonbon (m, n)	**bala** (f)	['bala]
Kuchen (m)	**doce** (m), **bolo** (m) **pequeno**	['dosi], ['bolu pe'kenu]
Torte (f)	**bolo** (m) **de aniversário**	['bolu de aniver'sarju]

Kuchen (Apfel-)	**torta** (f)	['tɔrta]
Füllung (f)	**recheio** (m)	[he'ʃeju]

Konfitüre (f)	**geleia** (m)	[ʒe'lɛja]
Marmelade (f)	**marmelada** (f)	[marme'lada]
Waffeln (pl)	**wafers** (m pl)	['wafers]
Eis (n)	**sorvete** (m)	[sor'vetʃi]
Pudding (m)	**pudim** (m)	[pu'dʒĩ]

46. Gerichte

Gericht (n)	**prato** (m)	['pratu]
Küche (f)	**cozinha** (f)	[ko'ziɲa]
Rezept (n)	**receita** (f)	[he'sejta]
Portion (f)	**porção** (f)	[por'sãw]

Salat (m)	**salada** (f)	[sa'lada]
Suppe (f)	**sopa** (f)	['sopa]
Brühe (f), Bouillon (f)	**caldo** (m)	['kawdu]
belegtes Brot (n)	**sanduíche** (m)	[sand'wiʃi]

Spiegelei (n)	ovos (m pl) fritos	['ɔvus 'fritus]
Hamburger (m)	hambúrguer (m)	[ã'burger]
Beefsteak (n)	bife (m)	['bifi]

Beilage (f)	acompanhamento (m)	[akõpaɲa'mẽtu]
Spaghetti (pl)	espaguete (m)	[ispa'geti]
Kartoffelpüree (n)	purê (m) de batata	[pu're de ba'tata]
Pizza (f)	pizza (f)	['pitsa]
Brei (m)	mingau (m)	[mĩ'gaw]
Omelett (n)	omelete (f)	[ome'letʃi]

gekocht	fervido	[fer'vidu]
geräuchert	defumado	[defu'madu]
gebraten	frito	['fritu]
getrocknet	seco	['seku]
tiefgekühlt	congelado	[kõʒe'ladu]
mariniert	em conserva	[ẽ kõ'serva]

süß	doce	['dosi]
salzig	salgado	[saw'gadu]
kalt	frio	['friu]
heiß	quente	['kẽtʃi]
bitter	amargo	[a'margu]
lecker	gostoso	[gos'tozu]

kochen (vt)	cozinhar em água fervente	[kozi'ɲar ẽ 'agwa fer'vẽtʃi]
zubereiten (vt)	preparar (vt)	[prepa'rar]
braten (vt)	fritar (vt)	[fri'tar]
aufwärmen (vt)	aquecer (vt)	[ake'ser]

salzen (vt)	salgar (vt)	[saw'gar]
pfeffern (vt)	apimentar (vt)	[apimẽ'tar]
reiben (vt)	ralar (vt)	[ha'lar]
Schale (f)	casca (f)	['kaska]
schälen (vt)	descascar (vt)	[dʒiskas'kar]

47. Gewürze

Salz (n)	sal (m)	[saw]
salzig (Adj)	salgado	[saw'gadu]
salzen (vt)	salgar (vt)	[saw'gar]

schwarzer Pfeffer (m)	pimenta-do-reino (f)	[pi'mẽta-du-hejnu]
roter Pfeffer (m)	pimenta (f) vermelha	[pi'mẽta ver'meʎa]
Senf (m)	mostarda (f)	[mos'tarda]
Meerrettich (m)	raiz-forte (f)	[ha'iz fortʃi]

Gewürz (n)	condimento (m)	[kõdʒi'mẽtu]
Gewürz (n)	especiaria (f)	[ispesja'ria]
Soße (f)	molho (m)	['moʎu]
Essig (m)	vinagre (m)	[vi'nagri]

| Anis (m) | anis (m) | [a'nis] |
| Basilikum (n) | manjericão (m) | [mãʒeri'kãw] |

Nelke (f)	cravo (m)	['kravu]
Ingwer (m)	gengibre (m)	[ʒë'ʒibri]
Koriander (m)	coentro (m)	[ko'ëtru]
Zimt (m)	canela (f)	[ka'nɛla]

Sesam (m)	gergelim (m)	[ʒerʒe'lĩ]
Lorbeerblatt (n)	folha (f) de louro	['foʎaʃ de 'loru]
Paprika (m)	páprica (f)	['paprika]
Kümmel (m)	cominho (m)	[ko'miɲu]
Safran (m)	açafrão (m)	[asa'frãw]

48. Mahlzeiten

| Essen (n) | comida (f) | [ko'mida] |
| essen (vi, vt) | comer (vt) | [ko'mer] |

Frühstück (n)	café (m) da manhã	[ka'fɛ da ma'ɲã]
frühstücken (vi)	tomar café da manhã	[to'mar ka'fɛ da ma'ɲã]
Mittagessen (n)	almoço (m)	[aw'mosu]
zu Mittag essen	almoçar (vi)	[awmo'sar]
Abendessen (n)	jantar (m)	[ʒã'tar]
zu Abend essen	jantar (vi)	[ʒã'tar]

| Appetit (m) | apetite (m) | [ape'tʃitʃi] |
| Guten Appetit! | Bom apetite! | [bõ ape'tʃitʃi] |

öffnen (vt)	abrir (vt)	[a'brir]
verschütten (vt)	derramar (vt)	[deha'mar]
verschüttet werden	derramar-se (vr)	[deha'marsi]

kochen (vi)	ferver (vi)	[fer'ver]
kochen (Wasser ~)	ferver (vt)	[fer'ver]
gekocht (Adj)	fervido	[fer'vidu]

| kühlen (vt) | esfriar (vt) | [is'frjar] |
| abkühlen (vi) | esfriar-se (vr) | [is'frjarse] |

| Geschmack (m) | sabor, gosto (m) | [sa'bor], ['gostu] |
| Beigeschmack (m) | fim (m) de boca | [fĩ de 'boka] |

auf Diät sein	emagrecer (vi)	[imagre'ser]
Diät (f)	dieta (f)	['dʒjɛta]
Vitamin (n)	vitamina (f)	[vita'mina]
Kalorie (f)	caloria (f)	[kalo'ria]

| Vegetarier (m) | vegetariano (m) | [veʒeta'rjanu] |
| vegetarisch (Adj) | vegetariano | [veʒeta'rjanu] |

Fett (n)	gorduras (f pl)	[gor'duras]
Protein (n)	proteínas (f pl)	[prote'inas]
Kohlenhydrat (n)	carboidratos (m pl)	[karboi'dratus]
Scheibchen (n)	fatia (f)	[fa'tʃia]
Stück (ein ~ Kuchen)	pedaço (m)	[pe'dasu]
Krümel (m)	migalha (f), farelo (m)	[mi'gaʎa], [fa'rɛlu]

49. Gedeck

Löffel (m)	colher (f)	[ko'ʎer]
Messer (n)	faca (f)	['faka]
Gabel (f)	garfo (m)	['garfu]

Tasse (eine ~ Tee)	xícara (f)	['ʃikara]
Teller (m)	prato (m)	['pratu]
Untertasse (f)	pires (m)	['piris]
Serviette (f)	guardanapo (m)	[gwarda'napu]
Zahnstocher (m)	palito (m)	[pa'litu]

50. Restaurant

Restaurant (n)	restaurante (m)	[hestaw'rãtʃi]
Kaffeehaus (n)	cafeteria (f)	[kafete'ria]
Bar (f)	bar (m), cervejaria (f)	[bar], [serveʒa'ria]
Teesalon (m)	salão (m) de chá	[sa'lãw de ʃa]

Kellner (m)	garçom (m)	[gar'sõ]
Kellnerin (f)	garçonete (f)	[garso'netʃi]
Barmixer (m)	barman (m)	[bar'mã]

Speisekarte (f)	cardápio (m)	[kar'dapju]
Weinkarte (f)	lista (f) de vinhos	['lista de 'viɲus]
einen Tisch reservieren	reservar uma mesa	[hezer'var 'uma 'meza]

Gericht (n)	prato (m)	['pratu]
bestellen (vt)	pedir (vt)	[pe'dʒir]
eine Bestellung aufgeben	fazer o pedido	[fa'zer u pe'dʒidu]

Aperitif (m)	aperitivo (m)	[aperi'tʃivu]
Vorspeise (f)	entrada (f)	[ẽ'trada]
Nachtisch (m)	sobremesa (f)	[sobri'meza]

Rechnung (f)	conta (f)	['kõta]
Rechnung bezahlen	pagar a conta	[pa'gar a 'kõta]
das Wechselgeld geben	dar o troco	[dar u 'troku]
Trinkgeld (n)	gorjeta (f)	[gor'ʒeta]

Familie, Verwandte und Freunde

51. Persönliche Informationen. Formulare

Vorname (m)	nome (m)	['nɔmi]
Name (m)	sobrenome (m)	[sobri'nɔmi]
Geburtsdatum (n)	data (f) de nascimento	['data de nasi'mẽtu]
Geburtsort (m)	local (m) de nascimento	[lo'kaw de nasi'mẽtu]
Nationalität (f)	nacionalidade (f)	[nasjonali'daʤi]
Wohnort (m)	lugar (m) de residência	[lu'gar de hezi'dẽsja]
Land (n)	país (m)	[pa'jis]
Beruf (m)	profissão (f)	[profi'sãw]
Geschlecht (n)	sexo (m)	['sɛksu]
Größe (f)	estatura (f)	[ista'tura]
Gewicht (n)	peso (m)	['pezu]

52. Familienmitglieder. Verwandte

Mutter (f)	mãe (f)	[mãj]
Vater (m)	pai (m)	[paj]
Sohn (m)	filho (m)	['fiʎu]
Tochter (f)	filha (f)	['fiʎa]
jüngste Tochter (f)	caçula (f)	[ka'sula]
jüngste Sohn (m)	caçula (m)	[ka'sula]
ältere Tochter (f)	filha (f) mais velha	['fiʎa majs 'vɛʎa]
älterer Sohn (m)	filho (m) mais velho	['fiʎu majs 'vɛʎu]
Bruder (m)	irmão (m)	[ir'mãw]
älterer Bruder (m)	irmão (m) mais velho	[ir'mãw majs 'vɛʎu]
jüngerer Bruder (m)	irmão (m) mais novo	[ir'mãw majs 'novu]
Schwester (f)	irmã (f)	[ir'mã]
ältere Schwester (f)	irmã (f) mais velha	[ir'mã majs 'vɛʎa]
jüngere Schwester (f)	irmã (f) mais nova	[ir'mã majs 'nɔva]
Cousin (m)	primo (m)	['primu]
Cousine (f)	prima (f)	['prima]
Mama (f)	mamãe (f)	[ma'mãj]
Papa (m)	papai (m)	[pa'paj]
Eltern (pl)	pais (pl)	['pajs]
Kind (n)	criança (f)	['krjãsa]
Kinder (pl)	crianças (f pl)	['krjãsas]
Großmutter (f)	avó (f)	[a'vo]
Großvater (m)	avô (m)	[a'vɔ]
Enkel (m)	neto (m)	['nɛtu]

| Enkelin (f) | neta (f) | ['nɛta] |
| Enkelkinder (pl) | netos (pl) | ['nɛtus] |

Onkel (m)	tio (m)	['tʃiu]
Tante (f)	tia (f)	['tʃia]
Neffe (m)	sobrinho (m)	[so'briɲu]
Nichte (f)	sobrinha (f)	[so'briɲa]

Schwiegermutter (f)	sogra (f)	['sɔgra]
Schwiegervater (m)	sogro (m)	['sogru]
Schwiegersohn (m)	genro (m)	['ʒẽhu]
Stiefmutter (f)	madrasta (f)	[ma'drasta]
Stiefvater (m)	padrasto (m)	[pa'drastu]

Säugling (m)	criança (f) de colo	['krjãsa de 'kɔlu]
Kleinkind (n)	bebê (m)	[be'be]
Kleine (m)	menino (m)	[me'ninu]

Frau (f)	mulher (f)	[mu'ʎer]
Mann (m)	marido (m)	[ma'ridu]
Ehemann (m)	esposo (m)	[is'pozu]
Gemahlin (f)	esposa (f)	[is'poza]

verheiratet (Ehemann)	casado	[ka'zadu]
verheiratet (Ehefrau)	casada	[ka'zada]
ledig	solteiro	[sow'tejru]
Junggeselle (m)	solteirão (m)	[sowtej'rãw]
geschieden (Adj)	divorciado	[dʒivor'sjadu]
Witwe (f)	viúva (f)	['vjuva]
Witwer (m)	viúvo (m)	['vjuvu]

Verwandte (m)	parente (m)	[pa'rẽtʃi]
naher Verwandter (m)	parente (m) próximo	[pa'rẽtʃi 'prɔsimu]
entfernter Verwandter (m)	parente (m) distante	[pa'rẽtʃi dʒis'tãtʃi]
Verwandte (pl)	parentes (m pl)	[pa'rẽtʃis]

Waisenjunge (m)	órfão (m)	['ɔrfãw]
Waisenmädchen (f)	órfã (f)	['ɔrfã]
Vormund (m)	tutor (m)	[tu'tor]
adoptieren (einen Jungen)	adotar (vt)	[ado'tar]
adoptieren (ein Mädchen)	adotar (vt)	[ado'tar]

53. Freunde. Arbeitskollegen

Freund (m)	amigo (m)	[a'migu]
Freundin (f)	amiga (f)	[a'miga]
Freundschaft (f)	amizade (f)	[ami'zadʒi]
befreundet sein	ser amigos	[ser a'migus]

Freund (m)	amigo (m)	[a'migu]
Freundin (f)	amiga (f)	[a'miga]
Partner (m)	parceiro (m)	[par'sejru]
Chef (m)	chefe (m)	['ʃɛfi]
Vorgesetzte (m)	superior (m)	[supe'rjor]

Besitzer (m)	proprietário (m)	[proprje'tarju]
Untergeordnete (m)	subordinado (m)	[subordʒi'nadu]
Kollege (m), Kollegin (f)	colega (m, f)	[ko'lɛga]

Bekannte (m)	conhecido (m)	[koɲe'sidu]
Reisegefährte (m)	companheiro (m) de viagem	[kõpa'ɲejru de 'vjaʒẽ]
Mitschüler (m)	colega (m) de classe	[ko'lɛga de 'klasi]

Nachbar (m)	vizinho (m)	[vi'ziɲu]
Nachbarin (f)	vizinha (f)	[vi'ziɲa]
Nachbarn (pl)	vizinhos (pl)	[vi'ziɲus]

54. Mann. Frau

Frau (f)	mulher (f)	[mu'ʎer]
Mädchen (n)	menina (f)	[me'nina]
Braut (f)	noiva (f)	['nojva]

schöne	bonita, bela	[bo'nita], ['bɛla]
große	alta	['awta]
schlanke	esbelta	[iz'bɛwta]
kleine (~ Frau)	baixa	['baɪʃa]

| Blondine (f) | loira (f) | ['lojra] |
| Brünette (f) | morena (f) | [mo'rena] |

Damen-	de senhora	[de se'ɲora]
Jungfrau (f)	virgem (f)	['virʒẽ]
schwangere	grávida	['gravida]

Mann (m)	homem (m)	['ɔmẽ]
Blonde (m)	loiro (m)	['lojru]
Brünette (m)	moreno (m)	[mo'renu]
hoch	alto	['awtu]
klein	baixo	['baɪʃu]

grob	rude	['hudʒi]
untersetzt	atarracado	[ataha'kadu]
robust	robusto	[ho'bustu]
stark	forte	['fortʃi]
Kraft (f)	força (f)	['forsa]

dick	gordo	['gordu]
dunkelhäutig	moreno	[mo'renu]
schlank	esbelto	[iz'bɛwtu]
elegant	elegante	[ele'gãtʃi]

55. Alter

Alter (n)	idade (f)	[i'dadʒi]
Jugend (f)	juventude (f)	[ʒuvẽ'tudʒi]
jung	jovem	['ʒɔvẽ]

| jünger (~ als Sie) | mais novo | [majs 'novu] |
| älter (~ als ich) | mais velho | [majs 'vɛʎu] |

Junge (m)	jovem (m)	['ʒɔvẽ]
Teenager (m)	adolescente (m)	[adole'sẽtʃi]
Bursche (m)	rapaz (m)	[ha'pajz]

| Greis (m) | velho (m) | ['vɛʎu] |
| alte Frau (f) | velha (f) | ['vɛʎa] |

Erwachsene (m)	adulto	[a'duwtu]
in mittleren Jahren	de meia-idade	[de meja i'dadʒi]
älterer (Adj)	idoso, de idade	[i'dozu], [de i'dade]
alt (Adj)	velho	['vɛʎu]

Ruhestand (m)	aposentadoria (f)	[apozẽtado'ria]
in Rente gehen	aposentar-se (vr)	[apozẽ'tarsi]
Rentner (m)	aposentado (m)	[apozẽ'tadu]

56. Kinder

Kind (n)	criança (f)	['krjãsa]
Kinder (pl)	crianças (f pl)	['krjãsas]
Zwillinge (pl)	gêmeos (m pl), gêmeas (f pl)	['ʒemjus], ['ʒemjas]

Wiege (f)	berço (m)	['bersu]
Rassel (f)	chocalho (m)	[ʃo'kaʎu]
Windel (f)	fralda (f)	['frawda]

Schnuller (m)	chupeta (f), bico (m)	[ʃu'peta], ['biku]
Kinderwagen (m)	carrinho (m) de bebê	[ka'hiɲu de be'be]
Kindergarten (m)	jardim (m) de infância	[ʒar'dʒĩ de ĩ'fãsja]
Kinderfrau (f)	babysitter, babá (f)	[bebi'sitter], [ba'ba]

Kindheit (f)	infância (f)	[ĩ'fãsja]
Puppe (f)	boneca (f)	[bo'nɛka]
Spielzeug (n)	brinquedo (m)	[brĩ'kedu]
Baukasten (m)	jogo (m) de montar	['ʒogu de mõ'tar]

wohlerzogen	bem-educado	[bẽj edu'kadu]
ungezogen	malcriado	[maw'krjadu]
verwöhnt	mimado	[mi'madu]

unartig sein	ser travesso	[ser tra'vɛsu]
unartig	travesso, traquinas	[tra'vɛsu], [tra'kinas]
Unart (f)	travessura (f)	[trave'sura]
Schelm (m)	criança (f) travessa	['krjãsa tra'vɛsa]

| gehorsam | obediente | [obe'dʒẽtʃi] |
| ungehorsam | desobediente | [dʒizobe'dʒjẽtʃi] |

fügsam	dócil	['dɔsiw]
klug	inteligente	[ĩteli'ʒẽtʃi]
Wunderkind (n)	prodígio (m)	[pro'dʒiʒu]

57. Ehepaare. Familienleben

küssen (vt)	beijar (vt)	[bej'ʒar]
sich küssen	beijar-se (vr)	[bej'ʒarsi]
Familie (f)	família (f)	[fa'milja]
Familien-	familiar	[fami'ljar]
Paar (n)	casal (m)	[ka'zaw]
Ehe (f)	matrimônio (m)	[matri'monju]
Heim (n)	lar (m)	[lar]
Dynastie (f)	dinastia (f)	[dʒinas'tʃia]
Rendezvous (n)	encontro (m)	[ẽ'kõtru]
Kuss (m)	beijo (m)	['bejʒu]
Liebe (f)	amor (m)	[a'mor]
lieben (vt)	amar (vt)	[a'mar]
geliebt	amado, querido	[a'madu], [ke'ridu]
Zärtlichkeit (f)	ternura (f)	[ter'nura]
zärtlich	afetuoso	[afe'twozu]
Treue (f)	fidelidade (f)	[fideli'dadʒi]
treu (Adj)	fiel	[fjɛw]
Fürsorge (f)	cuidado (m)	[kwi'dadu]
sorgsam	carinhoso	[kari'ɲozu]
Frischvermählte (pl)	recém-casados (pl)	[he'sẽ-ka'zadus]
Flitterwochen (pl)	lua (f) de mel	['lua de mɛw]
heiraten (einen Mann ~)	casar-se (vr)	[ka'zarsi]
heiraten (ein Frau ~)	casar-se (vr)	[ka'zarsi]
Hochzeit (f)	casamento (m)	[kaza'mẽtu]
goldene Hochzeit (f)	bodas (f pl) de ouro	['bodas de 'oru]
Jahrestag (m)	aniversário (m)	[aniver'sarju]
Geliebte (m)	amante (m)	[a'mãtʃi]
Geliebte (f)	amante (f)	[a'mãtʃi]
Ehebruch (m)	adultério (m), traição (f)	[aduw'tɛrju], [traj'sãw]
Ehebruch begehen	cometer adultério	[kome'ter aduw'tɛrju]
eifersüchtig	ciumento	[sju'mẽtu]
eifersüchtig sein	ser ciumento, -a	[ser sju'mẽtu, -a]
Scheidung (f)	divórcio (m)	[dʒi'vorsju]
sich scheiden lassen	divorciar-se (vr)	[dʒivor'sjarsi]
streiten (vi)	brigar (vi)	[bri'gar]
sich versöhnen	fazer as pazes	[fa'zer as 'pajzis]
zusammen (Adv)	juntos	['ʒũtus]
Sex (m)	sexo (m)	['sɛksu]
Glück (n)	felicidade (f)	[felisi'dadʒi]
glücklich	feliz	[fe'liz]
Unglück (n)	infelicidade (f)	[ĩfelisi'dadʒi]
unglücklich	infeliz	[ĩfe'liz]

Charakter. Empfindungen. Gefühle

58. Empfindungen. Gefühle

Gefühl (n)	sentimento (m)	[sẽtʃi'mẽtu]
Gefühle (pl)	sentimentos (m pl)	[sẽtʃi'mẽtus]
fühlen (vt)	sentir (vt)	[sẽ'tʃir]
Hunger (m)	fome (f)	['fɔmi]
hungrig sein	ter fome	[ter 'fɔmi]
Durst (m)	sede (f)	['sedʒi]
Durst haben	ter sede	[ter 'sedʒi]
Schläfrigkeit (f)	sonolência (f)	[sono'lẽsja]
schlafen wollen	estar sonolento	[is'tar sono'lẽtu]
Müdigkeit (f)	cansaço (m)	[kã'sasu]
müde	cansado	[kã'sadu]
müde werden	ficar cansado	[fi'kar kã'sadu]
Laune (f)	humor (m)	[u'mor]
Langeweile (f)	tédio (m)	['tɛdʒju]
sich langweilen	entediar-se (vr)	[ẽte'dʒjarsi]
Zurückgezogenheit (n)	reclusão (f)	[heklu'zãw]
sich zurückziehen	isolar-se (vr)	[izo'larsi]
beunruhigen (vt)	preocupar (vt)	[preoku'par]
sorgen (vi)	estar preocupado	[is'tar preoku'padu]
Besorgnis (f)	preocupação (f)	[preokupa'sãw]
Angst (~ um ...)	ansiedade (f)	[ãsje'dadʒi]
besorgt (Adj)	preocupado	[preoku'padu]
nervös sein	estar nervoso	[is'tar ner'vozu]
in Panik verfallen (vi)	entrar em pânico	[ẽ'trar ẽ 'paniku]
Hoffnung (f)	esperança (f)	[ispe'rãsa]
hoffen (vi)	esperar (vi, vt)	[ispe'rar]
Sicherheit (f)	certeza (f)	[ser'teza]
sicher	certo, seguro de ...	['sɛrtu], [se'guru de]
Unsicherheit (f)	indecisão (f)	[ĩdesi'zãw]
unsicher	indeciso	[ĩde'sizu]
betrunken	bêbado	['bebadu]
nüchtern	sóbrio	['sɔbrju]
schwach	fraco	['fraku]
glücklich	feliz	[fe'liz]
erschrecken (vt)	assustar (vt)	[asus'tar]
Wut (f)	fúria (f)	['furja]
Rage (f)	ira, raiva (f)	['ira], ['hajva]
Depression (f)	depressão (f)	[depre'sãw]
Unbehagen (n)	desconforto (m)	[dʒiskõ'fortu]

Komfort (m)	conforto (m)	[kõ'fortu]
bedauern (vt)	arrepender-se (vr)	[ahepẽ'dersi]
Bedauern (n)	arrependimento (m)	[ahepẽdʒi'mẽtu]
Missgeschick (n)	azar (m), má sorte (f)	[a'zar], [ma 'sɔrtʃi]]
Kummer (m)	tristeza (f)	[tris'teza]

Scham (f)	vergonha (f)	[ver'goɲa]
Freude (f)	alegria (f)	[ale'gria]
Begeisterung (f)	entusiasmo (m)	[ẽtu'zjazmu]
Enthusiast (m)	entusiasta (m)	[ẽtu'zjasta]
Begeisterung zeigen	mostrar entusiasmo	[mos'trar ẽtu'zjazmu]

59. Charakter. Persönlichkeit

Charakter (m)	caráter (m)	[ka'rater]
Charakterfehler (m)	falha (f) de caráter	['faʎa de ka'rater]
Verstand (m)	mente (f)	['mẽtʃi]
Vernunft (f)	razão (f)	[ha'zãw]

Gewissen (n)	consciência (f)	[kõ'sjẽsja]
Gewohnheit (f)	hábito, costume (m)	['abitu], [kos'tumi]
Fähigkeit (f)	habilidade (f)	[abili'dadʒi]
können (v mod)	saber (vi)	[sa'ber]

geduldig	paciente	[pa'sjẽtʃi]
ungeduldig	impaciente	[ĩpa'sjẽtʃi]
neugierig	curioso	[ku'rjozu]
Neugier (f)	curiosidade (f)	[kurjozi'dadʒi]

Bescheidenheit (f)	modéstia (f)	[mo'dɛstu]
bescheiden	modesto	[mo'dɛstu]
unbescheiden	imodesto	[imo'dɛstu]

Faulheit (f)	preguiça (f)	[pre'gisa]
faul	preguiçoso	[pregi'sozu]
Faulenzer (m)	preguiçoso (m)	[pregi'sozu]

Listigkeit (f)	astúcia (f)	[as'tusja]
listig	astuto	[as'tutu]
Misstrauen (n)	desconfiança (f)	[dʒiskõ'fjãsa]
misstrauisch	desconfiado	[dʒiskõ'fjadu]

Freigebigkeit (f)	generosidade (f)	[ʒenerozi'dadʒi]
freigebig	generoso	[ʒene'rozu]
talentiert	talentoso	[talẽ'tozu]
Talent (n)	talento (m)	[ta'lẽtu]

tapfer	corajoso	[kora'ʒozu]
Tapferkeit (f)	coragem (f)	[ko'raʒẽ]
ehrlich	honesto	[o'nɛstu]
Ehrlichkeit (f)	honestidade (f)	[onestʃi'dadʒi]

| vorsichtig | prudente, cuidadoso | [pru'dẽtʃi], [kwida'dozu] |
| tapfer | valoroso | [valo'rozu] |

ernst	sério	['sɛrju]
streng	severo	[se'vɛru]

entschlossen	decidido	[desi'dʒidu]
unentschlossen	indeciso	[ĩde'sizu]
schüchtern	tímido	['tʃimidu]
Schüchternheit (f)	timidez (f)	[tʃimi'dez]

Vertrauen (n)	confiança (f)	[kõ'fjãsa]
vertrauen (vi)	confiar (vt)	[kõ'fjar]
vertrauensvoll	crédulo	['krɛdulu]

aufrichtig (Adv)	sinceramente	[sĩsera'mētʃi]
aufrichtig (Adj)	sincero	[sĩ'sɛru]
Aufrichtigkeit (f)	sinceridade (f)	[sĩseri'dadʒi]
offen	aberto	[a'bɛrtu]

still (Adj)	calmo	['kawmu]
freimütig	franco	['frãku]
naiv	ingênuo	[ĩ'ʒenwu]
zerstreut	distraído	[dʒistra'idu]
drollig, komisch	engraçado	[ẽgra'sadu]

Gier (f)	ganância (f)	[ga'nãsja]
habgierig	ganancioso	[ganã'sjozu]
geizig	avarento, sovina	[avar'ẽtu], [so'vina]
böse	mal	[maw]
hartnäckig	teimoso	[tej'mozu]
unangenehm	desagradável	[dʒizagra'davew]

Egoist (m)	egoísta (m)	[ego'ista]
egoistisch	egoísta	[ego'ista]
Feigling (m)	covarde (m)	[ko'vardʒi]
feige	covarde	[ko'vardʒi]

60. Schlaf. Träume

schlafen (vi)	dormir (vi)	[dor'mir]
Schlaf (m)	sono (m)	['sɔnu]
Traum (m)	sonho (m)	['sɔɲu]
träumen (im Schlaf)	sonhar (vi)	[so'ɲar]
verschlafen	sonolento	[sono'lẽtu]

Bett (n)	cama (f)	['kama]
Matratze (f)	colchão (m)	[kow'ʃãw]
Decke (f)	cobertor (m)	[kuber'tor]
Kissen (n)	travesseiro (m)	[trave'sejru]
Laken (n)	lençol (m)	[lẽ'sɔw]

Schlaflosigkeit (f)	insônia (f)	[ĩ'sonja]
schlaflos	sem sono	[sẽ 'sɔnu]
Schlafmittel (n)	sonífero (m)	[so'niferu]
Schlafmittel nehmen	tomar um sonífero	[to'mar ũ so'niferu]
schlafen wollen	estar sonolento	[is'tar sono'lẽtu]

gähnen (vi)	bocejar (vi)	[buse'ʒar]
schlafen gehen	ir para a cama	[ir 'para a 'kama]
das Bett machen	fazer a cama	[fa'zer a 'kama]
einschlafen (vi)	adormecer (vi)	[adorme'ser]

Alptraum (m)	pesadelo (m)	[peza'delu]
Schnarchen (n)	ronco (m)	['hõku]
schnarchen (vi)	roncar (vi)	[hõ'kar]

Wecker (m)	despertador (m)	[dʒisperta'dor]
aufwecken (vt)	acordar, despertar (vt)	[akor'dar], [dʒisper'tar]
erwachen (vi)	acordar (vi)	[akor'dar]
aufstehen (vi)	levantar-se (vr)	[levã'tarsi]
sich waschen	lavar-se (vr)	[la'varsi]

61. Humor. Lachen. Freude

Humor (m)	humor (m)	[u'mor]
Sinn (m) für Humor	senso (m) de humor	['sẽsu de u'mor]
sich amüsieren	divertir-se (vr)	[dʒiver'tʃirsi]
froh (Adj)	alegre	[a'lɛgri]
Fröhlichkeit (f)	alegria, diversão (f)	[ale'gria], [dʒiver'sãw]

Lächeln (n)	sorriso (m)	[so'hizu]
lächeln (vi)	sorrir (vi)	[so'hir]
auflachen (vi)	começar a rir	[kome'sar a hir]
lachen (vi)	rir (vi)	[hir]
Lachen (n)	riso (m)	['hizu]

Anekdote, Witz (m)	anedota (f)	[ane'dɔta]
lächerlich	engraçado	[ẽgra'sadu]
komisch	ridículo, cômico	[hi'dʒikulu], ['komiku]

Witz machen	brincar (vi)	[brĩ'kar]
Spaß (m)	piada (f)	['pjada]
Freude (f)	alegria (f)	[ale'gria]
sich freuen	regozijar-se (vr)	[hegozi'ʒarsi]
froh (Adj)	alegre	[a'lɛgri]

62. Diskussion, Unterhaltung. Teil 1

| Kommunikation (f) | comunicação (f) | [komunika'sãw] |
| kommunizieren (vi) | comunicar-se (vr) | [komuni'karse] |

Konversation (f)	conversa (f)	[kõ'vɛrsa]
Dialog (m)	diálogo (m)	['dʒjalogu]
Diskussion (f)	discussão (f)	[dʒisku'sãw]
Streitgespräch (n)	debate (m)	[de'batʃi]
streiten (vi)	debater (vt)	[deba'ter]

| Gesprächspartner (m) | interlocutor (m) | [ĩterloku'tor] |
| Thema (n) | tema (m) | ['tɛma] |

Gesichtspunkt (m)	ponto (m) de vista	['põtu de 'vista]
Meinung (f)	opinião (f)	[opi'njãw]
Rede (f)	discurso (m)	[dʒis'kursu]

Besprechung (f)	discussão (f)	[dʒisku'sãw]
besprechen (vt)	discutir (vt)	[dʒisku'tʃir]
Gespräch (n)	conversa (f)	[kõ'vɛrsa]
Gespräche führen	conversar (vi)	[kõver'sar]
Treffen (n)	reunião (f)	[heu'njãw]
sich treffen	encontrar-se (vr)	[ẽkõ'trarsi]

Sprichwort (n)	provérbio (m)	[pro'vɛrbju]
Redensart (f)	ditado, provérbio (m)	[dʒi'tadu], [pro'vɛrbju]
Rätsel (n)	adivinha (f)	[adʒi'viɲa]
ein Rätsel aufgeben	dizer uma adivinha	[dʒi'zer 'uma adʒi'viɲu]
Parole (f)	senha (f)	['sɛɲa]
Geheimnis (n)	segredo (m)	[se'gredu]

Eid (m), Schwur (m)	juramento (m)	[ʒura'mẽtu]
schwören (vi, vt)	jurar (vi)	[ʒu'rar]
Versprechen (n)	promessa (f)	[pro'mɛsa]
versprechen (vt)	prometer (vt)	[prome'ter]

Rat (m)	conselho (m)	[kõ'seʎu]
raten (vt)	aconselhar (vt)	[akõse'ʎar]
einen Rat befolgen	seguir o conselho	[se'gir u kõ'seʎu]
gehorchen (jemandem ~)	escutar (vt)	[isku'tar]

Neuigkeit (f)	novidade, notícia (f)	[novi'dadʒi], [no'tʃisja]
Sensation (f)	sensação (f)	[sẽsa'sãw]
Informationen (pl)	informação (f)	[ĩforma'sãw]
Schlussfolgerung (f)	conclusão (f)	[kõklu'zãw]
Stimme (f)	voz (f)	[vɔz]
Kompliment (n)	elogio (m)	[elo'ʒiu]
freundlich	amável, querido	[a'mavew], [ke'ridu]

Wort (n)	palavra (f)	[pa'lavra]
Phrase (f)	frase (f)	['frazi]
Antwort (f)	resposta (f)	[hes'pɔsta]

| Wahrheit (f) | verdade (f) | [ver'dadʒi] |
| Lüge (f) | mentira (f) | [mẽ'tʃira] |

Gedanke (m)	pensamento (m)	[pẽsa'mẽtu]
Idee (f)	ideia (f)	[i'dɛja]
Phantasie (f)	fantasia (f)	[fãta'zia]

63. Diskussion, Unterhaltung. Teil 2

angesehen (Adj)	estimado, respeitado	[istʃi'madu], [hespej'tadu]
respektieren (vt)	respeitar (vt)	[hespej'tar]
Respekt (m)	respeito (m)	[hes'pejtu]
Sehr geehrter ...	Estimado ..., Caro ...	[istʃi'madu], ['karu]
bekannt machen	apresentar (vt)	[aprezẽ'tar]

kennenlernen (vt)	conhecer (vt)	[koɲe'ser]
Absicht (f)	intenção (f)	[ĩtẽ'sãw]
beabsichtigen (vt)	tencionar (vt)	[tẽsjo'nar]
Wunsch (m)	desejo (m)	[de'zeʒu]
wünschen (vt)	desejar (vt)	[deze'ʒar]

Staunen (n)	surpresa (f)	[sur'preza]
erstaunen (vt)	surpreender (vt)	[surprjẽ'der]
staunen (vi)	surpreender-se (vr)	[surprjẽ'dersi]

geben (vt)	dar (vt)	[dar]
nehmen (vt)	pegar (vt)	[pe'gar]
herausgeben (vt)	devolver (vt)	[devow'ver]
zurückgeben (vt)	retornar (vt)	[hetor'nar]

sich entschuldigen	desculpar-se (vr)	[dʒiskuw'parsi]
Entschuldigung (f)	desculpa (f)	[dʒis'kuwpa]
verzeihen (vt)	perdoar (vt)	[per'dwar]

sprechen (vi)	falar (vi)	[fa'lar]
hören (vt), zuhören (vi)	escutar (vt)	[isku'tar]
sich anhören	ouvir até o fim	[o'vir a'tɛ u fĩ]
verstehen (vt)	entender (vt)	[ẽtẽ'der]

zeigen (vt)	mostrar (vt)	[mos'trar]
ansehen (vt)	olhar para ...	[ɔ'ʎar 'para]
rufen (vt)	chamar (vt)	[ʃa'mar]
belästigen (vt)	perturbar, distrair (vt)	[pertur'bar], [dʒistra'ir]
stören (vt)	perturbar (vt)	[pertur'bar]
übergeben (vt)	entregar (vt)	[ẽtre'gar]

Bitte (f)	pedido (m)	[pe'dʒidu]
bitten (vt)	pedir (vt)	[pe'dʒir]
Verlangen (n)	exigência (f)	[ezi'ʒẽsja]
verlangen (vt)	exigir (vt)	[ezi'ʒir]

necken (vt)	insultar (vt)	[ĩsuw'tar]
spotten (vi)	zombar (vt)	[zõ'bar]
Spott (m)	zombaria (f)	[zõba'ria]
Spitzname (m)	alcunha (f), apelido (m)	[aw'kuɲa], [ape'lidu]

Andeutung (f)	insinuação (f)	[ĩsinwa'sãw]
andeuten (vt)	insinuar (vt)	[ĩsi'nwar]
meinen (vt)	querer dizer	[ke'rer dʒi'zer]

Beschreibung (f)	descrição (f)	[dʒiskri'sãw]
beschreiben (vt)	descrever (vt)	[dʒiskre'ver]
Lob (n)	elogio (m)	[elo'ʒiu]
loben (vt)	elogiar (vt)	[elo'ʒjar]

Enttäuschung (f)	desapontamento (m)	[dʒizapõta'mẽtu]
enttäuschen (vt)	desapontar (vt)	[dʒizapõ'tar]
enttäuscht sein	desapontar-se (vr)	[dʒizapõ'tarsi]

Vermutung (f)	suposição (f)	[supozi'sãw]
vermuten (vt)	supor (vt)	[su'por]

| Warnung (f) | advertência (f) | [adʒiver'tẽsja] |
| warnen (vt) | advertir (vt) | [adʒiver'tʃir] |

64. Diskussion, Unterhaltung. Teil 3

| überreden (vt) | convencer (vt) | [kõvẽ'ser] |
| beruhigen (vt) | acalmar (vt) | [akaw'mar] |

Schweigen (n)	silêncio (m)	[si'lẽsju]
schweigen (vi)	ficar em silêncio	[fi'kar ẽ si'lẽsju]
flüstern (vt)	sussurrar (vi, vt)	[susu'har]
Flüstern (n)	sussurro (m)	[su'suhu]

| offen (Adv) | francamente | [frãka'mẽtʃi] |
| meiner Meinung nach … | na minha opinião … | [na 'miɲa opi'njãw] |

Detail (n)	detalhe (m)	[de'taʎi]
ausführlich (Adj)	detalhado	[deta'ʎadu]
ausführlich (Adv)	detalhadamente	[detaʎada'mẽtʃi]

| Tipp (m) | dica (f) | ['dʒika] |
| einen Tipp geben | dar uma dica | [dar 'uma 'dʒika] |

Blick (m)	olhar (m)	[ɔ'ʎar]
anblicken (vt)	dar uma olhada	[dar 'uma o'ʎada]
starr (z.B. -en Blick)	fixo	['fiksu]
blinzeln (mit den Augen)	piscar (vi)	[pis'kar]
zwinkern (mit den Augen)	piscar (vt)	[pis'kar]
nicken (vi)	acenar com a cabeça	[ase'nar kõ a ka'besa]

Seufzer (m)	suspiro (m)	[sus'piru]
aufseufzen (vi)	suspirar (vi)	[suspi'rar]
zusammenzucken (vi)	estremecer (vi)	[istreme'ser]
Geste (f)	gesto (m)	['ʒɛstu]
berühren (vt)	tocar (vt)	[to'kar]
ergreifen (vt)	agarrar (vt)	[aga'har]
klopfen (vt)	bater de leve	[ba'ter de 'lɛvi]

Vorsicht!	Cuidado!	[kwi'dadu]
Wirklich?	Sério?	['sɛrju]
Sind Sie sicher?	Tem certeza?	[tẽj ser'teza]
Viel Glück!	Boa sorte!	['boa 'sɔrtʃi]
Klar!	Entendi!	[ẽtẽ'dʒi]
Schade!	Que pena!	[ki 'pena]

65. Zustimmung. Ablehnung

Einverständnis (n)	consentimento (m)	[kõsẽtʃi'mẽtu]
zustimmen (vi)	consentir (vi)	[kõsẽ'tʃir]
Billigung (f)	aprovação (f)	[aprova'sãw]
billigen (vt)	aprovar (vt)	[apro'var]
Absage (f)	recusa (f)	[he'kuza]

sich weigern	negar-se a ...	[neˈgarsi]
Ausgezeichnet!	Ótimo!	[ˈɔtʃimu]
Ganz recht!	Tudo bem!	[ˈtudu bẽj]
Gut! Okay!	Está bem! De acordo!	[isˈta bẽj], [de aˈkordu]

verboten (Adj)	proibido	[proiˈbidu]
Es ist verboten	é proibido	[ɛ proiˈbidu]
Es ist unmöglich	é impossível	[ɛ ĩpoˈsivew]
falsch	incorreto	[ĩkoˈhɛtu]

ablehnen (vt)	rejeitar (vt)	[heʒejˈtar]
unterstützen (vt)	apoiar (vt)	[apoˈjar]
akzeptieren (vt)	aceitar (vt)	[asejˈtar]

bestätigen (vt)	confirmar (vt)	[kõfirˈmar]
Bestätigung (f)	confirmação (f)	[kõfirmaˈsãw]
Erlaubnis (f)	permissão (f)	[permiˈsãw]
erlauben (vt)	permitir (vt)	[permiˈtʃir]
Entscheidung (f)	decisão (f)	[desiˈzãw]
schweigen (nicht antworten)	não dizer nada	[ˈnãw dʒiˈzer ˈnada]

Bedingung (f)	condição (f)	[kõdʒiˈsãw]
Ausrede (f)	pretexto (m)	[preˈtestu]
Lob (n)	elogio (m)	[eloˈʒiu]
loben (vt)	elogiar (vt)	[eloˈʒjar]

66. Erfolg. Alles Gute. Misserfolg

Erfolg (m)	êxito, sucesso (m)	[ˈezitu], [suˈsɛsu]
erfolgreich (Adv)	com êxito	[kõ ˈezitu]
erfolgreich (Adj)	bem sucedido	[bẽj suseˈdʒidu]

Glück (Glücksfall)	sorte (f)	[ˈsɔrtʃi]
Viel Glück!	Boa sorte!	[ˈboa ˈsɔrtʃi]
Glücks- (z.B. -tag)	de sorte	[de ˈsɔrtʃi]
glücklich (Adj)	sortudo, felizardo	[sorˈtudu], [feliˈzardu]

Misserfolg (m)	fracasso (m)	[fraˈkasu]
Missgeschick (n)	pouca sorte (f)	[ˈpoka ˈsɔrtʃi]
Unglück (n)	azar (m), má sorte (f)	[aˈzar], [ma ˈsɔrtʃi]]

| missglückt (Adj) | mal sucedido | [maw suseˈdʒidu] |
| Katastrophe (f) | catástrofe (f) | [kaˈtastrofi] |

Stolz (m)	orgulho (m)	[orˈguʎu]
stolz	orgulhoso	[orguˈʎozu]
stolz sein	estar orgulhoso	[isˈtar orguˈʎozu]

Sieger (m)	vencedor (m)	[vẽseˈdor]
siegen (vi)	vencer (vi, vt)	[vẽˈser]
verlieren (Spiel usw.)	perder (vt)	[perˈder]
Versuch (m)	tentativa (f)	[tẽtaˈtʃiva]
versuchen (vt)	tentar (vt)	[tẽˈtar]
Chance (f)	chance (m)	[ˈʃãsi]

67. Streit. Negative Gefühle

Schrei (m)	grito (m)	['gritu]
schreien (vi)	gritar (vi)	[gri'tar]
beginnen zu schreien	começar a gritar	[kome'sar a gri'tar]

Zank (m)	discussão (f)	[dʒisku'sãw]
sich zanken	brigar (vi)	[bri'gar]
Riesenkrach (m)	escândalo (m)	[is'kãdalu]
Krach haben	criar escândalo	[krjar is'kãdalu]
Konflikt (m)	conflito (m)	[kõ'flitu]
Missverständnis (n)	mal-entendido (m)	[mal ẽtẽ'dʒidu]

Kränkung (f)	insulto (m)	[ĩ'suwtu]
kränken (vt)	insultar (vt)	[ĩsuw'tar]
gekränkt (Adj)	insultado	[ĩsuw'tadu]
Beleidigung (f)	ofensa (f)	[ɔ'fẽsa]
beleidigen (vt)	ofender (vt)	[ofẽ'der]
sich beleidigt fühlen	ofender-se (vr)	[ofẽ'dersi]

Empörung (f)	indignação (f)	[ĩdʒigna'sãw]
sich empören	indignar-se (vr)	[ĩdʒig'narsi]
Klage (f)	queixa (f)	['kejʃa]
klagen (vi)	queixar-se (vr)	[kej'ʃarsi]

Entschuldigung (f)	desculpa (f)	[dʒis'kuwpa]
sich entschuldigen	desculpar-se (vr)	[dʒiskuw'parsi]
um Entschuldigung bitten	pedir perdão	[pe'dʒir per'dãw]

Kritik (f)	crítica (f)	['kritʃika]
kritisieren (vt)	criticar (vt)	[kritʃi'kar]
Anklage (f)	acusação (f)	[akuza'sãw]
anklagen (vt)	acusar (vt)	[aku'zar]

Rache (f)	vingança (f)	[vĩ'gãsa]
rächen (vt)	vingar (vt)	[vĩ'gar]
sich rächen	vingar-se (vr)	[vĩ'garsi]

Verachtung (f)	desprezo (m)	[dʒis'prezu]
verachten (vt)	desprezar (vt)	[dʒispre'zar]
Hass (m)	ódio (m)	['ɔdʒju]
hassen (vt)	odiar (vt)	[o'dʒar]

nervös	nervoso	[ner'vozu]
nervös sein	estar nervoso	[is'tar ner'vozu]
verärgert	zangado	[zã'gadu]
ärgern (vt)	zangar (vt)	[zã'gar]

Erniedrigung (f)	humilhação (f)	[umiʎa'sãw]
erniedrigen (vt)	humilhar (vt)	[umi'ʎar]
sich erniedrigen	humilhar-se (vr)	[umi'ʎarsi]

Schock (m)	choque (m)	['ʃoki]
schockieren (vt)	chocar (vt)	[ʃo'kar]
Ärger (m)	aborrecimento (m)	[abohesi'mẽtu]

unangenehm	**desagradável**	[dʒizagra'davew]
Angst (f)	**medo** (m)	['medu]
furchtbar (z.B. -e Sturm)	**terrível**	[te'hivew]
schrecklich	**assustador**	[asusta'dor]
Entsetzen (n)	**horror** (m)	[o'hor]
entsetzlich	**horrível, terrível**	[o'hivew], [te'hivew]
zittern (vi)	**começar a tremer**	[kome'sar a tre'mer]
weinen (vi)	**chorar** (vi)	[ʃo'rar]
anfangen zu weinen	**começar a chorar**	[kome'sar a ʃo'rar]
Träne (f)	**lágrima** (f)	['lagrima]
Schuld (f)	**falta** (f)	['fawta]
Schuldgefühl (n)	**culpa** (f)	['kuwpa]
Schmach (f)	**desonra** (f)	[dʒi'zõha]
Protest (m)	**protesto** (m)	[pro'tɛstu]
Stress (m)	**estresse** (m)	[is'trɛsi]
stören (vt)	**perturbar** (vt)	[pertur'bar]
sich ärgern	**zangar-se com …**	[zã'garsi kõ]
ärgerlich	**zangado**	[zã'gadu]
abbrechen (vi)	**terminar** (vt)	[termi'nar]
schelten (vi)	**praguejar**	[prage'ʒar]
erschrecken (vi)	**assustar-se**	[asus'tarsi]
schlagen (vt)	**golpear** (vt)	[gow'pjar]
sich prügeln	**brigar** (vi)	[bri'gar]
beilegen (Konflikt usw.)	**resolver** (vt)	[hezow'ver]
unzufrieden	**descontente**	[dʒiskõ'tẽtʃi]
wütend	**furioso**	[fu'rjozu]
Das ist nicht gut!	**Não está bem!**	['nãw is'ta bẽj]
Das ist schlecht!	**É ruim!**	[ɛ hu'ĩ]

Medizin

68. Krankheiten

Krankheit (f)	doença (f)	[do'ẽsa]
krank sein	estar doente	[is'tar do'ẽtʃi]
Gesundheit (f)	saúde (f)	[sa'udʒi]

Schnupfen (m)	nariz (m) escorrendo	[na'riz isko'hẽdu]
Angina (f)	amigdalite (f)	[amigda'litʃi]
Erkältung (f)	resfriado (m)	[hes'frjadu]
sich erkälten	ficar resfriado	[fi'kar hes'frjadu]

Bronchitis (f)	bronquite (f)	[brõ'kitʃi]
Lungenentzündung (f)	pneumonia (f)	[pnewmo'nia]
Grippe (f)	gripe (f)	['gripi]

kurzsichtig	míope	['miopi]
weitsichtig	presbita	[pres'bita]
Schielen (n)	estrabismo (m)	[istra'bizmu]
schielend (Adj)	estrábico, vesgo	[is'trabiku], ['vezgu]
grauer Star (m)	catarata (f)	[kata'rata]
Glaukom (n)	glaucoma (m)	[glaw'koma]

Schlaganfall (m)	AVC (m), apoplexia (f)	[ave'se], [apople'ksia]
Infarkt (m)	ataque (m) cardíaco	[a'taki kar'dʒiaku]
Herzinfarkt (m)	enfarte (m) do miocárdio	[ẽ'fartʃi du mjo'kardʒiu]
Lähmung (f)	paralisia (f)	[parali'zia]
lähmen (vt)	paralisar (vt)	[parali'zar]

Allergie (f)	alergia (f)	[aler'ʒia]
Asthma (n)	asma (f)	['azma]
Diabetes (m)	diabetes (f)	[dʒja'bɛtʃis]

Zahnschmerz (m)	dor (f) de dente	[dor de 'dẽtʃi]
Karies (f)	cárie (f)	['kari]

Durchfall (m)	diarreia (f)	[dʒja'hɛja]
Verstopfung (f)	prisão (f) de ventre	[pri'zãw de 'vẽtri]
Magenverstimmung (f)	desarranjo (m) intestinal	[dʒiza'hãʒu ĩtestʃi'naw]
Vergiftung (f)	intoxicação (f) alimentar	[ĩtoksika'sãw alimẽ'tar]
Vergiftung bekommen	intoxicar-se	[ĩtoksi'karsi]

Arthritis (f)	artrite (f)	[ar'tritʃi]
Rachitis (f)	raquitismo (m)	[haki'tʃizmu]
Rheumatismus (m)	reumatismo (m)	[hewma'tʃizmu]
Atherosklerose (f)	arteriosclerose (f)	[arterjoskle'rɔzi]

Gastritis (f)	gastrite (f)	[gas'tritʃi]
Blinddarmentzündung (f)	apendicite (f)	[apẽdʒi'sitʃi]

| Cholezystitis (f) | colecistite (f) | [kulesi'stʃitʃi] |
| Geschwür (n) | úlcera (f) | ['uwsera] |

Masern (pl)	sarampo (m)	[sa'rãpu]
Röteln (pl)	rubéola (f)	[hu'bɛola]
Gelbsucht (f)	icterícia (f)	[ikte'risja]
Hepatitis (f)	hepatite (f)	[epa'tʃitʃi]

Schizophrenie (f)	esquizofrenia (f)	[iskizofre'nia]
Tollwut (f)	raiva (f)	['hajva]
Neurose (f)	neurose (f)	[new'rozi]
Gehirnerschütterung (f)	contusão (f) cerebral	[kõtu'zãw sere'braw]

Krebs (m)	câncer (m)	['kãser]
Sklerose (f)	esclerose (f)	[iskle'rozi]
multiple Sklerose (f)	esclerose (f) múltipla	[iskle'rozi 'muwtʃipla]

Alkoholismus (m)	alcoolismo (m)	[awko'lizmu]
Alkoholiker (m)	alcoólico (m)	[aw'kɔliku]
Syphilis (f)	sífilis (f)	['sifilis]
AIDS	AIDS (f)	['ajdʒs]

Tumor (m)	tumor (m)	[tu'mor]
bösartig	maligno	[ma'lignu]
gutartig	benigno	[be'nignu]

Fieber (n)	febre (f)	['fɛbri]
Malaria (f)	malária (f)	[ma'larja]
Gangrän (f, n)	gangrena (f)	[gã'grena]
Seekrankheit (f)	enjoo (m)	[ẽ'ʒou]
Epilepsie (f)	epilepsia (f)	[epile'psia]

Epidemie (f)	epidemia (f)	[epide'mia]
Typhus (m)	tifo (m)	['tʃifu]
Tuberkulose (f)	tuberculose (f)	[tuberku'lɔzi]
Cholera (f)	cólera (f)	['kɔlera]
Pest (f)	peste (f) bubônica	['pɛstʃi bu'bonika]

69. Symptome. Behandlungen. Teil 1

Symptom (n)	sintoma (m)	[sĩ'toma]
Temperatur (f)	temperatura (f)	[tẽpera'tura]
Fieber (n)	febre (f)	['fɛbri]
Puls (m)	pulso (m)	['puwsu]

Schwindel (m)	vertigem (f)	[ver'tʃiʒẽ]
heiß (Stirne usw.)	quente	['kẽtʃi]
Schüttelfrost (m)	calafrio (m)	[kala'friu]
blass (z.B. -es Gesicht)	pálido	['palidu]

Husten (m)	tosse (f)	['tɔsi]
husten (vi)	tossir (vi)	[to'sir]
niesen (vi)	espirrar (vi)	[ispi'har]
Ohnmacht (f)	desmaio (m)	[dʒiz'maju]

ohnmächtig werden	desmaiar (vi)	[ʤizma'jar]
blauer Fleck (m)	mancha (f) preta	['mãʃa 'preta]
Beule (f)	galo (m)	['galu]
sich stoßen	machucar-se (vr)	[maʃu'karsi]
Prellung (f)	contusão (f)	[kõtu'zãw]
sich stoßen	machucar-se (vr)	[maʃu'karsi]

hinken (vi)	mancar (vi)	[mã'kar]
Verrenkung (f)	deslocamento (f)	[ʤizloka'mẽtu]
ausrenken (vt)	deslocar (vt)	[ʤizlo'kar]
Fraktur (f)	fratura (f)	[fra'tura]
brechen (Arm usw.)	fraturar (vt)	[fratu'rar]

Schnittwunde (f)	corte (m)	['kɔrtʃi]
sich schneiden	cortar-se (vr)	[kor'tarsi]
Blutung (f)	hemorragia (f)	[emoha'ʒia]

Verbrennung (f)	queimadura (f)	[kejma'dura]
sich verbrennen	queimar-se (vr)	[kej'marsi]

stechen (vt)	picar (vt)	[pi'kar]
sich stechen	picar-se (vr)	[pi'karsi]
verletzen (vt)	lesionar (vt)	[lezjo'nar]
Verletzung (f)	lesão (m)	[le'zãw]
Wunde (f)	ferida (f), ferimento (m)	[fe'rida], [feri'mẽtu]
Trauma (n)	trauma (m)	['trawma]

irrereden (vi)	delirar (vi)	[deli'rar]
stottern (vi)	gaguejar (vi)	[gage'ʒar]
Sonnenstich (m)	insolação (f)	[insola'sãw]

70. Symptome. Behandlungen. Teil 2

Schmerz (m)	dor (f)	[dor]
Splitter (m)	farpa (f)	['farpa]

Schweiß (m)	suor (m)	[swɔr]
schwitzen (vi)	suar (vi)	[swar]
Erbrechen (n)	vômito (m)	['vomitu]
Krämpfe (pl)	convulsões (f pl)	[kõvuw'sõjs]

schwanger	grávida	['gravida]
geboren sein	nascer (vi)	[na'ser]
Geburt (f)	parto (m)	['partu]
gebären (vt)	dar à luz	[dar a luz]
Abtreibung (f)	aborto (m)	[a'bortu]

Atem (m)	respiração (f)	[hespira'sãw]
Atemzug (m)	inspiração (f)	[ĩspira'sãw]
Ausatmung (f)	expiração (f)	[ispira'sãw]
ausatmen (vt)	expirar (vi)	[ispi'rar]
einatmen (vt)	inspirar (vi)	[ĩspi'rar]
Invalide (m)	inválido (m)	[ĩ'validu]
Krüppel (m)	aleijado (m)	[alej'ʒadu]

Drogenabhängiger (m)	drogado (m)	[dro'gadu]
taub	surdo	['surdu]
stumm	mudo	['mudu]
taubstumm	surdo-mudo	['surdu-'mudu]

verrückt (Adj)	louco, insano	['loku], [ĩ'sanu]
Irre (m)	louco (m)	['loku]
Irre (f)	louca (f)	['loka]
den Verstand verlieren	ficar louco	[fi'kar 'loku]

Gen (n)	gene (m)	['ʒɛni]
Immunität (f)	imunidade (f)	[imuni'dadʒi]
erblich	hereditário	[eredʒi'tarju]
angeboren	congênito	[kõ'ʒenitu]

Virus (m, n)	vírus (m)	['virus]
Mikrobe (f)	micróbio (m)	[mi'krɔbju]
Bakterie (f)	bactéria (f)	[bak'tɛrja]
Infektion (f)	infecção (f)	[ĩfek'sãw]

71. Symptome. Behandlungen. Teil 3

| Krankenhaus (n) | hospital (m) | [ospi'taw] |
| Patient (m) | paciente (m) | [pa'sjẽtʃi] |

Diagnose (f)	diagnóstico (m)	[dʒjag'nɔstʃiku]
Heilung (f)	cura (f)	['kura]
Behandlung (f)	tratamento (m) médico	[trata'mẽtu 'mɛdʒiku]
Behandlung bekommen	curar-se (vr)	[ku'rarsi]
behandeln (vt)	tratar (vt)	[tra'tar]
pflegen (Kranke)	cuidar (vt)	[kwi'dar]
Pflege (f)	cuidado (m)	[kwi'dadu]

Operation (f)	operação (f)	[opera'sãw]
verbinden (vt)	enfaixar (vt)	[ẽfaj'ʃar]
Verband (m)	enfaixamento (m)	[bã'daʒãj]

Impfung (f)	vacinação (f)	[vasina'sãw]
impfen (vt)	vacinar (vt)	[vasi'nar]
Spritze (f)	injeção (f)	[inʒe'sãw]
eine Spritze geben	dar uma injeção	[dar 'uma inʒe'sãw]

Anfall (m)	ataque (m)	[a'taki]
Amputation (f)	amputação (f)	[ãputa'sãw]
amputieren (vt)	amputar (vt)	[ãpu'tar]
Koma (n)	coma (f)	['kɔma]
im Koma liegen	estar em coma	[is'tar ẽ 'kɔma]
Reanimation (f)	reanimação (f)	[hianima'sãw]

genesen von … (vi)	recuperar-se (vr)	[hekupe'rarsi]
Zustand (m)	estado (m)	[i'stadu]
Bewusstsein (n)	consciência (f)	[kõ'sjẽsja]
Gedächtnis (n)	memória (f)	[me'mɔrja]
ziehen (einen Zahn ~)	tirar (vt)	[tʃi'rar]

| Plombe (f) | obturação (f) | [obitura'sãw] |
| plombieren (vt) | obturar (vt) | [obitu'rar] |

| Hypnose (f) | hipnose (f) | [ip'nɔzi] |
| hypnotisieren (vt) | hipnotizar (vt) | [ipnotʃi'zar] |

72. Ärzte

Arzt (m)	médico (m)	['mɛdʒiku]
Krankenschwester (f)	enfermeira (f)	[ẽfer'mejra]
Privatarzt (m)	médico (m) pessoal	['mɛdʒiku pe'swaw]

Zahnarzt (m)	dentista (m)	[dẽ'tʃista]
Augenarzt (m)	oculista (m)	[oku'lista]
Internist (m)	terapeuta (m)	[tera'pewta]
Chirurg (m)	cirurgião (m)	[sirur'ʒjãw]

Psychiater (m)	psiquiatra (m)	[psi'kjatra]
Kinderarzt (m)	pediatra (m)	[pe'dʒjatra]
Psychologe (m)	psicólogo (m)	[psi'kɔlogu]
Frauenarzt (m)	ginecologista (m)	[ʒinekolo'ʒista]
Kardiologe (m)	cardiologista (m)	[kardʒjolo'ʒista]

73. Medizin. Medikamente. Accessoires

Arznei (f)	medicamento (m)	[medʒika'mẽtu]
Heilmittel (n)	remédio (m)	[he'mɛdʒju]
verschreiben (vt)	receitar (vt)	[hesej'tar]
Rezept (n)	receita (f)	[he'sejta]

Tablette (f)	comprimido (m)	[kõpri'midu]
Salbe (f)	unguento (m)	[ũ'gwẽtu]
Ampulle (f)	ampola (f)	[ã'pɔla]
Mixtur (f)	solução, preparado (m)	[solu'sãw], [prepa'radu]
Sirup (m)	xarope (m)	[ʃa'rɔpi]
Pille (f)	cápsula (f)	['kapsula]
Pulver (n)	pó (m)	[pɔ]

Verband (m)	atadura (f)	[ata'dura]
Watte (f)	algodão (m)	[awgo'dãw]
Jod (n)	iodo (m)	['jodu]

Pflaster (n)	curativo (m) adesivo	[kura'tivu ade'zivu]
Pipette (f)	conta-gotas (m)	['kõta 'gotas]
Thermometer (n)	termômetro (m)	[ter'mometru]
Spritze (f)	seringa (f)	[se'rĩga]

| Rollstuhl (m) | cadeira (f) de rodas | [ka'dejra de 'hɔdas] |
| Krücken (pl) | muletas (f pl) | [mu'letas] |

| Betäubungsmittel (n) | analgésico (m) | [anaw'ʒɛziku] |
| Abführmittel (n) | laxante (m) | [la'ʃãtʃi] |

Spiritus (m)	álcool (m)	['awkɔw]
Heilkraut (n)	ervas (f pl) medicinais	['ɛrvas medʒisi'najs]
Kräuter- (z.B. Kräutertee)	de ervas	[de 'ɛrvas]

74. Rauchen. Tabakwaren

Tabak (m)	tabaco (m)	[ta'baku]
Zigarette (f)	cigarro (m)	[si'gahu]
Zigarre (f)	charuto (m)	[ʃa'rutu]
Pfeife (f)	cachimbo (m)	[ka'ʃĩbu]
Packung (f)	maço (m)	['masu]

Streichhölzer (pl)	fósforos (m pl)	['fɔsforus]
Streichholzschachtel (f)	caixa (f) de fósforos	['kaɪʃa de 'fɔsforus]
Feuerzeug (n)	isqueiro (m)	[is'kejru]
Aschenbecher (m)	cinzeiro (m)	[sĩ'zejru]
Zigarettenetui (n)	cigarreira (f)	[siga'hejra]

| Mundstück (n) | piteira (f) | [pi'tejra] |
| Filter (n) | filtro (m) | ['fiwtru] |

rauchen (vi, vt)	fumar (vi, vt)	[fu'mar]
anrauchen (vt)	acender um cigarro	[asẽ'der ũ si'gahu]
Rauchen (n)	tabagismo (m)	[taba'ʒiʒmu]
Raucher (m)	fumante (m)	[fu'mãtʃi]

Stummel (m)	bituca (f)	[bi'tuka]
Rauch (m)	fumaça (f)	[fu'masa]
Asche (f)	cinza (f)	['sĩza]

LEBENSRAUM DES MENSCHEN

Stadt

75. Stadt. Leben in der Stadt

Stadt (f)	cidade (f)	[si'dadʒi]
Hauptstadt (f)	capital (f)	[kapi'taw]
Dorf (n)	aldeia (f)	[aw'deja]

Stadtplan (m)	mapa (m) da cidade	['mapa da si'dadʒi]
Stadtzentrum (n)	centro (m) da cidade	['sẽtru da si'dadʒi]
Vorort (m)	subúrbio (m)	[su'burbju]
Vorort-	suburbano	[subur'banu]

Stadtrand (m)	periferia (f)	[perife'ria]
Umgebung (f)	arredores (m pl)	[ahe'doris]
Stadtviertel (n)	quarteirão (m)	[kwartej'rãw]
Wohnblock (m)	quarteirão (m) residencial	[kwartej'rãw hezidẽ'sjaw]

Straßenverkehr (m)	tráfego (m)	['trafegu]
Ampel (f)	semáforo (m)	[se'maforu]
Stadtverkehr (m)	transporte (m) público	[trãs'pɔrtʃi 'publiku]
Straßenkreuzung (f)	cruzamento (m)	[kruza'mẽtu]

Übergang (m)	faixa (f)	['fajʃa]
Fußgängerunterführung (f)	túnel (m)	['tunew]
überqueren (vt)	cruzar, atravessar (vt)	[kru'zar], [atrave'sar]
Fußgänger (m)	pedestre (m)	[pe'dɛstri]
Gehweg (m)	calçada (f)	[kaw'sada]

Brücke (f)	ponte (f)	['põtʃi]
Kai (m)	margem (f) do rio	['marʒẽ du 'hiu]
Springbrunnen (m)	fonte (f)	['fõtʃi]

Allee (f)	alameda (f)	[ala'meda]
Park (m)	parque (m)	['parki]
Boulevard (m)	bulevar (m)	[bule'var]
Platz (m)	praça (f)	['prasa]
Avenue (f)	avenida (f)	[ave'nida]
Straße (f)	rua (f)	['hua]
Gasse (f)	travessa (f)	[tra'vɛsa]
Sackgasse (f)	beco (m) sem saída	['beku sẽ sa'ida]

Haus (n)	casa (f)	['kaza]
Gebäude (n)	edifício, prédio (m)	[edʒi'fisju], ['prɛdʒju]
Wolkenkratzer (m)	arranha-céu (m)	[a'haɲa-sɛw]
Fassade (f)	fachada (f)	[fa'ʃada]
Dach (n)	telhado (m)	[te'ʎadu]

Fenster (n)	janela (f)	[ʒa'nɛla]
Bogen (m)	arco (m)	['arku]
Säule (f)	coluna (f)	[ko'luna]
Ecke (f)	esquina (f)	[is'kina]

Schaufenster (n)	vitrine (f)	[vi'trini]
Firmenschild (n)	letreiro (m)	[le'trejru]
Anschlag (m)	cartaz (m)	[kar'taz]
Werbeposter (m)	cartaz (m) publicitário	[kar'taz publisi'tarju]
Werbeschild (n)	painel (m) publicitário	[paj'nɛw publisi'tarju]

Müll (m)	lixo (m)	['liʃu]
Mülleimer (m)	lixeira (f)	[li'ʃejra]
Abfall wegwerfen	jogar lixo na rua	[ʒo'gar 'liʃu na 'hua]
Mülldeponie (f)	aterro (m) sanitário	[a'tehu sani'tarju]

Telefonzelle (f)	orelhão (m)	[ore'ʎãw]
Straßenlaterne (f)	poste (m) de luz	['pɔstʃi de luz]
Bank (Park-)	banco (m)	['bãku]

Polizist (m)	polícia (m)	[po'lisja]
Polizei (f)	polícia (f)	[po'lisja]
Bettler (m)	mendigo, pedinte (m)	[mẽ'dʒigu], [pe'dʒĩtʃi]
Obdachlose (m)	desabrigado (m)	[dʒizabri'gadu]

76. Innerstädtische Einrichtungen

Laden (m)	loja (f)	['lɔʒa]
Apotheke (f)	drogaria (f)	[droga'ria]
Optik (f)	ótica (f)	['ɔtʃika]
Einkaufszentrum (n)	centro (m) comercial	['sẽtru komer'sjaw]
Supermarkt (m)	supermercado (m)	[supermer'kadu]

Bäckerei (f)	padaria (f)	[pada'ria]
Bäcker (m)	padeiro (m)	[pa'dejru]
Konditorei (f)	pastelaria (f)	[pastela'ria]
Lebensmittelladen (m)	mercearia (f)	[mersja'ria]
Metzgerei (f)	açougue (m)	[a'sogi]

| Gemüseladen (m) | fruteira (f) | [fru'tejra] |
| Markt (m) | mercado (m) | [mer'kadu] |

Kaffeehaus (n)	cafeteria (f)	[kafete'ria]
Restaurant (n)	restaurante (m)	[hestaw'rãtʃi]
Bierstube (f)	bar (m)	[bar]
Pizzeria (f)	pizzaria (f)	[pitsa'ria]

Friseursalon (m)	salão (m) de cabeleireiro	[sa'lãw de kabelej'rejru]
Post (f)	agência (f) dos correios	[a'ʒẽsja dus ko'hejus]
chemische Reinigung (f)	lavanderia (f)	[lavãde'ria]
Fotostudio (n)	estúdio (m) fotográfico	[is'tudʒu foto'grafiku]

| Schuhgeschäft (n) | sapataria (f) | [sapata'ria] |
| Buchhandlung (f) | livraria (f) | [livra'ria] |

Sportgeschäft (n)	**loja** (f) **de artigos esportivos**	['lɔʒa de ar'tʃigus ispor'tʃivus]
Kleiderreparatur (f)	**costureira** (m)	[kostu'rejra]
Bekleidungsverleih (m)	**aluguel** (m) **de roupa**	[alu'gɛw de 'hopa]
Videothek (f)	**videolocadora** (f)	['vidʒju·loka'dɔra]

Zirkus (m)	**circo** (m)	['sirku]
Zoo (m)	**jardim** (m) **zoológico**	[ʒar'dʒĩ zo'lɔʒiku]
Kino (n)	**cinema** (m)	[si'nɛma]
Museum (n)	**museu** (m)	[mu'zew]
Bibliothek (f)	**biblioteca** (f)	[bibljo'tɛka]

Theater (n)	**teatro** (m)	['tʃatru]
Opernhaus (n)	**ópera** (f)	['ɔpera]
Nachtklub (m)	**boate** (f)	['bwatʃi]
Kasino (n)	**cassino** (m)	[ka'sinu]

Moschee (f)	**mesquita** (f)	[mes'kita]
Synagoge (f)	**sinagoga** (f)	[sina'gɔga]
Kathedrale (f)	**catedral** (f)	[kate'draw]
Tempel (m)	**templo** (m)	['tẽplu]
Kirche (f)	**igreja** (f)	[i'greʒa]

Institut (n)	**faculdade** (f)	[fakuw'dadʒi]
Universität (f)	**universidade** (f)	[universi'dadʒi]
Schule (f)	**escola** (f)	[is'kɔla]

Präfektur (f)	**prefeitura** (f)	[prefej'tura]
Rathaus (n)	**câmara** (f) **municipal**	['kamara munisi'paw]
Hotel (n)	**hotel** (m)	[o'tɛw]
Bank (f)	**banco** (m)	['bãku]

Botschaft (f)	**embaixada** (f)	[ẽbaj'ʃada]
Reisebüro (n)	**agência** (f) **de viagens**	[a'ʒẽsja de 'vjaʒẽs]
Informationsbüro (n)	**agência** (f) **de informações**	[a'ʒẽsja de ĩforma'sõjs]
Wechselstube (f)	**casa** (f) **de câmbio**	['kaza de 'kãbju]

U-Bahn (f)	**metrô** (m)	[me'tro]
Krankenhaus (n)	**hospital** (m)	[ospi'taw]

Tankstelle (f)	**posto** (m) **de gasolina**	['postu de gazo'lina]
Parkplatz (m)	**parque** (m) **de estacionamento**	['parki de istasjona'mẽtu]

77. Innerstädtischer Transport

Bus (m)	**ônibus** (m)	['onibus]
Straßenbahn (f)	**bonde** (m) **elétrico**	['bõdʒi e'lɛtriku]
Obus (m)	**trólebus** (m)	['trɔlebus]
Linie (f)	**rota** (f), **itinerário** (m)	['hɔta], [itʃine'rarju]
Nummer (f)	**número** (m)	['numeru]

mit ... fahren	**ir de** ...	[ir de]
einsteigen (vi)	**entrar no** ...	[ẽ'trar nu]
aussteigen (aus dem Bus)	**descer do** ...	[de'ser du]

Haltestelle (f)	parada (f)	[pa'rada]
nächste Haltestelle (f)	próxima parada (f)	['prɔsima pa'rada]
Endhaltestelle (f)	terminal (m)	[termi'naw]
Fahrplan (m)	horário (m)	[o'rarju]
warten (vi, vt)	esperar (vt)	[ispe'rar]

| Fahrkarte (f) | passagem (f) | [pa'saʒẽ] |
| Fahrpreis (m) | tarifa (f) | [ta'rifa] |

Kassierer (m)	bilheteiro (m)	[biʎe'tejru]
Fahrkartenkontrolle (f)	controle (m) de passagens	[kõ'troli de pa'saʒãjʃ]
Fahrkartenkontrolleur (m)	revisor (m)	[hevi'zor]

sich verspäten	atrasar-se (vr)	[atra'zarsi]
versäumen (Zug usw.)	perder (vt)	[per'der]
sich beeilen	estar com pressa	[is'tar kõ 'prɛsa]

Taxi (n)	táxi (m)	['taksi]
Taxifahrer (m)	taxista (m)	[tak'sista]
mit dem Taxi	de táxi	[de 'taksi]
Taxistand (m)	ponto (m) de táxis	['põtu de 'taksis]
ein Taxi rufen	chamar um táxi	[ʃa'mar ũ 'taksi]
ein Taxi nehmen	pegar um táxi	[pe'gar ũ 'taksi]

Straßenverkehr (m)	tráfego (m)	['trafegu]
Stau (m)	engarrafamento (m)	[ẽgahafa'mẽtu]
Hauptverkehrszeit (f)	horas (f pl) de pico	['ɔras de 'piku]
parken (vi)	estacionar (vi)	[istasjo'nar]
parken (vt)	estacionar (vt)	[istasjo'nar]
Parkplatz (m)	parque (m) de estacionamento	['parki de istasjona'mẽtu]

U-Bahn (f)	metrô (m)	[me'tro]
Station (f)	estação (f)	[ista'sãw]
mit der U-Bahn fahren	ir de metrô	[ir de me'tro]
Zug (m)	trem (m)	[trẽj]
Bahnhof (m)	estação (f) de trem	[ista'sãw de trẽj]

78. Sehenswürdigkeiten

Denkmal (n)	monumento (m)	[monu'mẽtu]
Festung (f)	fortaleza (f)	[forta'leza]
Palast (m)	palácio (m)	[pa'lasju]
Schloss (n)	castelo (m)	[kas'tɛlu]
Turm (m)	torre (f)	['tohi]
Mausoleum (n)	mausoléu (m)	[mawzo'lɛw]

Architektur (f)	arquitetura (f)	[arkite'tura]
mittelalterlich	medieval	[medʒje'vaw]
alt (antik)	antigo	[ã'tʃigu]
national	nacional	[nasjo'naw]
berühmt	famoso	[fa'mozu]
Tourist (m)	turista (m)	[tu'rista]
Fremdenführer (m)	guia (m)	['gia]

Ausflug (m)	excursão (f)	[iskur'sãw]
zeigen (vt)	mostrar (vt)	[mos'trar]
erzählen (vt)	contar (vt)	[kõ'tar]

finden (vt)	encontrar (vt)	[ẽkõ'trar]
sich verlieren	perder-se (vr)	[per'dersi]
Karte (U-Bahn ~)	mapa (m)	['mapa]
Karte (Stadt-)	mapa (m)	['mapa]

Souvenir (n)	lembrança (f), presente (m)	[lẽ'brãsa], [pre'zẽtʃi]
Souvenirladen (m)	loja (f) de presentes	['lɔʒa de pre'zẽtʃis]
fotografieren (vt)	tirar fotos	[tʃi'rar 'fotus]
sich fotografieren	fotografar-se (vr)	[fotogra'farse]

79. Shopping

kaufen (vt)	comprar (vt)	[kõ'prar]
Einkauf (m)	compra (f)	['kõpra]
einkaufen gehen	fazer compras	[fa'zer 'kõpras]
Einkaufen (n)	compras (f pl)	['kõpras]

| offen sein (Laden) | estar aberta | [is'tar a'bɛrta] |
| zu sein | estar fechada | [is'tar fe'ʃada] |

Schuhe (pl)	calçado (m)	[kaw'sadu]
Kleidung (f)	roupa (f)	['hopa]
Kosmetik (f)	cosméticos (m pl)	[koz'mɛtʃikus]
Lebensmittel (pl)	alimentos (m pl)	[ali'mẽtus]
Geschenk (n)	presente (m)	[pre'zẽtʃi]

| Verkäufer (m) | vendedor (m) | [vẽde'dor] |
| Verkäuferin (f) | vendedora (f) | [vẽde'dora] |

Kasse (f)	caixa (f)	['kaɪʃa]
Spiegel (m)	espelho (m)	[is'peʎu]
Ladentisch (m)	balcão (m)	[baw'kãw]
Umkleidekabine (f)	provador (m)	[prɔva'dor]

anprobieren (vt)	provar (vt)	[pro'var]
passen (Schuhe, Kleid)	servir (vi)	[ser'vir]
gefallen (vi)	gostar (vt)	[gos'tar]

Preis (m)	preço (m)	['presu]
Preisschild (n)	etiqueta (f) de preço	[etʃi'keta de 'presu]
kosten (vt)	custar (vt)	[kus'tar]
Wie viel?	Quanto?	['kwãtu]
Rabatt (m)	desconto (m)	[dʒis'kõtu]

preiswert	não caro	['nãw 'karu]
billig	barato	[ba'ratu]
teuer	caro	['karu]
Das ist teuer	É caro	[ɛ 'karu]
Verleih (m)	aluguel (m)	[alu'gɛw]
leihen, mieten (ein Auto usw.)	alugar (vt)	[alu'gar]

| Kredit (m), Darlehen (n) | crédito (m) | ['krɛdʒitu] |
| auf Kredit | a crédito | [a 'krɛdʒitu] |

80. Geld

Geld (n)	dinheiro (m)	[dʒi'ɲejru]
Austausch (m)	câmbio (m)	['kãbju]
Kurs (m)	taxa (f) de câmbio	['taʃa de 'kãbju]
Geldautomat (m)	caixa (m) eletrônico	['kaɪʃa ele'troniku]
Münze (f)	moeda (f)	['mwɛda]

| Dollar (m) | dólar (m) | ['dɔlar] |
| Euro (m) | euro (m) | ['ewru] |

Lira (f)	lira (f)	['lira]
Mark (f)	marco (m)	['marku]
Franken (m)	franco (m)	['frãku]
Pfund Sterling (n)	libra (f) esterlina	['libra ister'linu]
Yen (m)	iene (m)	['jɛni]

Schulden (pl)	dívida (f)	['dʒivida]
Schuldner (m)	devedor (m)	[deve'dor]
leihen (vt)	emprestar (vt)	[ẽpres'tar]
leihen, borgen (Geld usw.)	pedir emprestado	[pe'dʒir ẽpres'tadu]

Bank (f)	banco (m)	['bãku]
Konto (n)	conta (f)	['kõta]
einzahlen (vt)	depositar (vt)	[depozi'tar]
auf ein Konto einzahlen	depositar na conta	[depozi'tar na 'kõta]
abheben (vt)	sacar (vt)	[sa'kar]

Kreditkarte (f)	cartão (m) de crédito	[kar'tãw de 'krɛdʒitu]
Bargeld (n)	dinheiro (m) vivo	[dʒi'ɲejru 'vivu]
Scheck (m)	cheque (m)	['ʃɛki]
einen Scheck schreiben	passar um cheque	[pa'sar ũ 'ʃɛki]
Scheckbuch (n)	talão (m) de cheques	[ta'lãw de 'ʃɛkis]

Geldtasche (f)	carteira (f)	[kar'tejra]
Geldbeutel (m)	niqueleira (f)	[nike'lejra]
Safe (m)	cofre (m)	['kɔfri]

Erbe (m)	herdeiro (m)	[er'dejru]
Erbschaft (f)	herança (f)	[e'rãsa]
Vermögen (n)	fortuna (f)	[for'tuna]

Pacht (f)	arrendamento (m)	[ahẽda'mẽtu]
Miete (f)	aluguel (m)	[alu'gɛw]
mieten (vt)	alugar (vt)	[alu'gar]

Preis (m)	preço (m)	['presu]
Kosten (pl)	custo (m)	['kustu]
Summe (f)	soma (f)	['sɔma]
ausgeben (vt)	gastar (vt)	[gas'tar]
Ausgaben (pl)	gastos (m pl)	['gastus]

sparen (vt)	**economizar** (vi)	[ekonomi'zar]
sparsam	**econômico**	[eko'nomiku]

zahlen (vt)	**pagar** (vt)	[pa'gar]
Lohn (m)	**pagamento** (m)	[paga'mẽtu]
Wechselgeld (n)	**troco** (m)	['troku]

Steuer (f)	**imposto** (m)	[ĩ'postu]
Geldstrafe (f)	**multa** (f)	['muwta]
bestrafen (vt)	**multar** (vt)	[muw'tar]

81. Post. Postdienst

Post (Postamt)	**agência** (f) **dos correios**	[a'ʒẽsja dus ko'hejus]
Post (Postsendungen)	**correio** (m)	[ko'heju]
Briefträger (m)	**carteiro** (m)	[kar'tejru]
Öffnungszeiten (pl)	**horário** (m)	[o'rarju]

Brief (m)	**carta** (f)	['karta]
Einschreibebrief (m)	**carta** (f) **registada**	['karta heʒis'tada]
Postkarte (f)	**cartão** (m) **postal**	[kar'tãw pos'taw]
Telegramm (n)	**telegrama** (m)	[tele'grama]
Postpaket (n)	**encomenda** (f)	[ẽko'mẽda]
Geldanweisung (f)	**transferência** (f) **de dinheiro**	[trãsfe'rẽsja de dʒi'ɲejru]

bekommen (vt)	**receber** (vt)	[hese'ber]
abschicken (vt)	**enviar** (vt)	[ẽ'vjar]
Absendung (f)	**envio** (m)	[ẽ'viu]

Postanschrift (f)	**endereço** (m)	[ẽde'resu]
Postleitzahl (f)	**código** (m) **postal**	['kɔdʒigu pos'taw]
Absender (m)	**remetente** (m)	[heme'tẽtʃi]
Empfänger (m)	**destinatário** (m)	[destʃina'tarju]

Vorname (m)	**nome** (m)	['nɔmi]
Nachname (m)	**sobrenome** (m)	[sobri'nɔmi]

Tarif (m)	**tarifa** (f)	[ta'rifa]
Standard- (Tarif)	**ordinário**	[ordʒi'narju]
Spar- (-tarif)	**econômico**	[eko'nomiku]

Gewicht (n)	**peso** (m)	['pezu]
abwiegen (vt)	**pesar** (vt)	[pe'zar]
Briefumschlag (m)	**envelope** (m)	[ẽve'lɔpi]
Briefmarke (f)	**selo** (m) **postal**	['selu pos'taw]
Briefmarke aufkleben	**colar o selo**	[ko'lar u 'selu]

Wohnung. Haus. Zuhause

82. Haus. Wohnen

Haus (n)	casa (f)	['kaza]
zu Hause	em casa	[ẽ 'kaza]
Hof (m)	pátio (m), quintal (f)	['patʃju], [kĩ'taw]
Zaun (m)	cerca, grade (f)	['sɛrka], ['gradʒi]
Ziegel (m)	tijolo (m)	[tʃi'ʒolu]
Ziegel-	de tijolos	[de tʃi'ʒolus]
Stein (m)	pedra (f)	['pɛdra]
Stein-	de pedra	[de 'pɛdra]
Beton (m)	concreto (m)	[kõ'krɛtu]
Beton-	concreto	[kõ'krɛtu]
neu	novo	['novu]
alt	velho	['vɛʎu]
baufällig	decrépito	[de'krɛpitu]
modern	moderno	[mo'dɛrnu]
mehrstöckig	de vários andares	[de 'varjus ã'daris]
hoch	alto	['awtu]
Stock (m)	andar (m)	[ã'dar]
einstöckig	de um andar	[de ũ ã'dar]
Erdgeschoß (n)	térreo (m)	['tɛhju]
oberster Stock (m)	andar (m) de cima	[ã'dar de 'sima]
Dach (n)	telhado (m)	[te'ʎadu]
Schlot (m)	chaminé (f)	[ʃami'nɛ]
Dachziegel (m)	telha (f)	['teʎa]
Dachziegel-	de telha	[de 'teʎa]
Dachboden (m)	sótão (m)	['sɔtãw]
Fenster (n)	janela (f)	[ʒa'nɛla]
Glas (n)	vidro (m)	['vidru]
Fensterbrett (n)	parapeito (m)	[para'pejtu]
Fensterläden (pl)	persianas (f pl)	[per'sjanas]
Wand (f)	parede (f)	[pa'redʒi]
Balkon (m)	varanda (f)	[va'rãda]
Regenfallrohr (n)	calha (f)	['kaʎa]
nach oben	em cima	[ẽ 'sima]
hinaufgehen (vi)	subir (vi)	[su'bir]
herabsteigen (vi)	descer (vi)	[de'ser]
umziehen (vi)	mudar-se (vr)	[mu'darsi]

83. Haus. Eingang. Lift

Eingang (m)	entrada (f)	[ĕ'trada]
Treppe (f)	escada (f)	[is'kada]
Stufen (pl)	degraus (m pl)	[de'graws]
Geländer (n)	corrimão (m)	[kohi'mãw]
Halle (f)	hall (m) de entrada	[hɔw de ĕ'trada]
Briefkasten (m)	caixa (f) de correio	['kaɪʃa de ko'heju]
Müllkasten (m)	lixeira (f)	[li'ʃejra]
Müllschlucker (m)	calha (f) de lixo	['kaʎa de 'liʃu]
Aufzug (m)	elevador (m)	[eleva'dor]
Lastenaufzug (m)	elevador (m) de carga	[eleva'dor de 'karga]
Aufzugkabine (f)	cabine (f)	[ka'bini]
Aufzug nehmen	pegar o elevador	[pe'gar u eleva'dor]
Wohnung (f)	apartamento (m)	[aparta'mĕtu]
Mieter (pl)	residentes (pl)	[hezi'dĕtʃis]
Nachbar (m)	vizinho (m)	[vi'ziɲu]
Nachbarin (f)	vizinha (f)	[vi'ziɲa]
Nachbarn (pl)	vizinhos (pl)	[vi'ziɲus]

84. Haus. Türen. Schlösser

Tür (f)	porta (f)	['porta]
Tor (der Villa usw.)	portão (m)	[por'tãw]
Griff (m)	maçaneta (f)	[masa'neta]
aufschließen (vt)	destrancar (vt)	[dʒisträ'kar]
öffnen (vt)	abrir (vt)	[a'brir]
schließen (vt)	fechar (vt)	[fe'ʃar]
Schlüssel (m)	chave (f)	['ʃavi]
Bündel (n)	molho (m)	['moʎu]
knarren (vi)	ranger (vi)	[hã'ʒer]
Knarren (n)	rangido (m)	[hã'ʒidu]
Türscharnier (n)	dobradiça (f)	[dobra'dʒisa]
Fußmatte (f)	capacho (m)	[ka'paʃu]
Schloss (n)	fechadura (f)	[feʃa'dura]
Schlüsselloch (n)	buraco (m) da fechadura	[bu'raku da feʃa'dura]
Türriegel (m)	barra (f)	['baha]
kleiner Türriegel (m)	fecho (m)	['feʃu]
Vorhängeschloss (n)	cadeado (m)	[ka'dʒjadu]
klingeln (vi)	tocar (vt)	[to'kar]
Klingel (Laut)	toque (m)	['tɔki]
Türklingel (f)	campainha (f)	[kampa'iɲa]
Knopf (m)	botão (m)	[bo'tãw]
Klopfen (n)	batida (f)	[ba'tʃida]
anklopfen (vi)	bater (vi)	[ba'ter]

Code (m)	código (m)	['kɔdʒigu]
Zahlenschloss (n)	fechadura (f) de código	[feʃa'dura de 'kɔdʒigu]
Sprechanlage (f)	interfone (m)	[ĩter'fɔni]
Nummer (f)	número (m)	['numeru]
Türschild (n)	placa (f) de porta	['plaka de 'pɔrta]
Türspion (m)	olho (m) mágico	['oʎu 'maʒiku]

85. Landhaus

Dorf (n)	aldeia (f)	[aw'deja]
Gemüsegarten (m)	horta (f)	['ɔrta]
Zaun (m)	cerca (f)	['serka]
Lattenzaun (m)	cerca (f) de piquete	['sɛrka de pi'ketʃi]
Zauntür (f)	portão (f) do jardim	[por'tãw du ʒar'dʒĩ]

Speicher (m)	celeiro (m)	[se'lejru]
Keller (m)	adega (f)	[a'dɛga]
Schuppen (m)	galpão, barracão (m)	[gaw'pãw], [baha'kãw]
Brunnen (m)	poço (m)	['posu]

Ofen (m)	fogão (m)	[fo'gãw]
heizen (Ofen ~)	atiçar o fogo	[atʃi'sar u 'fogu]
Holz (n)	lenha (f)	['lɛɲa]
Holzscheit (n)	lenha (f)	['lɛɲa]

Veranda (f)	varanda (f)	[va'rãda]
Terrasse (f)	alpendre (m)	[aw'pẽdri]
Außentreppe (f)	degraus (m pl) de entrada	[de'graws de ẽ'trada]
Schaukel (f)	balanço (m)	[ba'lãsu]

86. Burg. Palast

Schloss (n)	castelo (m)	[kas'tɛlu]
Palast (m)	palácio (m)	[pa'lasju]
Festung (f)	fortaleza (f)	[forta'leza]

Mauer (f)	muralha (f)	[mu'raʎa]
Turm (m)	torre (f)	['tohi]
Bergfried (m)	calabouço (m)	[kala'bosu]

Fallgatter (n)	grade (f) levadiça	['gradʒi leva'dʒisa]
Tunnel (n)	passagem (f) subterrânea	[pa'saʒẽ subite'hanja]
Graben (m)	fosso (m)	['fosu]

Kette (f)	corrente, cadeia (f)	[ko'hẽtʃi], [ka'deja]
Schießscharte (f)	seteira (f)	[se'tejra]

großartig, prächtig	magnífico	[mag'nifiku]
majestätisch	majestoso	[maʒes'tozu]

unnahbar	inexpugnável	[inespug'navew]
mittelalterlich	medieval	[medʒje'vaw]

87. Wohnung

Wohnung (f)	apartamento (m)	[aparta'mẽtu]
Zimmer (n)	quarto, cômodo (m)	['kwartu], ['komodu]
Schlafzimmer (n)	quarto (m) de dormir	['kwartu de dor'mir]
Esszimmer (n)	sala (f) de jantar	['sala de ʒã'tar]
Wohnzimmer (n)	sala (f) de estar	['sala de is'tar]
Arbeitszimmer (n)	escritório (m)	[iskri'tɔrju]
Vorzimmer (n)	sala (f) de entrada	['sala de ẽ'trada]
Badezimmer (n)	banheiro (m)	[ba'ɲejru]
Toilette (f)	lavabo (m)	[la'vabu]
Decke (f)	teto (m)	['tɛtu]
Fußboden (m)	chão, piso (m)	['ʃãw], ['pizu]
Ecke (f)	canto (m)	['kãtu]

88. Wohnung. Saubermachen

aufräumen (vt)	arrumar, limpar (vt)	[ahu'mar], [lĩ'par]
weglegen (vt)	guardar (vt)	[gwar'dar]
Staub (m)	pó (m)	[pɔ]
staubig	empoeirado	[ẽpoej'radu]
Staub abwischen	tirar o pó	[tʃi'rar u pɔ]
Staubsauger (m)	aspirador (m)	[aspira'dor]
Staub saugen	aspirar (vt)	[aspi'rar]
kehren, fegen (vt)	varrer (vt)	[va'her]
Kehricht (m, n)	sujeira (f)	[su'ʒejra]
Ordnung (f)	arrumação, ordem (f)	[ahuma'sãw], ['ordẽ]
Unordnung (f)	desordem (f)	[dʒi'zordẽ]
Schrubber (m)	esfregão (m)	[isfre'gaw]
Lappen (m)	pano (m), trapo (m)	['panu], ['trapu]
Besen (m)	vassoura (f)	[va'sora]
Kehrichtschaufel (f)	pá (f) de lixo	[pa de 'liʃu]

89. Möbel. Innenausstattung

Möbel (n)	mobiliário (m)	[mobi'ljarju]
Tisch (m)	mesa (f)	['meza]
Stuhl (m)	cadeira (f)	[ka'dejra]
Bett (n)	cama (f)	['kama]
Sofa (n)	sofá, divã (m)	[so'fa], [dʒi'vã]
Sessel (m)	poltrona (f)	[pow'trona]
Bücherschrank (m)	estante (f)	[is'tãtʃi]
Regal (n)	prateleira (f)	[prate'lejra]
Schrank (m)	guarda-roupas (m)	['gwarda 'hopa]
Hakenleiste (f)	cabide (m) de parede	[ka'bidʒi de pa'redʒi]

Kleiderständer (m)	cabideiro (m) de pé	[kabi'dejru de pɛ]
Kommode (f)	cômoda (f)	['komoda]
Couchtisch (m)	mesinha (f) de centro	[me'ziɲa de 'sẽtru]

Spiegel (m)	espelho (m)	[is'peʎu]
Teppich (m)	tapete (m)	[ta'petʃi]
Matte (kleiner Teppich)	tapete (m)	[ta'petʃi]

Kamin (m)	lareira (f)	[la'rejra]
Kerze (f)	vela (f)	['vɛla]
Kerzenleuchter (m)	castiçal (m)	[kastʃi'saw]

Vorhänge (pl)	cortinas (f pl)	[kor'tʃinas]
Tapete (f)	papel (m) de parede	[pa'pɛw de pa'redʒi]
Jalousie (f)	persianas (f pl)	[per'sjanas]

Tischlampe (f)	luminária (f) de mesa	[lumi'narja de 'meza]
Leuchte (f)	luminária (f) de parede	[lumi'narja de pa'redʒi]
Stehlampe (f)	abajur (m) de pé	[aba'ʒur de 'pɛ]
Kronleuchter (m)	lustre (m)	['lustri]

Bein (Tischbein usw.)	pé (m)	[pɛ]
Armlehne (f)	braço, descanso (m)	['brasu], [dʒis'kãsu]
Lehne (f)	costas (f pl)	['kɔstas]
Schublade (f)	gaveta (f)	[ga'veta]

90. Bettwäsche

Bettwäsche (f)	roupa (f) de cama	['hopa de 'kama]
Kissen (n)	travesseiro (m)	[trave'sejru]
Kissenbezug (m)	fronha (f)	['froɲa]
Bettdecke (f)	cobertor (m)	[kuber'tor]
Laken (n)	lençol (m)	[lẽ'sɔw]
Tagesdecke (f)	colcha (f)	['kowʃa]

91. Küche

Küche (f)	cozinha (f)	[ko'ziɲa]
Gas (n)	gás (m)	[gajs]
Gasherd (m)	fogão (m) a gás	[fo'gãw a gajs]
Elektroherd (m)	fogão (m) elétrico	[fo'gãw e'lɛtriku]
Backofen (m)	forno (m)	['fornu]
Mikrowellenherd (m)	forno (m) de micro-ondas	['fornu de mikro'õdas]

Kühlschrank (m)	geladeira (f)	[ʒela'dejra]
Tiefkühltruhe (f)	congelador (m)	[kõʒela'dor]
Geschirrspülmaschine (f)	máquina (f) de lavar louça	['makina de la'var 'losa]

Fleischwolf (m)	moedor (m) de carne	[moe'dor de 'karni]
Saftpresse (f)	espremedor (m)	[ispreme'dor]
Toaster (m)	torradeira (f)	[toha'dejra]
Mixer (m)	batedeira (f)	[bate'dejra]

Kaffeemaschine (f)	máquina (f) de café	['makina de ka'fɛ]
Kaffeekanne (f)	cafeteira (f)	[kafe'tejra]
Kaffeemühle (f)	moedor (m) de café	[moe'dor de ka'fɛ]

Wasserkessel (m)	chaleira (f)	[ʃa'lejra]
Teekanne (f)	bule (m)	['buli]
Deckel (m)	tampa (f)	['tãpa]
Teesieb (n)	coador (m) de chá	[koa'dor de ʃa]

Löffel (m)	colher (f)	[ko'ʎer]
Teelöffel (m)	colher (f) de chá	[ko'ʎer de ʃa]
Esslöffel (m)	colher (f) de sopa	[ko'ʎer de 'sopa]
Gabel (f)	garfo (m)	['garfu]
Messer (n)	faca (f)	['faka]

Geschirr (n)	louça (f)	['losa]
Teller (m)	prato (m)	['pratu]
Untertasse (f)	pires (m)	['piris]

Schnapsglas (n)	cálice (m)	['kalisi]
Glas (n)	copo (m)	['kɔpu]
Tasse (f)	xícara (f)	['ʃikara]

Zuckerdose (f)	açucareiro (m)	[asuka'rejru]
Salzstreuer (m)	saleiro (m)	[sa'lejru]
Pfefferstreuer (m)	pimenteiro (m)	[pimẽ'tejru]
Butterdose (f)	manteigueira (f)	[mãtej'gejra]

Kochtopf (m)	panela (f)	[pa'nɛla]
Pfanne (f)	frigideira (f)	[friʒi'dejra]
Schöpflöffel (m)	concha (f)	['kõʃa]
Durchschlag (m)	coador (m)	[koa'dor]
Tablett (n)	bandeja (f)	[bã'deʒa]

Flasche (f)	garrafa (f)	[ga'hafa]
Glas (Einmachglas)	pote (m) de vidro	['pɔtʃi de 'vidru]
Dose (f)	lata (f)	['lata]

Flaschenöffner (m)	abridor (m) de garrafa	[abri'dor de ga'hafa]
Dosenöffner (m)	abridor (m) de latas	[abri'dor de 'latas]
Korkenzieher (m)	saca-rolhas (m)	['saka-'hoʎas]
Filter (n)	filtro (m)	['fiwtru]
filtern (vt)	filtrar (vt)	[fiw'trar]

| Müll (m) | lixo (m) | ['liʃu] |
| Mülleimer, Treteimer (m) | lixeira (f) | [li'ʃejra] |

92. Bad

Badezimmer (n)	banheiro (m)	[ba'ɲejru]
Wasser (n)	água (f)	['agwa]
Wasserhahn (m)	torneira (f)	[tor'nejra]
Warmwasser (n)	água (f) quente	['agwa 'kẽtʃi]
Kaltwasser (n)	água (f) fria	['agwa 'fria]

Zahnpasta (f)	pasta (f) de dente	['pasta de 'dẽtʃi]
Zähne putzen	escovar os dentes	[isko'var us 'dẽtʃis]
Zahnbürste (f)	escova (f) de dente	[is'kova de 'dẽtʃi]

sich rasieren	barbear-se (vr)	[bar'bjarsi]
Rasierschaum (m)	espuma (f) de barbear	[is'puma de bar'bjar]
Rasierer (m)	gilete (f)	[ʒi'lɛtʃi]

waschen (vt)	lavar (vt)	[la'var]
sich waschen	tomar banho	[to'mar baɲu]
Dusche (f)	chuveiro (m), ducha (f)	[ʃu'vejru], ['duʃa]
sich duschen	tomar uma ducha	[to'mar 'uma 'duʃa]

Badewanne (f)	banheira (f)	[ba'ɲejra]
Klosettbecken (n)	vaso (m) sanitário	['vazu sani'tarju]
Waschbecken (n)	pia (f)	['pia]

| Seife (f) | sabonete (m) | [sabo'netʃi] |
| Seifenschale (f) | saboneteira (f) | [sabone'tejra] |

Schwamm (m)	esponja (f)	[is'põʒa]
Shampoo (n)	xampu (m)	[ʃã'pu]
Handtuch (n)	toalha (f)	[to'aʎa]
Bademantel (m)	roupão (m) de banho	[ho'pãw de 'baɲu]

Wäsche (f)	lavagem (f)	[la'vaʒẽ]
Waschmaschine (f)	lavadora (f) de roupas	[lava'dora de 'hopas]
waschen (vt)	lavar a roupa	[la'var a 'hopa]
Waschpulver (n)	detergente (m)	[deter'ʒẽtʃi]

93. Haushaltsgeräte

Fernseher (m)	televisor (m)	[televi'zor]
Tonbandgerät (n)	gravador (m)	[grava'dor]
Videorekorder (m)	videogravador (m)	['vidʒju·grava'dor]
Empfänger (m)	rádio (m)	['hadʒju]
Player (m)	leitor (m)	[lej'tor]

Videoprojektor (m)	projetor (m)	[proʒe'tor]
Heimkino (n)	cinema (m) em casa	[si'nɛma ẽ 'kaza]
DVD-Player (m)	DVD Player (m)	[deve'de 'plejer]
Verstärker (m)	amplificador (m)	[ãplifika'dor]
Spielkonsole (f)	console (f) de jogos	[kõ'sɔli de 'ʒogus]

Videokamera (f)	câmera (f) de vídeo	['kamera de 'vidʒju]
Kamera (f)	máquina (f) fotográfica	['makina foto'grafika]
Digitalkamera (f)	câmera (f) digital	['kamera dʒiʒi'taw]

Staubsauger (m)	aspirador (m)	[aspira'dor]
Bügeleisen (n)	ferro (m) de passar	['fɛhu de pa'sar]
Bügelbrett (n)	tábua (f) de passar	['tabwa de pa'sar]

| Telefon (n) | telefone (m) | [tele'fɔni] |
| Mobiltelefon (n) | celular (m) | [selu'lar] |

| Schreibmaschine (f) | máquina (f) de escrever | ['makina de iskre'ver] |
| Nähmaschine (f) | máquina (f) de costura | ['makina de kos'tura] |

Mikrophon (n)	microfone (m)	[mikro'foni]
Kopfhörer (m)	fone (m) de ouvido	['foni de o'vidu]
Fernbedienung (f)	controle remoto (m)	[kõ'troli he'mɔtu]

CD (f)	CD (m)	['sede]
Kassette (f)	fita (f) cassete	['fita ka'sɛtʃi]
Schallplatte (f)	disco (m) de vinil	['dʒisku de vi'niw]

94. Reparaturen. Renovierung

Renovierung (f)	renovação (f)	[henova'sãw]
renovieren (vt)	renovar (vt), fazer obras	[heno'var], [fa'zer 'ɔbras]
reparieren (vt)	reparar (vt)	[hepa'rar]
in Ordnung bringen	consertar (vt)	[kõser'tar]
noch einmal machen	refazer (vt)	[hefa'zer]

Farbe (f)	tinta (f)	[tʃita]
streichen (vt)	pintar (vt)	[pĩ'tar]
Anstreicher (m)	pintor (m)	[pĩ'tor]
Pinsel (m)	pincel (m)	[pĩ'sɛw]

| Kalkfarbe (f) | cal (f) | [kaw] |
| weißen (vt) | caiar (vt) | [kaj'ar] |

Tapete (f)	papel (m) de parede	[pa'pɛw de pa'redʒi]
tapezieren (vt)	colocar papel de parede	[kolo'kar pa'pɛw de pa'redʒi]
Lack (z.B. Parkettlack)	verniz (m)	[ver'niz]
lackieren (vt)	envernizar (vt)	[ẽverni'zar]

95. Rohrleitungen

Wasser (n)	água (f)	['agwa]
Warmwasser (n)	água (f) quente	['agwa 'kẽtʃi]
Kaltwasser (n)	água (f) fria	['agwa 'fria]
Wasserhahn (m)	torneira (f)	[tor'nejra]

Tropfen (m)	gota (f)	['gota]
tropfen (vi)	gotejar (vi)	[gote'ʒar]
durchsickern (vi)	vazar (vt)	[va'zar]
Leck (n)	vazamento (m)	[vaza'mẽtu]
Lache (f)	poça (f)	['posa]

Rohr (n)	tubo (m)	['tubu]
Ventil (n)	válvula (f)	['vawvula]
sich verstopfen	entupir-se (vr)	[ẽtu'pirsi]

Werkzeuge (pl)	ferramentas (f pl)	[feha'mẽtas]
Engländer (m)	chave (f) inglesa	['ʃavi ĩ'gleza]
abdrehen (vt)	desenroscar (vt)	[dezẽhos'kar]

zudrehen (vt)	enroscar (vt)	[ẽhos'kar]
reinigen (Rohre ~)	desentupir (vt)	[dʒizẽtu'pir]
Klempner (m)	encanador (m)	[ẽkana'dor]
Keller (m)	porão (m)	[po'rãw]
Kanalisation (f)	rede (f) de esgotos	['hedʒi de iz'gotus]

96. Feuer. Brand

Feuer (n)	incêndio (m)	[ĩ'sẽdʒju]
Flamme (f)	chama (f)	['ʃama]
Funke (m)	faísca (f)	[fa'iska]
Rauch (m)	fumaça (f)	[fu'masa]
Fackel (f)	tocha (f)	['toʃa]
Lagerfeuer (n)	fogueira (f)	[fo'gejra]
Benzin (n)	gasolina (f)	[gazo'lina]
Kerosin (n)	querosene (m)	[kero'zɛni]
brennbar	inflamável	[ĩfla'mavew]
explosiv	explosivo	[isplo'zivu]
RAUCHEN VERBOTEN!	PROIBIDO FUMAR!	[proi'bidu fu'mar]
Sicherheit (f)	segurança (f)	[segu'rãsa]
Gefahr (f)	perigo (m)	[pe'rigu]
gefährlich	perigoso	[peri'gozu]
sich entflammen	incendiar-se (vr)	[ĩsẽ'dʒjarse]
Explosion (f)	explosão (f)	[isplo'zãw]
in Brand stecken	incendiar (vt)	[ĩsẽ'dʒjar]
Brandstifter (m)	incendiário (m)	[ĩsẽ'dʒjarju]
Brandstiftung (f)	incêndio (m) criminoso	[ĩ'sẽdʒju krimi'nozu]
flammen (vi)	flamejar (vi)	[flame'ʒar]
brennen (vi)	queimar (vi)	[kej'mar]
verbrennen (vi)	queimar tudo (vi)	[kej'mar 'tudu]
die Feuerwehr rufen	chamar os bombeiros	[ʃa'mar us bõ'bejrus]
Feuerwehrmann (m)	bombeiro (m)	[bõ'bejru]
Feuerwehrauto (n)	caminhão (m) de bombeiros	[kami'ɲãw de bõ'bejrus]
Feuerwehr (f)	corpo (m) de bombeiros	['korpu de bõ'bejrus]
Drehleiter (f)	escada (f) extensível	[is'kada istẽ'sivɛl]
Feuerwehrschlauch (m)	mangueira (f)	[mã'gejra]
Feuerlöscher (m)	extintor (m)	[istĩ'tor]
Helm (m)	capacete (m)	[kapa'setʃi]
Sirene (f)	sirene (f)	[si'rɛni]
schreien (vi)	gritar (vi)	[gri'tar]
um Hilfe rufen	chamar por socorro	[ʃa'mar por so'kohu]
Retter (m)	socorrista (m)	[soko'hista]
retten (vt)	salvar, resgatar (vt)	[saw'var], [hezga'tar]
ankommen (vi)	chegar (vi)	[ʃe'gar]
löschen (vt)	apagar (vt)	[apa'gar]
Wasser (n)	água (f)	['agwa]

Sand (m)	**areia** (f)	[a'reja]
Trümmer (pl)	**ruínas** (f pl)	['hwinas]
zusammenbrechen (vi)	**ruir** (vi)	['hwir]
einfallen (vi)	**desmoronar** (vi)	[dʒizmoro'nar]
einstürzen (Decke)	**desabar** (vi)	[dʒiza'bar]

Bruchstück (n)	**fragmento** (m)	[frag'mẽtu]
Asche (f)	**cinza** (f)	['sĩza]

ersticken (vi)	**sufocar** (vi)	[sufo'kar]
ums Leben kommen	**perecer** (vi)	[pere'ser]

AKTIVITÄTEN DES MENSCHEN

Beruf. Geschäft. Teil 1

97. Bankgeschäft

Bank (f)	banco (m)	['bãku]
Filiale (f)	balcão (f)	[baw'kãw]
Berater (m)	consultor (m) bancário	[kõsuw'tor bã'karju]
Leiter (m)	gerente (m)	[ʒe'rẽtʃi]
Konto (n)	conta (f)	['kõta]
Kontonummer (f)	número (m) da conta	['numeru da 'kõta]
Kontokorrent (n)	conta (f) corrente	['kõta ko'hẽtʃi]
Sparkonto (n)	conta (f) poupança	['kõta po'pãsa]
ein Konto eröffnen	abrir uma conta	[a'brir 'uma 'kõta]
das Konto schließen	fechar uma conta	[fe'ʃar 'uma 'kõta]
einzahlen (vt)	depositar na conta	[depozi'tar na 'kõta]
abheben (vt)	sacar (vt)	[sa'kar]
Einzahlung (f)	depósito (m)	[de'pɔzitu]
eine Einzahlung machen	fazer um depósito	[fa'zer ũ de'pɔzitu]
Überweisung (f)	transferência (f) bancária	[trãsfe'rẽsja bã'karja]
überweisen (vt)	transferir (vt)	[trãsfe'rir]
Summe (f)	soma (f)	['sɔma]
Wieviel?	Quanto?	['kwãtu]
Unterschrift (f)	assinatura (f)	[asina'tura]
unterschreiben (vt)	assinar (vt)	[asi'nar]
Kreditkarte (f)	cartão (m) de crédito	[kar'tãw de 'krɛdʒitu]
Code (m)	senha (f)	['sɛɲa]
Kreditkartennummer (f)	número (m) do cartão de crédito	['numeru du kar'tãw de 'krɛdʒitu]
Geldautomat (m)	caixa (m) eletrônico	['kaɪʃa ele'troniku]
Scheck (m)	cheque (m)	['ʃɛki]
einen Scheck schreiben	passar um cheque	[pa'sar ũ 'ʃɛki]
Scheckbuch (n)	talão (m) de cheques	[ta'lãw de 'ʃɛkis]
Darlehen (m)	empréstimo (m)	[ẽ'prɛstʃimu]
ein Darlehen beantragen	pedir um empréstimo	[pe'dʒir ũ ẽ'prɛstʃimu]
ein Darlehen aufnehmen	obter empréstimo	[ob'ter ẽ'prɛstʃimu]
ein Darlehen geben	dar um empréstimo	[dar ũ ẽ'prɛstʃimu]
Sicherheit (f)	garantia (f)	[garã'tʃia]

98. Telefon. Telefongespräche

Telefon (n)	telefone (m)	[tele'fɔni]
Mobiltelefon (n)	celular (m)	[selu'lar]
Anrufbeantworter (m)	secretária (f) eletrônica	[sekre'tarja ele'tronika]

| anrufen (vt) | fazer uma chamada | [fa'zer 'uma ʃa'mada] |
| Anruf (m) | chamada (f) | [ʃa'mada] |

eine Nummer wählen	discar um número	[dʒis'kar ũ 'numeru]
Hallo!	Alô!	[a'lo]
fragen (vt)	perguntar (vt)	[pergũ'tar]
antworten (vi)	responder (vt)	[hespõ'der]

hören (vt)	ouvir (vt)	[o'vir]
gut (~ aussehen)	bem	[bẽj]
schlecht (Adv)	mal	[maw]
Störungen (pl)	ruído (m)	['hwidu]

Hörer (m)	fone (m)	['fɔni]
den Hörer abnehmen	pegar o telefone	[pe'gar u tele'fɔni]
auflegen (den Hörer ~)	desligar (vi)	[dʒizli'gar]

besetzt	ocupado	[oku'padu]
läuten (vi)	tocar (vi)	[to'kar]
Telefonbuch (n)	lista (f) telefônica	['lista tele'fonika]

Orts-	local	[lo'kaw]
Ortsgespräch (n)	chamada (f) local	[ʃa'mada lo'kaw]
Auslands-	internacional	[ĩternasjo'naw]
Auslandsgespräch (n)	chamada (f) internacional	[ʃa'mada ĩternasjo'naw]
Fern-	de longa distância	['de 'lõgu dʒis'tãsja]
Ferngespräch (n)	chamada (f) de longa distância	[ʃa'mada de 'lõgu dʒis'tãsja]

99. Mobiltelefon

Mobiltelefon (n)	celular (m)	[selu'lar]
Display (n)	tela (f)	['tɛla]
Knopf (m)	botão (m)	[bo'tãw]
SIM-Karte (f)	cartão SIM (m)	[kar'tãw sim]

Batterie (f)	bateria (f)	[bate'ria]
leer sein (Batterie)	descarregar-se (vr)	[dʒiskahe'garsi]
Ladegerät (n)	carregador (m)	[kahega'dor]

Menü (n)	menu (m)	[me'nu]
Einstellungen (pl)	configurações (f pl)	[kõfigura'sõjs]
Melodie (f)	melodia (f)	[melo'dʒia]
auswählen (vt)	escolher (vt)	[isko'ʎer]

| Rechner (m) | calculadora (f) | [kawkula'dora] |
| Anrufbeantworter (m) | correio (m) de voz | [ko'heju de vɔz] |

Wecker (m)	despertador (m)	[dʒisperta'dor]
Kontakte (pl)	contatos (m pl)	[kõ'tatus]

SMS-Nachricht (f)	mensagem (f) de texto	[mẽ'saʒẽ de 'testu]
Teilnehmer (m)	assinante (m)	[asi'nãtʃi]

100. Bürobedarf

Kugelschreiber (m)	caneta (f)	[ka'neta]
Federhalter (m)	caneta (f) tinteiro	[ka'neta tʃ'tejru]

Bleistift (m)	lápis (m)	['lapis]
Faserschreiber (m)	marcador (m) de texto	[marka'dor de 'testu]
Filzstift (m)	caneta (f) hidrográfica	[ka'neta idro'grafika]

Notizblock (m)	bloco (m) de notas	['bloku de 'notas]
Terminkalender (m)	agenda (f)	[a'ʒẽda]

Lineal (n)	régua (f)	['hɛgwa]
Rechner (m)	calculadora (f)	[kawkula'dora]
Radiergummi (m)	borracha (f)	[bo'haʃa]
Reißzwecke (f)	alfinete (m)	[awfi'netʃi]
Heftklammer (f)	clipe (m)	['klipi]

Klebstoff (m)	cola (f)	['kola]
Hefter (m)	grampeador (m)	[grãpja'dor]
Locher (m)	furador (m) de papel	[fura'dor de pa'pɛw]
Bleistiftspitzer (m)	apontador (m)	[apõta'dor]

Arbeit. Geschäft. Teil 2

101. Massenmedien

Zeitung (f)	jornal (m)	[ʒor'naw]
Zeitschrift (f)	revista (f)	[he'vista]
Presse (f)	imprensa (f)	[ĩ'prẽsa]
Rundfunk (m)	rádio (m)	['hadʒju]
Rundfunkstation (f)	estação (f) de rádio	[ista'sãw de 'hadʒju]
Fernsehen (n)	televisão (f)	[televi'zãw]
Moderator (m)	apresentador (m)	[aprezẽta'dor]
Sprecher (m)	locutor (m)	[loku'tor]
Kommentator (m)	comentarista (m)	[komẽta'rista]
Journalist (m)	jornalista (m)	[ʒorna'lista]
Korrespondent (m)	correspondente (m)	[kohespõ'dẽtʃi]
Bildberichterstatter (m)	repórter (m) fotográfico	[he'porter foto'grafiku]
Reporter (m)	repórter (m)	[he'porter]
Redakteur (m)	redator (m)	[heda'tor]
Chefredakteur (m)	redator-chefe (m)	[heda'tor 'ʃɛfi]
abonnieren (vt)	assinar a ...	[asi'nar a]
Abonnement (n)	assinatura (f)	[asina'tura]
Abonnent (m)	assinante (m)	[asi'nãtʃi]
lesen (vi, vt)	ler (vt)	[ler]
Leser (m)	leitor (m)	[lej'tor]
Auflage (f)	tiragem (f)	[tʃi'raʒẽ]
monatlich (Adj)	mensal	[mẽ'saw]
wöchentlich (Adj)	semanal	[sema'naw]
Ausgabe (Zeitschrift)	número (m)	['numeru]
neueste (~ Ausgabe)	recente, novo	[he'sẽtʃi], ['novu]
Titel (m)	manchete (f)	[mã'ʃɛtʃi]
Notiz (f)	pequeno artigo (m)	[pe'kenu ar'tʃigu]
Rubrik (f)	coluna (f)	[ko'luna]
Artikel (m)	artigo (m)	[ar'tʃigu]
Seite (f)	página (f)	['paʒina]
Reportage (f)	reportagem (f)	[hepor'taʒẽ]
Ereignis (n)	evento (m)	[e'vẽtu]
Sensation (f)	sensação (f)	[sẽsa'sãw]
Skandal (m)	escândalo (m)	[is'kãdalu]
skandalös	escandaloso	[iskãda'lozu]
groß (-er Skandal)	grande	['grãdʒi]
Sendung (f)	programa (m)	[pro'grama]
Interview (n)	entrevista (f)	[ẽtre'vista]

| Live-Übertragung (f) | transmissão (f) ao vivo | [trãzmi'sãw aw 'vivu] |
| Kanal (m) | canal (m) | [ka'naw] |

102. Landwirtschaft

Landwirtschaft (f)	agricultura (f)	[agrikuw'tura]
Bauer (m)	camponês (m)	[kãpo'nes]
Bäuerin (f)	camponesa (f)	[kãpo'neza]
Farmer (m)	agricultor, fazendeiro (m)	[agrikuw'tor], [fazẽ'dejru]

| Traktor (m) | trator (m) | [tra'tor] |
| Mähdrescher (m) | colheitadeira (f) | [koʎejta'dejra] |

Pflug (m)	arado (m)	[a'radu]
pflügen (vt)	arar (vt)	[a'rar]
Acker (m)	campo (m) lavrado	['kãpu la'vradu]
Furche (f)	sulco (m)	[suw'ku]

säen (vt)	semear (vt)	[se'mjar]
Sämaschine (f)	plantadeira (f)	[plãta'dejra]
Saat (f)	semeadura (f)	[semja'dura]

| Sense (f) | foice (m) | ['fojsi] |
| mähen (vt) | cortar com foice | [kor'tar kõ 'fojsi] |

| Schaufel (f) | pá (f) | [pa] |
| graben (vt) | cavar (vt) | [ka'var] |

Hacke (f)	enxada (f)	[ẽ'ʃada]
jäten (vt)	capinar (vt)	[kapi'nar]
Unkraut (n)	erva (f) daninha	['ɛrva da'niɲa]

Gießkanne (f)	regador (m)	[hega'dor]
gießen (vt)	regar (vt)	[he'gar]
Bewässerung (f)	rega (f)	['hɛga]

| Heugabel (f) | forquilha (f) | [for'kiʎa] |
| Rechen (m) | ancinho (m) | [ã'siɲu] |

Dünger (m)	fertilizante (m)	[fertʃili'zãtʃi]
düngen (vt)	fertilizar (vt)	[fertʃili'zar]
Mist (m)	estrume, esterco (m)	[is'trumi], [is'terku]

Feld (n)	campo (m)	['kãpu]
Wiese (f)	prado (m)	['pradu]
Gemüsegarten (m)	horta (f)	['ɔrta]
Obstgarten (m)	pomar (m)	[po'mar]

weiden (vt)	pastar (vt)	[pas'tar]
Hirt (m)	pastor (m)	[pas'tor]
Weide (f)	pastagem (f)	[pas'taʒẽ]

| Viehzucht (f) | pecuária (f) | [pe'kwarja] |
| Schafzucht (f) | criação (f) de ovelhas | [krja'sãw de o'veʎas] |

Plantage (f)	plantação (f)	[plăta'săw]
Beet (n)	canteiro (m)	[kă'tejru]
Treibhaus (n)	estufa (f)	[is'tufa]

| Dürre (f) | seca (f) | ['seka] |
| dürr, trocken | seco | ['seku] |

Getreide (n)	grão (m)	['grăw]
Getreidepflanzen (pl)	cereais (m pl)	[se'rjajs]
ernten (vt)	colher (vt)	[ko'ʎer]

Müller (m)	moleiro (m)	[mu'lejru]
Mühle (f)	moinho (m)	['mwiɲu]
mahlen (vt)	moer (vt)	[mwer]
Mehl (n)	farinha (f)	[fa'riɲa]
Stroh (n)	palha (f)	['paʎa]

103. Gebäude. Bauabwicklung

Baustelle (f)	canteiro (m) de obras	[kă'tejru de 'ɔbras]
bauen (vt)	construir (vt)	[kõs'trwir]
Bauarbeiter (m)	construtor (m)	[kõstru'tor]

Projekt (n)	projeto (m)	[pro'ʒɛtu]
Architekt (m)	arquiteto (m)	[arki'tɛtu]
Arbeiter (m)	operário (m)	[ope'rarju]

Fundament (n)	fundação (f)	[fũda'săw]
Dach (n)	telhado (m)	[te'ʎadu]
Pfahl (m)	estaca (f)	[is'taka]
Wand (f)	parede (f)	[pa'redʒi]

| Bewehrungsstahl (m) | barras (f pl) de reforço | ['bahas de he'forsu] |
| Gerüst (n) | andaime (m) | [ã'dajmi] |

Beton (m)	concreto (m)	[kõ'krɛtu]
Granit (m)	granito (m)	[gra'nitu]
Stein (m)	pedra (f)	['pɛdra]
Ziegel (m)	tijolo (m)	[tʃi'ʒolu]

Sand (m)	areia (f)	[a'reja]
Zement (m)	cimento (m)	[si'mẽtu]
Putz (m)	emboço, reboco (m)	[ẽ'bosu], [he'boku]
verputzen (vt)	emboçar, rebocar (vt)	[ẽbo'sar], [hebo'kar]

Farbe (f)	tinta (f)	[tʃĩta]
färben (vt)	pintar (vt)	[pĩ'tar]
Fass (n), Tonne (f)	barril (m)	[ba'hiw]

Kran (m)	grua (f), guindaste (m)	['grua], [gĩ'dastʃi]
aufheben (vt)	erguer (vt)	[er'ger]
herunterlassen (vt)	baixar (vt)	[baɪ'ʃar]
Planierraupe (f)	buldózer (m)	[buw'dozer]
Bagger (m)	escavadora (f)	[iskava'dora]

Baggerschaufel (f)	**caçamba** (f)	[ka'sãba]
graben (vt)	**escavar** (vt)	[iska'var]
Schutzhelm (m)	**capacete** (m) **de proteção**	[kapa'setʃi de prote'sãw]

Berufe und Tätigkeiten

104. Arbeitsuche. Kündigung

Arbeit (f), Stelle (f)	trabalho (m)	[tra'baʎu]
Belegschaft (f)	equipe (f)	[e'kipi]
Personal (n)	pessoal (m)	[pe'swaw]
Karriere (f)	carreira (f)	[ka'hejra]
Perspektive (f)	perspectivas (f pl)	[perspek'tʃivas]
Können (n)	habilidades (f pl)	[abili'dadʒis]
Auswahl (f)	seleção (f)	[sele'sãw]
Personalagentur (f)	agência (f) de emprego	[a'ʒẽsja de ẽ'pregu]
Lebenslauf (m)	currículo (m)	[ku'hikulu]
Vorstellungsgespräch (n)	entrevista (f) de emprego	[ẽtre'vista de ẽ'pregu]
Vakanz (f)	vaga (f)	['vaga]
Gehalt (n)	salário (m)	[sa'larju]
festes Gehalt (n)	salário (m) fixo	[sa'larju 'fiksu]
Arbeitslohn (m)	pagamento (m)	[paga'mẽtu]
Stellung (f)	cargo (m)	['kargu]
Pflicht (f)	dever (m)	[de'ver]
Aufgabenspektrum (n)	gama (f) de deveres	['gama de de'veris]
beschäftigt	ocupado	[oku'padu]
kündigen (vt)	despedir, demitir (vt)	[dʒispe'dʒir], [demi'tʃir]
Kündigung (f)	demissão (f)	[demi'sãw]
Arbeitslosigkeit (f)	desemprego (m)	[dʒizẽ'pregu]
Arbeitslose (m)	desempregado (m)	[dʒizẽpre'gadu]
Rente (f), Ruhestand (m)	aposentadoria (f)	[apozẽtado'ria]
in Rente gehen	aposentar-se (vr)	[apozẽ'tarsi]

105. Geschäftsleute

Direktor (m)	diretor (m)	[dʒire'tor]
Leiter (m)	gerente (m)	[ʒe'rẽtʃi]
Boss (m)	patrão, chefe (m)	[pa'trãw], ['ʃɛfi]
Vorgesetzte (m)	superior (m)	[supe'rjor]
Vorgesetzten (pl)	superiores (m pl)	[supe'rjores]
Präsident (m)	presidente (m)	[prezi'dẽtʃi]
Vorsitzende (m)	chairman, presidente (m)	['tʃɛamen], [prezi'dẽtʃi]
Stellvertreter (m)	substituto (m)	[substi'tutu]
Helfer (m)	assistente (m)	[asis'tẽtʃi]

| Sekretär (m) | secretário (m) | [sekre'tarju] |
| Privatsekretär (m) | secretário (m) pessoal | [sekre'tarju pe'swaw] |

Geschäftsmann (m)	homem (m) de negócios	['ɔmẽ de ne'gɔsjus]
Unternehmer (m)	empreendedor (m)	[ẽprjẽde'dor]
Gründer (m)	fundador (m)	[fũda'dor]
gründen (vt)	fundar (vt)	[fũ'dar]

Gründungsmitglied (n)	principiador (m)	[prĩsipja'dor]
Partner (m)	parceiro, sócio (m)	[par'sejru], ['sɔsju]
Aktionär (m)	acionista (m)	[asjo'nista]

Millionär (m)	milionário (m)	[miljo'narju]
Milliardär (m)	bilionário (m)	[biljo'narju]
Besitzer (m)	proprietário (m)	[proprje'tarju]
Landbesitzer (m)	proprietário (m) de terras	[proprje'tarju de 'tɛhas]

Kunde (m)	cliente (m)	['kljẽtʃi]
Stammkunde (m)	cliente (m) habitual	['kljẽtʃi abi'twaw]
Käufer (m)	comprador (m)	[kõpra'dor]
Besucher (m)	visitante (m)	[vizi'tãtʃi]

Fachmann (m)	profissional (m)	[profisjo'naw]
Experte (m)	perito (m)	[pe'ritu]
Spezialist (m)	especialista (m)	[ispesja'lista]

| Bankier (m) | banqueiro (m) | [bã'kejru] |
| Makler (m) | corretor (m) | [kohe'tor] |

Kassierer (m)	caixa (m, f)	['kaɪʃa]
Buchhalter (m)	contador (m)	[kõta'dor]
Wächter (m)	guarda (m)	['gwarda]

Investor (m)	investidor (m)	[ĩvestʃi'dor]
Schuldner (m)	devedor (m)	[deve'dor]
Gläubiger (m)	credor (m)	[kre'dor]
Kreditnehmer (m)	mutuário (m)	[mu'twarju]

| Importeur (m) | importador (m) | [ĩporta'dor] |
| Exporteur (m) | exportador (m) | [isporta'dor] |

Hersteller (m)	produtor (m)	[produ'tor]
Distributor (m)	distribuidor (m)	[dʒistribwi'dor]
Vermittler (m)	intermediário (m)	[ĩterme'dʒjarju]

Berater (m)	consultor (m)	[kõsuw'tor]
Vertreter (m)	representante (m) comercial	[heprezẽ'tãtʃi komer'sjaw]
Agent (m)	agente (m)	[a'ʒẽtʃi]
Versicherungsagent (m)	agente (m) de seguros	[a'ʒẽtʃi de se'gurus]

106. Dienstleistungsberufe

| Koch (m) | cozinheiro (m) | [kozi'ɲejru] |
| Chefkoch (m) | chefe (m) de cozinha | ['ʃɛfi de ko'ziɲa] |

Bäcker (m)	padeiro (m)	[pa'dejru]
Barmixer (m)	barman (m)	[bar'mã]
Kellner (m)	garçom (m)	[gar'sõ]
Kellnerin (f)	garçonete (f)	[garso'netʃi]

Rechtsanwalt (m)	advogado (m)	[adʒivo'gadu]
Jurist (m)	jurista (m)	[ʒu'rista]
Notar (m)	notário (m)	[no'tarju]

Elektriker (m)	eletricista (m)	[eletri'sista]
Klempner (m)	encanador (m)	[ẽkana'dor]
Zimmermann (m)	carpinteiro (m)	[karpĩ'tejru]

Masseur (m)	massagista (m)	[masa'ʒista]
Masseurin (f)	massagista (f)	[masa'ʒista]
Arzt (m)	médico (m)	['mɛdʒiku]

Taxifahrer (m)	taxista (m)	[tak'sista]
Fahrer (m)	condutor, motorista (m)	[kõdu'tor], [moto'rista]
Ausfahrer (m)	entregador (m)	[ẽtrega'dor]

Zimmermädchen (n)	camareira (f)	[kama'rejra]
Wächter (m)	guarda (m)	['gwarda]
Flugbegleiterin (f)	aeromoça (f)	[aero'mosa]

Lehrer (m)	professor (m)	[profe'sor]
Bibliothekar (m)	bibliotecário (m)	[bibljote'karju]
Übersetzer (m)	tradutor (m)	[tradu'tor]
Dolmetscher (m)	intérprete (m)	[ĩ'tɛrpretʃi]
Fremdenführer (m)	guia (m)	['gia]

Friseur (m)	cabeleireiro (m)	[kabelej'rejru]
Briefträger (m)	carteiro (m)	[kar'tejru]
Verkäufer (m)	vendedor (m)	[vẽde'dor]

Gärtner (m)	jardineiro (m)	[ʒardʒi'nejru]
Diener (m)	criado (m)	['krjadu]
Magd (f)	criada (f)	['krjada]
Putzfrau (f)	empregada (f) de limpeza	[ẽpre'gada de lĩ'peza]

107. Militärdienst und Ränge

einfacher Soldat (m)	soldado (m) raso	[sow'dadu 'hazu]
Feldwebel (m)	sargento (m)	[sar'ʒẽtu]
Leutnant (m)	tenente (m)	[te'nẽtʃi]
Hauptmann (m)	capitão (m)	[kapi'tãw]

Major (m)	major (m)	[ma'ʒor]
Oberst (m)	coronel (m)	[koro'nɛw]
General (m)	general (m)	[ʒene'raw]
Marschall (m)	marechal (m)	[mare'ʃaw]
Admiral (m)	almirante (m)	[awmi'rãtʃi]
Militärperson (f)	militar (m)	[mili'tar]
Soldat (m)	soldado (m)	[sow'dadu]

| Offizier (m) | oficial (m) | [ofi'sjaw] |
| Kommandeur (m) | comandante (m) | [komã'dãtʃi] |

Grenzsoldat (m)	guarda (m) de fronteira	['gwarda de frõ'tejra]
Funker (m)	operador (m) de rádio	[opera'dor de 'hadʒju]
Aufklärer (m)	explorador (m)	[isplora'dor]
Pionier (m)	sapador-mineiro (m)	[sapa'dor-mi'nejru]
Schütze (m)	atirador (m)	[atʃira'dor]
Steuermann (m)	navegador (m)	[navega'dor]

108. Beamte. Priester

| König (m) | rei (m) | [hej] |
| Königin (f) | rainha (f) | [ha'iɲa] |

| Prinz (m) | príncipe (m) | ['prĩsipi] |
| Prinzessin (f) | princesa (f) | [prĩ'seza] |

| Zar (m) | czar (m) | ['kzar] |
| Zarin (f) | czarina (f) | [kza'rina] |

Präsident (m)	presidente (m)	[prezi'dẽtʃi]
Minister (m)	ministro (m)	[mi'nistru]
Ministerpräsident (m)	primeiro-ministro (m)	[pri'mejru mi'nistru]
Senator (m)	senador (m)	[sena'dor]

Diplomat (m)	diplomata (m)	[dʒiplo'mata]
Konsul (m)	cônsul (m)	['kõsuw]
Botschafter (m)	embaixador (m)	[ẽbajʃa'dor]
Ratgeber (m)	conselheiro (m)	[kõse'ʎejru]

Beamte (m)	funcionário (m)	[fũsjo'narju]
Präfekt (m)	prefeito (m)	[pre'fejtu]
Bürgermeister (m)	Presidente (m) da Câmara	[prezi'dẽtʃi da 'kamara]

| Richter (m) | juiz (m) | [ʒwiz] |
| Staatsanwalt (m) | procurador (m) | [prokura'dor] |

Missionar (m)	missionário (m)	[misjo'narju]
Mönch (m)	monge (m)	['mõʒi]
Abt (m)	abade (m)	[a'badʒi]
Rabbiner (m)	rabino (m)	[ha'binu]

Wesir (m)	vizir (m)	[vi'zir]
Schah (n)	xá (m)	[ʃa]
Scheich (m)	xeique (m)	['ʃɛjki]

109. Landwirtschaftliche Berufe

Bienenzüchter (m)	abelheiro (m)	[abi'ʎejru]
Hirt (m)	pastor (m)	[pas'tor]
Agronom (m)	agrônomo (m)	[a'gronomu]

| Viehzüchter (m) | criador (m) de gado | [krja'dor de 'gadu] |
| Tierarzt (m) | veterinário (m) | [veteri'narju] |

Farmer (m)	agricultor, fazendeiro (m)	[agrikuw'tor], [fazё'dejru]
Winzer (m)	vinicultor (m)	[vinikuw'tor]
Zoologe (m)	zoólogo (m)	[zo'ɔlogu]
Cowboy (m)	vaqueiro (m)	[va'kejru]

110. Künstler

| Schauspieler (m) | ator (m) | [a'tor] |
| Schauspielerin (f) | atriz (f) | [a'triz] |

| Sänger (m) | cantor (m) | [kä'tor] |
| Sängerin (f) | cantora (f) | [kä'tora] |

| Tänzer (m) | bailarino (m) | [bajla'rinu] |
| Tänzerin (f) | bailarina (f) | [bajla'rina] |

| Künstler (m) | artista (m) | [ar'tʃista] |
| Künstlerin (f) | artista (f) | [ar'tʃista] |

Musiker (m)	músico (m)	['muziku]
Pianist (m)	pianista (m)	[pja'nista]
Gitarrist (m)	guitarrista (m)	[gita'hista]

Dirigent (m)	maestro (m)	[ma'ɛstru]
Komponist (m)	compositor (m)	[kõpozi'tor]
Manager (m)	empresário (m)	[ёpre'zarju]

Regisseur (m)	diretor (m) de cinema	[dʒire'tor de si'nɛma]
Produzent (m)	produtor (m)	[produ'tor]
Drehbuchautor (m)	roteirista (m)	[hotej'rista]
Kritiker (m)	crítico (m)	['kritʃiku]

Schriftsteller (m)	escritor (m)	[iskri'tor]
Dichter (m)	poeta (m)	['pwɛta]
Bildhauer (m)	escultor (m)	[iskuw'tor]
Maler (m)	pintor (m)	[pĩ'tor]

Jongleur (m)	malabarista (m)	[malaba'rista]
Clown (m)	palhaço (m)	[pa'ʎasu]
Akrobat (m)	acrobata (m)	[akro'bata]
Zauberkünstler (m)	ilusionista (m)	[iluzjo'nista]

111. Verschiedene Berufe

Arzt (m)	médico (m)	['mɛdʒiku]
Krankenschwester (f)	enfermeira (f)	[ёfer'mejra]
Psychiater (m)	psiquiatra (m)	[psi'kjatra]
Zahnarzt (m)	dentista (m)	[dё'tʃista]
Chirurg (m)	cirurgião (m)	[sirur'ʒjãw]

Astronaut (m)	astronauta (m)	[astro'nawta]
Astronom (m)	astrônomo (m)	[as'tronomu]
Pilot (m)	piloto (m)	[pi'lotu]

Fahrer (Taxi-)	motorista (m)	[moto'rista]
Lokomotivführer (m)	maquinista (m)	[maki'nista]
Mechaniker (m)	mecânico (m)	[me'kaniku]

Bergarbeiter (m)	mineiro (m)	[mi'nejru]
Arbeiter (m)	operário (m)	[ope'rarju]
Schlosser (m)	serralheiro (m)	[seha'ʎejru]
Tischler (m)	marceneiro (m)	[marse'nejru]
Dreher (m)	torneiro (m)	[tor'nejru]
Bauarbeiter (m)	construtor (m)	[kõstru'tor]
Schweißer (m)	soldador (m)	[sɔwda'dor]

Professor (m)	professor (m)	[profe'sor]
Architekt (m)	arquiteto (m)	[arki'tɛtu]
Historiker (m)	historiador (m)	[istorja'dor]
Wissenschaftler (m)	cientista (m)	[sjẽ'tʃista]
Physiker (m)	físico (m)	['fiziku]
Chemiker (m)	químico (m)	['kimiku]

Archäologe (m)	arqueólogo (m)	[ar'kjɔlogu]
Geologe (m)	geólogo (m)	[ʒe'ɔlogu]
Forscher (m)	pesquisador (m)	[peskiza'dor]

Kinderfrau (f)	babysitter, babá (f)	[bebi'sitter], [ba'ba]
Lehrer (m)	professor (m)	[profe'sor]

Redakteur (m)	redator (m)	[heda'tor]
Chefredakteur (m)	redator-chefe (m)	[heda'tor 'ʃɛfi]
Korrespondent (m)	correspondente (m)	[kohespõ'dẽtʃi]
Schreibkraft (f)	datilógrafa (f)	[datʃi'lɔgrafa]

Designer (m)	designer (m)	[dʒi'zajner]
Computerspezialist (m)	perito (m) em informática	[pe'ritu ẽ ĩfur'matika]
Programmierer (m)	programador (m)	[programa'dor]
Ingenieur (m)	engenheiro (m)	[ẽʒe'ɲejru]

Seemann (m)	marujo (m)	[ma'ruʒu]
Matrose (m)	marinheiro (m)	[mari'ɲejru]
Retter (m)	socorrista (m)	[soko'hista]

Feuerwehrmann (m)	bombeiro (m)	[bõ'bejru]
Polizist (m)	polícia (m)	[po'lisja]
Nachtwächter (m)	guarda-noturno (m)	['gwarda no'turnu]
Detektiv (m)	detetive (m)	[dete'tʃivi]

Zollbeamter (m)	funcionário (m) da alfândega	[fũsjo'narju da aw'fãdʒiga]
Leibwächter (m)	guarda-costas (m)	['gwarda 'kɔstas]
Gefängniswärter (m)	guarda (m) prisional	['gwarda prizjo'naw]
Inspektor (m)	inspetor (m)	[ĩspe'tor]

Sportler (m)	esportista (m)	[ispor'tʃista]
Trainer (m)	treinador (m)	[trejna'dor]

Fleischer (m)	açougueiro (m)	[aso'gejru]
Schuster (m)	sapateiro (m)	[sapa'tejru]
Geschäftsmann (m)	comerciante (m)	[komer'sjãtʃi]
Ladearbeiter (m)	carregador (m)	[kahega'dor]

| Modedesigner (m) | estilista (m) | [istʃi'lista] |
| Modell (n) | modelo (f) | [mo'delu] |

112. Beschäftigung. Sozialstatus

| Schüler (m) | estudante (m) | [istu'dãtʃi] |
| Student (m) | estudante (m) | [istu'dãtʃi] |

Philosoph (m)	filósofo (m)	[fi'lɔzofu]
Ökonom (m)	economista (m)	[ekono'mista]
Erfinder (m)	inventor (m)	[ĩvẽ'tor]

Arbeitslose (m)	desempregado (m)	[dʒizẽpre'gadu]
Rentner (m)	aposentado (m)	[apozẽ'tadu]
Spion (m)	espião (m)	[is'pjãw]

Gefangene (m)	preso, prisioneiro (m)	['prezu], [prizjo'nejru]
Streikender (m)	grevista (m)	[gre'vista]
Bürokrat (m)	burocrata (m)	[buro'krata]
Reisende (m)	viajante (m)	[vja'ʒãtʃi]

Homosexuelle (m)	homossexual (m)	[omosek'swaw]
Hacker (m)	hacker (m)	['haker]
Hippie (m)	hippie (m, f)	['hɪpɪ]

Bandit (m)	bandido (m)	[bã'dʒidu]
Killer (m)	assassino (m)	[asa'sinu]
Drogenabhängiger (m)	drogado (m)	[dro'gadu]
Drogenhändler (m)	traficante (m)	[trafi'kãtʃi]
Prostituierte (f)	prostituta (f)	[prostʃi'tuta]
Zuhälter (m)	cafetão (m)	[kafe'tãw]

Zauberer (m)	bruxo (m)	['bruʃu]
Zauberin (f)	bruxa (f)	['bruʃa]
Seeräuber (m)	pirata (m)	[pi'rata]
Sklave (m)	escravo (m)	[is'kravu]
Samurai (m)	samurai (m)	[samu'raj]
Wilde (m)	selvagem (m)	[sew'vaʒẽ]

Sport

113. Sportarten. Persönlichkeiten des Sports

Sportler (m)	**esportista** (m)	[ispor'tʃista]
Sportart (f)	**tipo** (m) **de esporte**	['tʃipu de is'portʃi]
Basketball (m)	**basquete** (m)	[bas'kɛtʃi]
Basketballspieler (m)	**jogador** (m) **de basquete**	[ʒoga'dor de bas'kɛtʃi]
Baseball (m, n)	**beisebol** (m)	[bejsi'bɔw]
Baseballspieler (m)	**jogador** (m) **de beisebol**	[ʒoga'dor de bejsi'bɔw]
Fußball (m)	**futebol** (m)	[futʃi'bɔw]
Fußballspieler (m)	**jogador** (m) **de futebol**	[ʒoga'dor de futʃi'bɔw]
Torwart (m)	**goleiro** (m)	[go'lejru]
Eishockey (n)	**hóquei** (m)	['hɔkej]
Eishockeyspieler (m)	**jogador** (m) **de hóquei**	[ʒoga'dor de 'hɔkej]
Volleyball (m)	**vôlei** (m)	['volej]
Volleyballspieler (m)	**jogador** (m) **de vôlei**	[ʒoga'dor de 'volej]
Boxen (n)	**boxe** (m)	['bɔksi]
Boxer (m)	**boxeador** (m)	[boksja'dor]
Ringen (n)	**luta** (f)	['luta]
Ringkämpfer (m)	**lutador** (m)	[luta'dor]
Karate (n)	**caratê** (m)	[kara'te]
Karatekämpfer (m)	**carateca** (m)	[kara'teka]
Judo (n)	**judô** (m)	[ʒu'do]
Judoka (m)	**judoca** (m)	[ʒu'dɔka]
Tennis (n)	**tênis** (m)	['tenis]
Tennisspieler (m)	**tenista** (m)	[te'nista]
Schwimmen (n)	**natação** (f)	[nata'sãw]
Schwimmer (m)	**nadador** (m)	[nada'dor]
Fechten (n)	**esgrima** (f)	[iz'grima]
Fechter (m)	**esgrimista** (m)	[izgri'mista]
Schach (n)	**xadrez** (m)	[ʃa'drez]
Schachspieler (m)	**jogador** (m) **de xadrez**	[ʒoga'dor de ʃa'drez]
Bergsteigen (n)	**alpinismo** (m)	[awpi'nizmu]
Bergsteiger (m)	**alpinista** (m)	[awpi'nista]
Lauf (m)	**corrida** (f)	[ko'hida]

Läufer (m)	**corredor** (m)	[kohe'dor]
Leichtathletik (f)	**atletismo** (m)	[atle'tʃizmu]
Athlet (m)	**atleta** (m)	[at'lɛta]

Pferdesport (m)	**hipismo** (m)	[i'pizmu]
Reiter (m)	**cavaleiro** (m)	[kava'lejru]

Eiskunstlauf (m)	**patinação** (f) **artística**	[patʃina'sãw ar'tʃistʃika]
Eiskunstläufer (m)	**patinador** (m)	[patʃina'dor]
Eiskunstläuferin (f)	**patinadora** (f)	[patʃina'dora]

Gewichtheben (n)	**halterofilismo** (m)	[awterofi'lizmu]
Gewichtheber (m)	**halterofilista** (m)	[awterofi'lista]

Autorennen (n)	**corrida** (f) **de carros**	[ko'hida de 'kahos]
Rennfahrer (m)	**piloto** (m)	[pi'lotu]

Radfahren (n)	**ciclismo** (m)	[si'klizmu]
Radfahrer (m)	**ciclista** (m)	[si'klista]

Weitsprung (m)	**salto** (m) **em distância**	['sawtu ẽ dʒis'tãsja]
Stabhochsprung (m)	**salto** (m) **com vara**	['sawtu kõ 'vara]
Springer (m)	**atleta** (m) **de saltos**	[at'lɛta de 'sawtus]

114. Sportarten. Verschiedenes

American Football (m)	**futebol** (m) **americano**	[futʃi'bɔw ameri'kanu]
Federballspiel (n)	**badminton** (m)	[bad'mĩtɔn]
Biathlon (n)	**biatlo** (m)	[bi'atlu]
Billard (n)	**bilhar** (m)	[bi'ʎar]

Bob (m)	**bobsled** (m)	['bɔbsled]
Bodybuilding (n)	**musculação** (f)	[muskula'sãw]
Wasserballspiel (n)	**polo** (m) **aquático**	['pɔlu a'kwatʃiku]
Handball (m)	**handebol** (m)	[ãde'bɔl]
Golf (n)	**golfe** (m)	['gowfi]

Rudern (n)	**remo** (m)	['hɛmu]
Tauchen (n)	**mergulho** (m)	[mer'guʎu]
Skilanglauf (m)	**corrida** (f) **de esqui**	[ko'hida de is'ki]
Tischtennis (n)	**tênis** (m) **de mesa**	['tenis de 'meza]

Segelsport (m)	**vela** (f)	['vɛla]
Rallye (f, n)	**rali** (m)	[ha'li]
Rugby (n)	**rúgbi** (m)	['hugbi]
Snowboard (n)	**snowboard** (m)	[snowbɔrd]
Bogenschießen (n)	**arco-e-flecha** (m)	['arku I 'flɛʃa]

115. Fitnessstudio

Hantel (f)	**barra** (f)	['baha]
Hanteln (pl)	**halteres** (m pl)	[aw'tɛris]

Trainingsgerät (n)	aparelho (m) de musculação	[apa'reʎu de muskula'sãw]
Fahrradtrainer (m)	bicicleta (f) ergométrica	[bisi'klɛta ergo'mɛtrika]
Laufband (n)	esteira (f) de corrida	[is'tejra de ko'hida]
Reck (n)	barra (f) fixa	['baha 'fiksa]
Barren (m)	barras (f pl) paralelas	['bahas para'lɛlas]
Sprungpferd (n)	cavalo (m)	[ka'valu]
Matte (f)	tapete (m) de ginástica	[ta'petʃi de ʒi'nastʃika]
Sprungseil (n)	corda (f) de saltar	['kɔrda de saw'tar]
Aerobic (n)	aeróbica (f)	[ae'rɔbika]
Yoga (m)	ioga, yoga (f)	['jɔga]

116. Sport. Verschiedenes

Olympische Spiele (pl)	Jogos (m pl) Olímpicos	['ʒɔgus o'lĩpikus]
Sieger (m)	vencedor (m)	[vẽse'dor]
siegen (vi)	vencer (vi)	[vẽ'ser]
gewinnen (Sieger sein)	vencer (vi, vt)	[vẽ'ser]
Tabellenführer (m)	líder (m)	['lider]
führen (vi)	liderar (vt)	[lide'rar]
der erste Platz	primeiro lugar (m)	[pri'mejru lu'gar]
der zweite Platz	segundo lugar (m)	[se'gũdu lu'gar]
der dritte Platz	terceiro lugar (m)	[ter'sejru lu'gar]
Medaille (f)	medalha (f)	[me'daʎa]
Trophäe (f)	troféu (m)	[tro'fɛw]
Pokal (m)	taça (f)	['tasa]
Siegerpreis m (m)	prêmio (m)	['premju]
Hauptpreis (m)	prêmio (m) principal	['premju prĩsi'paw]
Rekord (m)	recorde (m)	[he'kɔrdʒi]
einen Rekord aufstellen	estabelecer um recorde	[istabele'ser ũ he'kɔrdʒi]
Finale (n)	final (m)	[fi'naw]
Final-	final	[fi'naw]
Meister (m)	campeão (m)	[kã'pjãw]
Meisterschaft (f)	campeonato (m)	[kãpjo'natu]
Stadion (n)	estádio (m)	[is'tadʒu]
Tribüne (f)	arquibancadas (f pl)	[arkibã'kadas]
Fan (m)	fã, torcedor (m)	[fã], [torse'dor]
Gegner (m)	adversário (m)	[adʒiver'sarju]
Start (m)	partida (f)	[par'tʃida]
Ziel (n), Finish (n)	linha (f) de chegada	['liɲa de ʃe'gada]
Niederlage (f)	derrota (f)	[de'hɔta]
verlieren (vt)	perder (vt)	[per'der]
Schiedsrichter (m)	árbitro, juiz (m)	[ar'bitru], [ʒwiz]
Jury (f)	júri (m)	['ʒuri]

Ergebnis (n)	resultado (m)	[hezuw'tadu]
Unentschieden (n)	empate (m)	[ẽ'patʃi]
unentschieden spielen	empatar (vi)	[ẽpa'tar]
Punkt (m)	ponto (m)	['põtu]
Ergebnis (n)	resultado (m) final	[hezuw'tadu fi'naw]

Spielabschnitt (m)	tempo (m)	['tẽpu]
Halbzeit (f), Pause (f)	intervalo (m)	[ĩter'valu]
Doping (n)	doping (m)	['dɔpĩg]
bestrafen (vt)	penalizar (vt)	[penali'zar]
disqualifizieren (vt)	desqualificar (vt)	[dʒiskwalifi'kar]

Sportgerät (n)	aparelho, aparato (m)	[apa'reʎu], [apa'ratu]
Speer (m)	dardo (m)	['dardu]
Kugel (im Kugelstoßen)	peso (m)	['pezu]
Kugel (f), Ball (m)	bola (f)	['bɔla]

Ziel (n)	alvo (m)	['awvu]
Zielscheibe (f)	alvo (m)	['awvu]
schießen (vi)	disparar, atirar (vi)	[dʒispa'rar], [atʃi'rar]
genau (Adj)	preciso	[pre'sizu]

Trainer (m)	treinador (m)	[trejna'dor]
trainieren (vt)	treinar (vt)	[trej'nar]
trainieren (vi)	treinar-se (vr)	[trej'narsi]
Training (n)	treino (m)	['trejnu]

Turnhalle (f)	academia (f) de ginástica	[akade'mia de ʒi'nastʃika]
Übung (f)	exercício (m)	[ezer'sisju]
Aufwärmen (n)	aquecimento (m)	[akesi'mẽtu]

Ausbildung

117. Schule

Schule (f)	escola (f)	[is'kɔla]
Schulleiter (m)	diretor (m) de escola	[dʒire'tor de is'kɔla]
Schüler (m)	aluno (m)	[a'lunu]
Schülerin (f)	aluna (f)	[a'luna]
Schuljunge (m)	estudante (m)	[istu'dãtʃi]
Schulmädchen (f)	estudante (f)	[istu'dãtʃi]
lehren (vt)	ensinar (vt)	[ẽsi'nar]
lernen (Englisch ~)	aprender (vt)	[aprẽ'der]
auswendig lernen	decorar (vt)	[deko'rar]
lernen (vi)	estudar (vi)	[istu'dar]
in der Schule sein	estar na escola	[is'tar na is'kɔla]
die Schule besuchen	ir à escola	[ir a is'kɔla]
Alphabet (n)	alfabeto (m)	[awfa'bɛtu]
Fach (n)	disciplina (f)	[dʒisi'plina]
Klassenraum (m)	sala (f) de aula	['sala de 'awla]
Stunde (f)	lição, aula (f)	[li'sãw], ['awla]
Pause (f)	recreio (m)	[he'kreju]
Schulglocke (f)	toque (m)	['tɔki]
Schulbank (f)	classe (f)	['klasi]
Tafel (f)	quadro (m) negro	['kwadru 'negru]
Note (f)	nota (f)	['nɔta]
gute Note (f)	boa nota (f)	['boa 'nɔta]
schlechte Note (f)	nota (f) baixa	['nɔta 'baɪʃa]
eine Note geben	dar uma nota	[dar 'uma 'nɔta]
Fehler (m)	erro (m)	['ehu]
Fehler machen	errar (vi)	[e'har]
korrigieren (vt)	corrigir (vt)	[kohi'ʒir]
Spickzettel (m)	cola (f)	['kɔla]
Hausaufgabe (f)	dever (m) de casa	[de'ver de 'kaza]
Übung (f)	exercício (m)	[ezer'sisju]
anwesend sein	estar presente	[is'tar pre'zẽtʃi]
fehlen (in der Schule ~)	estar ausente	[is'tar aw'zẽtʃi]
versäumen (Schule ~)	faltar às aulas	[faw'tar as 'awlas]
bestrafen (vt)	punir (vt)	[pu'nir]
Strafe (f)	punição (f)	[puni'sãw]
Benehmen (n)	comportamento (m)	[kõporta'mẽtu]

Zeugnis (n)	**boletim** (m) **escolar**	[bole'tʃĩ isko'lar]
Bleistift (m)	**lápis** (m)	['lapis]
Radiergummi (m)	**borracha** (f)	[bo'haʃa]
Kreide (f)	**giz** (m)	[ʒiz]
Federkasten (m)	**porta-lápis** (m)	['pɔrta-'lapis]

Schulranzen (m)	**mala, pasta, mochila** (f)	['mala], ['pasta], [mo'ʃila]
Kugelschreiber, Stift (m)	**caneta** (f)	[ka'neta]
Heft (n)	**caderno** (m)	[ka'dɛrnu]
Lehrbuch (n)	**livro** (m) **didático**	['livru dʒi'datʃiku]
Zirkel (m)	**compasso** (m)	[kõ'pasu]

zeichnen (vt)	**traçar** (vt)	[tra'sar]
Zeichnung (f)	**desenho** (m) **técnico**	[de'zɛɲu 'tɛkniku]

Gedicht (n)	**poesia** (f)	[poe'zia]
auswendig (Adv)	**de cor**	[de kɔr]
auswendig lernen	**decorar** (vt)	[deko'rar]

Ferien (pl)	**férias** (f pl)	['fɛrjas]
in den Ferien sein	**estar de férias**	[is'tar de 'fɛrjas]
Ferien verbringen	**passar as férias**	[pa'sar as 'fɛrjas]

Test (m), Prüfung (f)	**teste** (m), **prova** (f)	['tɛstʃi], ['prɔva]
Aufsatz (m)	**redação** (f)	[heda'sãw]
Diktat (n)	**ditado** (m)	[dʒi'tadu]
Prüfung (f)	**exame** (m), **prova** (f)	[e'zami], ['prɔva]
Prüfungen ablegen	**fazer prova**	[fa'zer 'prɔva]
Experiment (n)	**experiência** (f)	[ispe'rjẽsja]

118. Hochschule. Universität

Akademie (f)	**academia** (f)	[akade'mia]
Universität (f)	**universidade** (f)	[universi'dadʒi]
Fakultät (f)	**faculdade** (f)	[fakuw'dadʒi]

Student (m)	**estudante** (m)	[istu'dãtʃi]
Studentin (f)	**estudante** (f)	[istu'dãtʃi]
Lehrer (m)	**professor** (m)	[profe'sor]

Hörsaal (m)	**auditório** (m)	[awdʒi'tɔrju]
Hochschulabsolvent (m)	**graduado** (m)	[gra'dwadu]

Diplom (n)	**diploma** (m)	[dʒip'lɔma]
Dissertation (f)	**tese** (f)	['tɛzi]

Forschung (f)	**estudo** (m)	[is'tudu]
Labor (n)	**laboratório** (m)	[labora'tɔrju]

Vorlesung (f)	**palestra** (f)	[pa'lɛstra]
Kommilitone (m)	**colega** (m) **de curso**	[ko'lɛga de 'kursu]

Stipendium (n)	**bolsa** (f) **de estudos**	['bowsa de is'tudus]
akademischer Grad (m)	**grau** (m) **acadêmico**	['graw aka'demiku]

119. Naturwissenschaften. Fächer

Mathematik (f)	matemática (f)	[mate'matʃika]
Algebra (f)	álgebra (f)	['awʒebra]
Geometrie (f)	geometria (f)	[ʒeome'tria]

Astronomie (f)	astronomia (f)	[astrono'mia]
Biologie (f)	biologia (f)	[bjolo'ʒia]
Erdkunde (f)	geografia (f)	[ʒeogra'fia]
Geologie (f)	geologia (f)	[ʒeolo'ʒia]
Geschichte (f)	história (f)	[is'tɔrja]

Medizin (f)	medicina (f)	[medʒi'sina]
Pädagogik (f)	pedagogia (f)	[pedago'ʒia]
Recht (n)	direito (m)	[dʒi'rejtu]

Physik (f)	física (f)	['fizika]
Chemie (f)	química (f)	['kimika]
Philosophie (f)	filosofia (f)	[filozo'fia]
Psychologie (f)	psicologia (f)	[psikolo'ʒia]

120. Schrift Rechtschreibung

Grammatik (f)	gramática (f)	[gra'matʃika]
Lexik (f)	vocabulário (m)	[vokabu'larju]
Phonetik (f)	fonética (f)	[fo'nɛtʃika]

Substantiv (n)	substantivo (m)	[substã'tʃivu]
Adjektiv (n)	adjetivo (m)	[adʒe'tʃivu]
Verb (n)	verbo (m)	['vɛrbu]
Adverb (n)	advérbio (m)	[adʒi'vɛrbju]

Pronomen (n)	pronome (m)	[pro'nɔmi]
Interjektion (f)	interjeição (f)	[ĩterʒej'sãw]
Präposition (f)	preposição (f)	[prepozi'sãw]

Wurzel (f)	raiz (f)	[ha'iz]
Endung (f)	terminação (f)	[termina'sãw]
Vorsilbe (f)	prefixo (m)	[pre'fiksu]
Silbe (f)	sílaba (f)	['silaba]
Suffix (n), Nachsilbe (f)	sufixo (m)	[su'fiksu]

| Betonung (f) | acento (m) | [a'sẽtu] |
| Apostroph (m) | apóstrofo (m) | [a'pɔstrofu] |

Punkt (m)	ponto (m)	['põtu]
Komma (n)	vírgula (f)	['virgula]
Semikolon (n)	ponto e vírgula (m)	['põtu e 'virgula]
Doppelpunkt (m)	dois pontos (m pl)	['dojs 'põtus]
Auslassungspunkte (pl)	reticências (f pl)	[hetʃi'sẽsjas]

| Fragezeichen (n) | ponto (m) de interrogação | ['põtu de ĩtehoga'sãw] |
| Ausrufezeichen (n) | ponto (m) de exclamação | ['põtu de isklama'sãw] |

Anführungszeichen (pl)	aspas (f pl)	['aspas]
in Anführungszeichen	entre aspas	[ẽtri 'aspas]
runde Klammern (pl)	parênteses (m pl)	[pa'rẽtezis]
in Klammern	entre parênteses	[ẽtri pa'rẽtezis]

Bindestrich (m)	hífen (m)	['ifẽ]
Gedankenstrich (m)	travessão (m)	[trave'sãw]
Leerzeichen (n)	espaço (m)	[is'pasu]

| Buchstabe (m) | letra (f) | ['letra] |
| Großbuchstabe (m) | letra (f) maiúscula | ['letra ma'juskula] |

| Vokal (m) | vogal (f) | [vo'gaw] |
| Konsonant (m) | consoante (f) | [kõso'ãtʃi] |

Satz (m)	frase (f)	['frazi]
Subjekt (n)	sujeito (m)	[su'ʒejtu]
Prädikat (n)	predicado (m)	[predʒi'kadu]

Zeile (f)	linha (f)	['liɲa]
in einer neuen Zeile	em uma nova linha	[ẽ 'uma 'nɔva 'liɲa]
Absatz (m)	parágrafo (m)	[pa'ragrafu]

Wort (n)	palavra (f)	[pa'lavra]
Wortverbindung (f)	grupo (m) de palavras	['grupu de pa'lavras]
Redensart (f)	expressão (f)	[ispre'sãw]
Synonym (n)	sinônimo (m)	[si'nonimu]
Antonym (n)	antônimo (m)	[ã'tonimu]

Regel (f)	regra (f)	['hɛgra]
Ausnahme (f)	exceção (f)	[ese'sãw]
richtig (Adj)	correto	[ko'hɛtu]

Konjugation (f)	conjugação (f)	[kõʒuga'sãw]
Deklination (f)	declinação (f)	[deklina'sãw]
Kasus (m)	caso (m)	['kazu]
Frage (f)	pergunta (f)	[per'gũta]
unterstreichen (vt)	sublinhar (vt)	[subli'ɲar]
punktierte Linie (f)	linha (f) pontilhada	['liɲa põtʃi'ʎada]

121. Fremdsprachen

Sprache (f)	língua (f)	['lĩgwa]
Fremd-	estrangeiro	[istrã'ʒejru]
Fremdsprache (f)	língua (f) estrangeira	['lĩgwa istrã'ʒejra]
studieren (z.B. Jura ~)	estudar (vt)	[istu'dar]
lernen (Englisch ~)	aprender (vt)	[aprẽ'der]

lesen (vi, vt)	ler (vt)	[ler]
sprechen (vi, vt)	falar (vi)	[fa'lar]
verstehen (vt)	entender (vt)	[ẽtẽ'der]
schreiben (vi, vt)	escrever (vt)	[iskre'ver]
schnell (Adv)	rapidamente	[hapida'mẽtʃi]
langsam (Adv)	lentamente	[lẽta'mẽtʃi]

fließend (Adv)	fluentemente	[fluẽte'mẽtʃi]
Regeln (pl)	regras (f pl)	['hɛgras]
Grammatik (f)	gramática (f)	[gra'matʃika]
Vokabular (n)	vocabulário (m)	[vokabu'larju]
Phonetik (f)	fonética (f)	[fo'nɛtʃika]

Lehrbuch (n)	livro (m) didático	['livru dʒi'datʃiku]
Wörterbuch (n)	dicionário (m)	[dʒisjo'narju]
Selbstlernbuch (n)	manual (m) autodidático	[ma'nwaw awtɔdʒi'datʃiku]
Sprachführer (m)	guia (m) de conversação	['gia de kõversa'sãw]

Kassette (f)	fita (f) cassete	['fita ka'sɛtʃi]
Videokassette (f)	videoteipe (m)	[vidʒju'tejpi]
CD (f)	CD, disco (m) compacto	['sede], ['dʒisku kõ'paktu]
DVD (f)	DVD (m)	[deve'de]

Alphabet (n)	alfabeto (m)	[awfa'bɛtu]
buchstabieren (vt)	soletrar (vt)	[sole'trar]
Aussprache (f)	pronúncia (f)	[pro'nũsja]

Akzent (m)	sotaque (m)	[so'taki]
mit Akzent	com sotaque	[kõ so'taki]
ohne Akzent	sem sotaque	[sẽ so'taki]

| Wort (n) | palavra (f) | [pa'lavra] |
| Bedeutung (f) | sentido (m) | [sẽ'tʃidu] |

Kurse (pl)	curso (m)	['kursu]
sich einschreiben	inscrever-se (vr)	[ĩskre'verse]
Lehrer (m)	professor (m)	[profe'sor]

Übertragung (f)	tradução (f)	[tradu'sãw]
Übersetzung (f)	tradução (f)	[tradu'sãw]
Übersetzer (m)	tradutor (m)	[tradu'tor]
Dolmetscher (m)	intérprete (m)	[ĩ'tɛrpretʃi]

| Polyglott (m, f) | poliglota (m) | [pɔli'glɔta] |
| Gedächtnis (n) | memória (f) | [me'mɔrja] |

122. Märchenfiguren

Weihnachtsmann (m)	Papai Noel (m)	[pa'paj nɔ'ɛl]
Aschenputtel (n)	Cinderela (f)	[sĩde'rɛla]
Nixe (f)	sereia (f)	[se'reja]
Neptun (m)	Netuno (m)	[ne'tunu]

Zauberer (m)	bruxo, feiticeiro (m)	['bruʃu], [fejtʃi'sejru]
Zauberin (f)	fada (f)	['fada]
magisch, Zauber-	mágico	['maʒiku]
Zauberstab (m)	varinha (f) mágica	[va'riɲa 'maʒika]

Märchen (n)	conto (m) de fadas	['kõtu de 'fadas]
Wunder (n)	milagre (m)	[mi'lagri]
Zwerg (m)	anão (m)	[a'nãw]

sich verwandeln in ...	transformar-se em ...	[trãsfor'marsi ẽ]
Geist (m)	fantasma (m)	[fã'tazma]
Gespenst (n)	fantasma (m)	[fã'tazma]
Ungeheuer (n)	monstro (m)	['mõstru]
Drache (m)	dragão (m)	[dra'gãw]
Riese (m)	gigante (m)	[ʒi'gãtʃi]

123. Sternzeichen

Widder (m)	Áries (f)	['aris]
Stier (m)	Touro (m)	['toru]
Zwillinge (pl)	Gêmeos (m pl)	['ʒemjus]
Krebs (m)	Câncer (m)	['kãser]
Löwe (m)	Leão (m)	[le'ãw]
Jungfrau (f)	Virgem (f)	['virʒẽ]

Waage (f)	Libra (f)	['libra]
Skorpion (m)	Escorpião (m)	[iskorpi'ãw]
Schütze (m)	Sagitário (m)	[saʒi'tarju]
Steinbock (m)	Capricórnio (m)	[kapri'kornju]
Wassermann (m)	Aquário (m)	[a'kwarju]
Fische (pl)	Peixes (pl)	['pejʃis]

Charakter (m)	caráter (m)	[ka'rater]
Charakterzüge (pl)	traços (m pl) do caráter	['trasus du ka'rater]
Benehmen (n)	comportamento (m)	[kõporta'mẽtu]
wahrsagen (vt)	prever a sorte	[pre'ver a 'sortʃi]
Wahrsagerin (f)	adivinha (f)	[adʒi'viɲa]
Horoskop (n)	horóscopo (m)	[o'rɔskopu]

Kunst

124. Theater

Theater (n)	teatro (m)	['tʃjatru]
Oper (f)	ópera (f)	['ɔpera]
Operette (f)	opereta (f)	[ope'reta]
Ballett (n)	balé (m)	[ba'lɛ]
Theaterplakat (n)	cartaz (m)	[kar'taz]
Truppe (f)	companhia (f) de teatro	[kõpa'ɲia de 'tʃjatru]
Tournee (f)	turnê (f)	[tur'ne]
auf Tournee sein	estar em turnê	[is'tar ẽ tur'ne]
proben (vt)	ensaiar (vt)	[ẽsa'jar]
Probe (f)	ensaio (m)	[ẽ'saju]
Spielplan (m)	repertório (m)	[heper'tɔrju]
Aufführung (f)	apresentação (f)	[aprezẽta'sãw]
Vorstellung (f)	espetáculo (m)	[ispe'takulu]
Theaterstück (n)	peça (f)	['pɛsa]
Karte (f)	entrada (m)	[ẽ'trada]
Theaterkasse (f)	bilheteira (f)	[biʎe'tejra]
Halle (f)	hall (m)	[hɔw]
Garderobe (f)	vestiário (m)	[ves'tʃjarju]
Garderobennummer (f)	senha (f) numerada	['sɛɲa nume'rada]
Opernglas (n)	binóculo (m)	[bi'nɔkulu]
Platzanweiser (m)	lanterninha (m, f)	[lãter'niɲa]
Parkett (n)	plateia (f)	[pla'tɛja]
Balkon (m)	balcão (m)	[baw'kãw]
der erste Rang	primeiro balcão (m)	[pri'mejru baw'kãw]
Loge (f)	camarote (m)	[kama'rɔtʃi]
Reihe (f)	fila (f)	['fila]
Platz (m)	assento (m)	[a'sẽtu]
Publikum (n)	público (m)	['publiku]
Zuschauer (m)	espectador (m)	[ispekta'dor]
klatschen (vi)	aplaudir (vt)	[aplaw'dʒir]
Applaus (m)	aplauso (m)	[a'plawzu]
Ovation (f)	ovação (f)	[ova'sãw]
Bühne (f)	palco (m)	['pawku]
Vorhang (m)	cortina (f)	[kor'tʃina]
Dekoration (f)	cenário (m)	[se'narju]
Kulissen (pl)	bastidores (m pl)	[bastʃi'doris]
Szene (f)	cena (f)	['sɛna]
Akt (m)	ato (m)	['atu]
Pause (f)	intervalo (m)	[ĩter'valu]

125. Kino

Schauspieler (m)	**ator** (m)	[a'tor]
Schauspielerin (f)	**atriz** (f)	[a'triz]
Kino (n)	**cinema** (m)	[si'nɛma]
Film (m)	**filme** (m)	['fiwmi]
Folge (f)	**episódio** (m)	[epi'zɔdʒu]
Krimi (m)	**filme** (m) **policial**	['fiwmi poli'sjaw]
Actionfilm (m)	**filme** (m) **de ação**	['fiwmi de a'sãw]
Abenteuerfilm (m)	**filme** (m) **de aventuras**	['fiwmi de avẽ'turas]
Science-Fiction-Film (m)	**filme** (m) **de ficção científica**	['fiwmi de fik'sãw sjẽ'tʃifika]
Horrorfilm (m)	**filme** (m) **de horror**	['fiwmi de o'hor]
Komödie (f)	**comédia** (f)	[ko'mɛdʒja]
Melodrama (n)	**melodrama** (m)	[melo'drama]
Drama (n)	**drama** (m)	['drama]
Spielfilm (m)	**filme** (m) **de ficção**	['fiwmi de fik'sãw]
Dokumentarfilm (m)	**documentário** (m)	[dokumẽ'tarju]
Zeichentrickfilm (m)	**desenho** (m) **animado**	[de'zɛɲu ani'madu]
Stummfilm (m)	**cinema** (m) **mudo**	[si'nɛma 'mudu]
Rolle (f)	**papel** (m)	[pa'pɛw]
Hauptrolle (f)	**papel** (m) **principal**	[pa'pɛw prĩsi'paw]
spielen (Schauspieler)	**representar** (vt)	[heprezẽ'tar]
Filmstar (m)	**estrela** (f) **de cinema**	[is'trela de si'nɛma]
bekannt	**conhecido**	[koɲe'sidu]
berühmt	**famoso**	[fa'mozu]
populär	**popular**	[popu'lar]
Drehbuch (n)	**roteiro** (m)	[ho'tejru]
Drehbuchautor (m)	**roteirista** (m)	[hotej'rista]
Regisseur (m)	**diretor** (m) **de cinema**	[dʒire'tor de si'nɛma]
Produzent (m)	**produtor** (m)	[produ'tor]
Assistent (m)	**assistente** (m)	[asis'tẽtʃi]
Kameramann (m)	**diretor** (m) **de fotografia**	[dʒire'tor de fotogra'fia]
Stuntman (m)	**dublê** (m)	[du'ble]
Double (n)	**dublê** (m) **de corpo**	[du'ble de korpu]
einen Film drehen	**filmar** (vt)	[fiw'mar]
Probe (f)	**audição** (f)	[awdʒi'sãw]
Dreharbeiten (pl)	**filmagem** (f)	[fiw'maʒẽ]
Filmteam (n)	**equipe** (f) **de filmagem**	[e'kipi de fiw'maʒẽ]
Filmset (m)	**set** (m) **de filmagem**	['sɛtʃi de fiw'maʒẽ]
Filmkamera (f)	**câmera** (f)	['kamera]
Kino (n)	**cinema** (m)	[si'nɛma]
Leinwand (f)	**tela** (f)	['tɛla]
einen Film zeigen	**exibir um filme**	[ezi'bir ũ 'fiwmi]
Tonspur (f)	**trilha** (f) **sonora**	['triʎa so'nɔra]
Spezialeffekte (pl)	**efeitos** (m pl) **especiais**	[e'fejtus ispe'sjajs]

Untertitel (pl)	legendas (f pl)	[le'ʒẽdas]
Abspann (m)	crédito (m)	['krɛdʒitu]
Übersetzung (f)	tradução (f)	[tradu'sãw]

126. Gemälde

Kunst (f)	arte (f)	['artʃi]
schönen Künste (pl)	belas-artes (f pl)	[bɛlaz 'artʃis]
Kunstgalerie (f)	galeria (f) de arte	[gale'ria de 'artʃi]
Kunstausstellung (f)	exibição (f) de arte	[ezibi'sãw de 'artʃi]

Malerei (f)	pintura (f)	[pĩ'tura]
Graphik (f)	arte (f) gráfica	['artʃis 'grafikas]
abstrakte Kunst (f)	arte (f) abstrata	['artʃi abs'trata]
Impressionismus (m)	impressionismo (m)	[ĩpresjo'nizmu]

Bild (n)	pintura (f), quadro (m)	[pĩ'tura], ['kwadru]
Zeichnung (Kohle- usw.)	desenho (m)	[de'zɛɲu]
Plakat (n)	pôster (m)	['poster]

Illustration (f)	ilustração (f)	[ilustra'sãw]
Miniatur (f)	miniatura (f)	[minja'tura]
Kopie (f)	cópia (f)	['kɔpja]
Reproduktion (f)	reprodução (f)	[heprodu'sãw]

Mosaik (n)	mosaico (m)	[mo'zajku]
Glasmalerei (f)	vitral (m)	[vi'traw]
Fresko (n)	afresco (m)	[a'fresku]
Gravüre (f)	gravura (f)	[gra'vura]

Büste (f)	busto (m)	['bustu]
Skulptur (f)	escultura (f)	[iskuw'tura]
Statue (f)	estátua (f)	[is'tatwa]
Gips (m)	gesso (m)	['ʒesu]
aus Gips	em gesso	[ẽ 'ʒesu]

Porträt (n)	retrato (m)	[he'tratu]
Selbstporträt (n)	autorretrato (m)	[awtohe'tratu]
Landschaftsbild (n)	paisagem (f)	[paj'zaʒẽ]
Stillleben (n)	natureza (f) morta	[natu'reza 'mɔrta]
Karikatur (f)	caricatura (f)	[karika'tura]
Entwurf (m)	esboço (m)	[iz'bosu]

Farbe (f)	tinta (f)	[tʃĩta]
Aquarellfarbe (f)	aquarela (f)	[akwa'rɛla]
Öl (n)	tinta (f) a óleo	[tʃĩta a 'ɔlju]
Bleistift (m)	lápis (m)	['lapis]
Tusche (f)	tinta (f) nanquim	[tʃĩta nã'kĩ]
Kohle (f)	carvão (m)	[kar'vãw]

zeichnen (vt)	desenhar (vt)	[deze'ɲar]
malen (vi, vt)	pintar (vt)	[pĩ'tar]
Modell stehen	posar (vi)	[po'zar]
Modell (Mask.)	modelo (m)	[mo'delu]

Modell (Fem.)	modelo (f)	[mo'delu]
Maler (m)	pintor (m)	[pĩ'tor]
Kunstwerk (n)	obra (f)	['ɔbra]
Meisterwerk (n)	obra-prima (f)	['ɔbra 'prima]
Atelier (n), Werkstatt (f)	estúdio (m)	[is'tudʒu]

Leinwand (f)	tela (f)	['tɛla]
Staffelei (f)	cavalete (m)	[kava'letʃi]
Palette (f)	paleta (f)	[pa'leta]

Rahmen (m)	moldura (f)	[mow'dura]
Restauration (f)	restauração (f)	[hestawra'sãw]
restaurieren (vt)	restaurar (vt)	[hestaw'rar]

127. Literatur und Dichtkunst

Literatur (f)	literatura (f)	[litera'tura]
Autor (m)	autor (m)	[aw'tor]
Pseudonym (n)	pseudônimo (m)	[psew'donimu]

Buch (n)	livro (m)	['livru]
Band (m)	volume (m)	[vo'lumi]
Inhaltsverzeichnis (n)	índice (m)	['indʒisi]
Seite (f)	página (f)	['paʒina]
Hauptperson (f)	protagonista (m)	[protago'nista]
Autogramm (n)	autógrafo (m)	[aw'tɔgrafu]

Kurzgeschichte (f)	conto (m)	['kõtu]
Erzählung (f)	novela (f)	[no'vɛla]
Roman (m)	romance (m)	[ho'mãsi]
Werk (Buch usw.)	obra (f)	['ɔbra]
Fabel (f)	fábula (m)	['fabula]
Krimi (m)	romance (m) policial	[ho'mãsi poli'sjaw]

Gedicht (n)	verso (m)	['vɛrsu]
Dichtung (f), Poesie (f)	poesia (f)	[poe'zia]
Gedicht (n)	poema (m)	['pwema]
Dichter (m)	poeta (m)	['pwɛta]

schöne Literatur (f)	ficção (f)	[fik'sãw]
Science-Fiction (f)	ficção (f) científica	[fik'sãw sjẽ'tʃifika]
Abenteuer (n)	aventuras (f pl)	[avẽ'turas]
Schülerliteratur (pl)	literatura (f) didática	[litera'tura dʒi'datʃika]
Kinderliteratur (f)	literatura (f) infantil	[litera'tura ĩfã'tʃiw]

128. Zirkus

Zirkus (m)	circo (m)	['sirku]
Wanderzirkus (m)	circo (m) ambulante	['sirku ãbu'lãtʃi]
Programm (n)	programa (m)	[pro'grama]
Vorstellung (f)	apresentação (f)	[aprezẽta'sãw]
Nummer (f)	número (m)	['numeru]

Manege (f)	picadeiro (f)	[pika'dejru]
Pantomime (f)	pantomima (f)	[pãto'mima]
Clown (m)	palhaço (m)	[pa'ʎasu]
Akrobat (m)	acrobata (m)	[akro'bata]
Akrobatik (f)	acrobacia (f)	[akroba'sia]
Turner (m)	ginasta (m)	[ʒi'nasta]
Turnen (n)	ginástica (f)	[ʒi'nastʃika]
Salto (m)	salto (m) mortal	['sawtu mor'taw]
Kraftmensch (m)	homem (m) forte	['omẽ 'fortʃi]
Bändiger, Dompteur (m)	domador (m)	[doma'dor]
Reiter (m)	cavaleiro (m) equilibrista	[kava'lejru ekili'brista]
Assistent (m)	assistente (m)	[asis'tẽtʃi]
Trick (m)	truque (m)	['truki]
Zaubertrick (m)	truque (m) de mágica	['truki de 'maʒika]
Zauberkünstler (m)	ilusionista (m)	[iluzjo'nista]
Jongleur (m)	malabarista (m)	[malaba'rista]
jonglieren (vi)	fazer malabarismos	[fa'zer malaba'rizmus]
Dresseur (m)	adestrador (m)	[adestra'dor]
Dressur (f)	adestramento (m)	[adestra'mẽtu]
dressieren (vt)	adestrar (vt)	[ades'trar]

129. Musik. Popmusik

Musik (f)	música (f)	['muzika]
Musiker (m)	músico (m)	['muziku]
Musikinstrument (n)	instrumento (m) musical	[ĩstru'mẽtu muzi'kaw]
spielen (auf der Gitarre ~)	tocar ...	[to'kar]
Gitarre (f)	guitarra (f)	[gi'taha]
Geige (f)	violino (m)	[vjo'linu]
Cello (n)	violoncelo (m)	[vjolõ'sɛlu]
Kontrabass (m)	contrabaixo (m)	[kõtra'baɪʃu]
Harfe (f)	harpa (f)	['arpa]
Klavier (n)	piano (m)	['pjanu]
Flügel (m)	piano (m) de cauda	['pjanu de 'kawda]
Orgel (f)	órgão (m)	['ɔrgãw]
Blasinstrumente (pl)	instrumentos (m pl) de sopro	[ĩstru'mẽtus de 'sopru]
Oboe (f)	oboé (m)	[o'bwɛ]
Saxophon (n)	saxofone (m)	[sakso'fɔni]
Klarinette (f)	clarinete (m)	[klari'netʃi]
Flöte (f)	flauta (f)	['flawta]
Trompete (f)	trompete (m)	[trõ'pɛte]
Akkordeon (n)	acordeão (m)	[akor'dʒjãw]
Trommel (f)	tambor (m)	[tã'bor]
Duo (n)	dueto (m)	['dwetu]
Trio (n)	trio (m)	['triu]

Quartett (n)	**quarteto** (m)	[kwar'tetu]
Chor (m)	**coro** (m)	['koru]
Orchester (n)	**orquestra** (f)	[or'kɛstra]
Popmusik (f)	**música** (f) **pop**	['muzika 'pɔpi]
Rockmusik (f)	**música** (f) **rock**	['muzika 'hɔki]
Rockgruppe (f)	**grupo** (m) **de rock**	['grupu de 'hɔki]
Jazz (m)	**jazz** (m)	[dʒɛz]
Idol (n)	**ídolo** (m)	['idolu]
Verehrer (m)	**fã, admirador** (m)	[fã], [adʒimira'dor]
Konzert (n)	**concerto** (m)	[kõ'sertu]
Sinfonie (f)	**sinfonia** (f)	[sĩfo'nia]
Komposition (f)	**composição** (f)	[kõpozi'sãw]
komponieren (vt)	**compor** (vt)	[kõ'por]
Gesang (m)	**canto** (m)	['kãtu]
Lied (n)	**canção** (f)	[kã'sãw]
Melodie (f)	**melodia** (f)	[melo'dʒia]
Rhythmus (m)	**ritmo** (m)	['hitʃmu]
Blues (m)	**blues** (m)	[bluz]
Noten (pl)	**notas** (f pl)	['nɔtas]
Taktstock (m)	**batuta** (f)	[ba'tuta]
Bogen (m)	**arco** (m)	['arku]
Saite (f)	**corda** (f)	['kɔrda]
Koffer (Violinen-)	**estojo** (m)	[is'toʒu]

Erholung. Unterhaltung. Reisen

130. Ausflug. Reisen

Tourismus (m)	turismo (m)	[tu'rizmu]
Tourist (m)	turista (m)	[tu'rista]
Reise (f)	viagem (f)	['vjaʒẽ]
Abenteuer (n)	aventura (f)	[avẽ'tura]
Fahrt (f)	viagem (f)	['vjaʒẽ]
Urlaub (m)	férias (f pl)	['fɛrjas]
auf Urlaub sein	estar de férias	[is'tar de 'fɛrjas]
Erholung (f)	descanso (m)	[dʒis'kãsu]
Zug (m)	trem (m)	[trẽj]
mit dem Zug	de trem	[de trẽj]
Flugzeug (n)	avião (m)	[a'vjãw]
mit dem Flugzeug	de avião	[de a'vjãw]
mit dem Auto	de carro	[de 'kaho]
mit dem Schiff	de navio	[de na'viu]
Gepäck (n)	bagagem (f)	[ba'gaʒẽ]
Koffer (m)	mala (f)	['mala]
Gepäckwagen (m)	carrinho (m)	[ka'hiɲu]
Pass (m)	passaporte (m)	[pasa'pɔrtʃi]
Visum (n)	visto (m)	['vistu]
Fahrkarte (f)	passagem (f)	[pa'saʒẽ]
Flugticket (n)	passagem (f) aérea	[pa'saʒẽ a'erja]
Reiseführer (m)	guia (m) de viagem	['gia de vi'aʒẽ]
Landkarte (f)	mapa (m)	['mapa]
Gegend (f)	área (f)	['arja]
Ort (wunderbarer ~)	lugar (m)	[lu'gar]
Exotika (pl)	exotismo (m)	[ezo'tʃizmu]
exotisch	exótico	[e'zɔtʃiku]
erstaunlich (Adj)	surpreendente	[surprjẽ'dẽtʃi]
Gruppe (f)	grupo (m)	['grupu]
Ausflug (m)	excursão (f)	[iskur'sãw]
Reiseleiter (m)	guia (m)	['gia]

131. Hotel

Hotel (n)	hotel (m)	[o'tɛw]
Motel (n)	motel (m)	[mo'tɛw]
drei Sterne	três estrelas	['tres is'trelas]

| fünf Sterne | cinco estrelas | ['sĩku is'trelas] |
| absteigen (vi) | ficar (vi, vt) | [fi'kar] |

Hotelzimmer (n)	quarto (m)	['kwartu]
Einzelzimmer (n)	quarto (m) individual	['kwartu ĩdʒivi'dwaw]
Zweibettzimmer (n)	quarto (m) duplo	['kwartu 'duplu]
reservieren (vt)	reservar um quarto	[hezer'var ũ 'kwartu]

| Halbpension (f) | meia pensão (f) | ['meja pẽ'sãw] |
| Vollpension (f) | pensão (f) completa | [pẽ'sãw kõ'plɛta] |

mit Bad	com banheira	[kõ ba'ɲejra]
mit Dusche	com chuveiro	[kõ ʃu'vejru]
Satellitenfernsehen (n)	televisão (f) por satélite	[televi'zãw por sa'tɛlitʃi]
Klimaanlage (f)	ar (m) condicionado	[ar kõdʒisjo'nadu]
Handtuch (n)	toalha (f)	[to'aʎa]
Schlüssel (m)	chave (f)	['ʃavi]

Verwalter (m)	administrador (m)	[adʒiministra'dor]
Zimmermädchen (n)	camareira (f)	[kama'rejra]
Träger (m)	bagageiro (m)	[baga'ʒejru]
Portier (m)	porteiro (m)	[por'tejru]

Restaurant (n)	restaurante (m)	[hestaw'rãtʃi]
Bar (f)	bar (m)	[bar]
Frühstück (n)	café (m) da manhã	[ka'fɛ da ma'ɲã]
Abendessen (n)	jantar (m)	[ʒã'tar]
Buffet (n)	bufê (m)	[bu'fe]

| Foyer (n) | saguão (m) | [sa'gwãw] |
| Aufzug (m), Fahrstuhl (m) | elevador (m) | [eleva'dor] |

| BITTE NICHT STÖREN! | NÃO PERTURBE | ['nãw per'turbi] |
| RAUCHEN VERBOTEN! | PROIBIDO FUMAR! | [proi'bidu fu'mar] |

132. Bücher. Lesen

Buch (n)	livro (m)	['livru]
Autor (m)	autor (m)	[aw'tor]
Schriftsteller (m)	escritor (m)	[iskri'tor]
verfassen (vt)	escrever (vt)	[iskre'ver]

Leser (m)	leitor (m)	[lej'tor]
lesen (vi, vt)	ler (vt)	[ler]
Lesen (n)	leitura (f)	[lej'tura]

| still (~ lesen) | para si | ['para si] |
| laut (Adv) | em voz alta | [ẽ vɔz 'awta] |

verlegen (vt)	publicar (vt)	[publi'kar]
Ausgabe (f)	publicação (f)	[publika'sãw]
Herausgeber (m)	editor (m)	[edʒi'tor]
Verlag (m)	editora (f)	[edʒi'tora]
erscheinen (Buch)	sair (vi)	[sa'ir]

| Erscheinen (n) | lançamento (m) | [lãsa'mẽtu] |
| Auflage (f) | tiragem (f) | [tʃi'raʒẽ] |

| Buchhandlung (f) | livraria (f) | [livra'ria] |
| Bibliothek (f) | biblioteca (f) | [bibljo'tɛka] |

Erzählung (f)	novela (f)	[no'vɛla]
Kurzgeschichte (f)	conto (m)	['kõtu]
Roman (m)	romance (m)	[ho'mãsi]
Krimi (m)	romance (m) policial	[ho'mãsi poli'sjaw]

Memoiren (pl)	memórias (f pl)	[me'mɔrias]
Legende (f)	lenda (f)	['lẽda]
Mythos (m)	mito (m)	['mitu]

Gedichte (pl)	poesia (f)	[poe'zia]
Autobiographie (f)	autobiografia (f)	[awtobjogra'fia]
ausgewählte Werke (pl)	obras (f pl) escolhidas	['ɔbraʃ isko'ʎidas]
Science-Fiction (f)	ficção (f) científica	[fik'sãw sjẽ'tʃifika]

Titel (m)	título (m)	['tʃitulu]
Einleitung (f)	introdução (f)	[ĩtrodu'sãw]
Titelseite (f)	folha (f) de rosto	['foʎa de 'hostu]

Kapitel (n)	capítulo (m)	[ka'pitulu]
Auszug (m)	excerto (m)	[e'sɛrtu]
Episode (f)	episódio (m)	[epi'zɔdʒu]

Sujet (n)	enredo (m)	[ẽ'hedu]
Inhalt (m)	conteúdo (m)	[kõte'udu]
Inhaltsverzeichnis (n)	índice (m)	['ĩdʒisi]
Hauptperson (f)	protagonista (m)	[protago'nista]

Band (m)	volume (m)	[vo'lumi]
Buchdecke (f)	capa (f)	['kapa]
Einband (m)	encadernação (f)	[ẽkaderna'sãw]
Lesezeichen (n)	marcador (m) de página	[marka'dor de 'paʒina]

Seite (f)	página (f)	['paʒina]
blättern (vi)	folhear (vt)	[fo'ʎjar]
Ränder (pl)	margem (f)	['marʒẽ]
Notiz (f)	anotação (f)	[anota'sãw]
Anmerkung (f)	nota (f) de rodapé	['nɔta de hoda'pɛ]

Text (m)	texto (m)	['testu]
Schrift (f)	fonte (f)	['fõtʃi]
Druckfehler (m)	falha (f) de impressão	['faʎa de impre'sãw]

Übersetzung (f)	tradução (f)	[tradu'sãw]
übersetzen (vt)	traduzir (vt)	[tradu'zir]
Original (n)	original (m)	[oriʒi'naw]

berühmt	famoso	[fa'mozu]
unbekannt	desconhecido	[dʒiskoɲe'sidu]
interessant	interessante	[ĩtere'sãtʃi]
Bestseller (m)	best-seller (m)	[bɛst'sɛler]

Wörterbuch (n)	dicionário (m)	[dʒisjo'narju]
Lehrbuch (n)	livro (m) didático	['livru dʒi'datʃiku]
Enzyklopädie (f)	enciclopédia (f)	[ẽsiklo'pɛdʒja]

133. Jagen. Fischen

Jagd (f)	caça (f)	['kasa]
jagen (vi)	caçar (vi)	[ka'sar]
Jäger (m)	caçador (m)	[kasa'dor]

schießen (vi)	disparar, atirar (vi)	[dʒispa'rar], [atʃi'rar]
Gewehr (n)	rifle (m)	['hifli]
Patrone (f)	cartucho (m)	[kar'tuʃu]
Schrot (n)	chumbo (m) de caça	['ʃũbu de 'kasa]

Falle (f)	armadilha (f)	arma'dʒiʎa]
Schlinge (f)	armadilha (f)	arma'dʒiʎa]
in die Falle gehen	cair na armadilha	[ka'ir na arma'dʒiʎa]
eine Falle stellen	pôr a armadilha	['por a arma'dʒiʎa]

Wilddieb (m)	caçador (m) furtivo	[kasa'dor fur'tʃivu]
Wild (n)	caça (f)	['kasa]
Jagdhund (m)	cão (m) de caça	['kãw de 'kasa]
Safari (f)	safári (m)	[sa'fari]
ausgestopftes Tier (n)	animal (m) empalhado	[ani'maw ẽpa'ʎadu]

Fischer (m)	pescador (m)	[peska'dor]
Fischen (n)	pesca (f)	['pɛska]
angeln, fischen (vt)	pescar (vt)	[pes'kar]

Angel (f)	vara (f) de pesca	['vara de 'pɛska]
Angelschnur (f)	linha (f) de pesca	['liɲa de 'pɛska]
Haken (m)	anzol (m)	[ã'zɔw]

| Schwimmer (m) | boia (f), flutuador (m) | ['bɔja], [flutwa'dor] |
| Köder (m) | isca (f) | ['iska] |

| die Angel auswerfen | lançar a linha | [lã'sar a 'liɲa] |
| anbeißen (vi) | morder (vt) | [mor'der] |

| Fang (m) | pesca (f) | ['pɛska] |
| Eisloch (n) | buraco (m) no gelo | [bu'raku nu 'ʒelu] |

| Netz (n) | rede (f) | ['hedʒi] |
| Boot (n) | barco (m) | ['barku] |

mit dem Netz fangen	pescar com rede	[pes'kar kõ 'hedʒi]
das Netz hineinwerfen	lançar a rede	[lã'sar a 'hedʒi]
das Netz einholen	puxar a rede	[pu'ʃar a 'hedʒi]
ins Netz gehen	cair na rede	[ka'ir na 'hedʒi]

Walfänger (m)	baleeiro (m)	[bale'ejro]
Walfangschiff (n)	baleeira (f)	[bale'ejra]
Harpune (f)	arpão (m)	[ar'pãw]

134. Spiele. Billard

Billard (n)	**bilhar** (m)	[bi'ʎar]
Billardzimmer (n)	**sala** (f) **de bilhar**	['sala de bi'ʎar]
Billardkugel (f)	**bola** (f) **de bilhar**	['bɔla de bi'ʎar]
eine Kugel einlochen	**embolsar uma bola**	[ẽbow'sar 'uma 'bɔla]
Queue (n)	**taco** (m)	['taku]
Tasche (f), Loch (n)	**caçapa** (f)	[ka'sapa]

135. Spiele. Kartenspiele

Karo (n)	**ouros** (m pl)	['orus]
Pik (n)	**espadas** (f pl)	[is'padas]
Herz (n)	**copas** (f pl)	['kɔpas]
Kreuz (n)	**paus** (m pl)	['paws]
As (n)	**ás** (m)	[ajs]
König (m)	**rei** (m)	[hej]
Dame (f)	**dama** (f), **rainha** (f)	['dama], [ha'iɲa]
Bube (m)	**valete** (m)	[va'lɛtʃi]
Spielkarte (f)	**carta** (f) **de jogar**	['karta de ʒo'gar]
Karten (pl)	**cartas** (f pl)	['kartas]
Trumpf (m)	**trunfo** (m)	['trũfu]
Kartenspiel (abgenutztes ~)	**baralho** (m)	[ba'raʎu]
Punkt (m)	**ponto** (m)	['põtu]
ausgeben (vt)	**dar, distribuir** (vt)	[dar], [dʒistri'bwir]
mischen (vt)	**embaralhar** (vt)	[ẽbara'ʎar]
Zug (m)	**vez, jogada** (f)	[vez], [ʒo'gada]
Falschspieler (m)	**trapaceiro** (m)	[trapa'sejru]

136. Erholung. Spiele. Verschiedenes

spazieren gehen (vi)	**passear** (vi)	[pa'sjar]
Spaziergang (m)	**passeio** (m)	[pa'seju]
Fahrt (im Wagen)	**viagem** (f) **de carro**	['vjaʒẽ de 'kaho]
Abenteuer (n)	**aventura** (f)	[avẽ'tura]
Picknick (n)	**piquenique** (m)	[piki'niki]
Spiel (n)	**jogo** (m)	['ʒogu]
Spieler (m)	**jogador** (m)	[ʒoga'dor]
Partie (f)	**partida** (f)	[par'tʃida]
Sammler (m)	**colecionador** (m)	[kolesjona'dor]
sammeln (vt)	**colecionar** (vt)	[kolesjo'nar]
Sammlung (f)	**coleção** (f)	[kole'sãw]
Kreuzworträtsel (n)	**palavras** (f pl) **cruzadas**	[pa'lavras kru'zadas]
Rennbahn (f)	**hipódromo** (m)	[i'pɔdromu]

Diskothek (f)	discoteca (f)	[dʒisko'tɛka]
Sauna (f)	sauna (f)	['sawna]
Lotterie (f)	loteria (f)	[lote'ria]

Wanderung (f)	campismo (m)	[kã'pizmu]
Lager (n)	acampamento (m)	[akãpa'mẽtu]
Zelt (n)	barraca (f)	[ba'haka]
Kompass (m)	bússola (f)	['busola]
Tourist (m)	campista (m)	[kã'pista]

fernsehen (vi)	ver (vt), assistir à …	[ver], [asis'tʃir a]
Fernsehzuschauer (m)	telespectador (m)	[telespekta'dor]
Fernsehsendung (f)	programa (m) de TV	[pro'grama de te've]

137. Fotografie

| Kamera (f) | máquina (f) fotográfica | ['makina foto'grafika] |
| Foto (n) | foto, fotografia (f) | ['fɔtu], [fotogra'fia] |

Fotograf (m)	fotógrafo (m)	[fo'tɔgrafu]
Fotostudio (n)	estúdio (m) fotográfico	[is'tudʒu foto'grafiku]
Fotoalbum (n)	álbum (m) de fotografias	['awbũ de fotogra'fias]

Objektiv (n)	lente (f) fotográfica	['lẽtʃi foto'grafika]
Teleobjektiv (n)	lente (f) teleobjetiva	['lẽtʃi teleobʒe'tʃiva]
Filter (n)	filtro (m)	['fiwtru]
Linse (f)	lente (f)	['lẽtʃi]

Optik (f)	ótica (f)	['ɔtʃika]
Blende (f)	abertura (f)	[aber'tura]
Belichtungszeit (f)	exposição (f)	[ispozi'sãw]
Sucher (m)	visor (m)	[vi'zor]

Digitalkamera (f)	câmera (f) digital	['kamera dʒiʒi'taw]
Stativ (n)	tripé (m)	[tri'pɛ]
Blitzgerät (n)	flash (m)	[flaʃ]

fotografieren (vt)	fotografar (vt)	[fotogra'far]
aufnehmen (vt)	tirar fotos	[tʃi'rar 'fotus]
sich fotografieren lassen	fotografar-se (vr)	[fotogra'farse]

Fokus (m)	foco (m)	['fɔku]
den Fokus einstellen	focar (vt)	[fo'kar]
scharf (~ abgebildet)	nítido	['nitʃidu]
Schärfe (f)	nitidez (f)	[nitʃi'dez]

| Kontrast (m) | contraste (m) | [kõ'trastʃi] |
| kontrastreich | contrastante | [kõtras'tãtʃi] |

Aufnahme (f)	retrato (m)	[he'tratu]
Negativ (n)	negativo (m)	[nega'tʃivu]
Rollfilm (m)	filme (m)	['fiwmi]
Einzelbild (n)	fotograma (m)	[foto'grama]
drucken (vt)	imprimir (vt)	[ĩpri'mir]

138. Strand. Schwimmen

Strand (m)	**praia** (f)	['praja]
Sand (m)	**areia** (f)	[a'reja]
menschenleer	**deserto**	[de'zɛrtu]
Bräune (f)	**bronzeado** (m)	[brõ'zjadu]
sich bräunen	**bronzear-se** (vr)	[brõ'zjarsi]
gebräunt	**bronzeado**	[brõ'zjadu]
Sonnencreme (f)	**protetor** (m) **solar**	[prute'tor so'lar]
Bikini (m)	**biquíni** (m)	[bi'kini]
Badeanzug (m)	**maiô** (m)	[ma'jo]
Badehose (f)	**calção** (m) **de banho**	[kaw'sãw de 'baɲu]
Schwimmbad (n)	**piscina** (f)	[pi'sina]
schwimmen (vi)	**nadar** (vi)	[na'dar]
Dusche (f)	**chuveiro** (m)**, ducha** (f)	[ʃu'vejru], ['duʃa]
sich umkleiden	**mudar, trocar** (vt)	[mu'dar], [tro'kar]
Handtuch (n)	**toalha** (f)	[to'aʎa]
Boot (n)	**barco** (m)	['barku]
Motorboot (n)	**lancha** (f)	['lãʃa]
Wasserski (m)	**esqui** (m) **aquático**	[is'ki a'kwatʃiku]
Tretboot (n)	**barco** (m) **de pedais**	['barku de pe'dajs]
Surfen (n)	**surfe** (m)	['surfi]
Surfer (m)	**surfista** (m)	[sur'fista]
Tauchgerät (n)	**equipamento** (m) **de mergulho**	[ekipa'mẽtu de mer'guʎu]
Schwimmflossen (pl)	**pé** (m pl) **de pato**	[pɛ de 'patu]
Maske (f)	**máscara** (f)	['maskara]
Taucher (m)	**mergulhador** (m)	[merguʎa'dor]
tauchen (vi)	**mergulhar** (vi)	[mergu'ʎar]
unter Wasser	**debaixo d'água**	[de'bajʃu 'dagwa]
Sonnenschirm (m)	**guarda-sol** (m)	['gwarda 'sɔw]
Liege (f)	**espreguiçadeira** (f)	[ispregisa'dejra]
Sonnenbrille (f)	**óculos** (m pl) **de sol**	['ɔkulus de 'sɔw]
Schwimmmatratze (f)	**colchão** (m) **de ar**	[kow'ʃãw de 'ar]
spielen (vi, vt)	**brincar** (vi)	[brĩ'kar]
schwimmen gehen	**ir nadar**	[ir na'dar]
Ball (m)	**bola** (f) **de praia**	['bɔla de 'praja]
aufblasen (vt)	**encher** (vt)	[ẽ'ʃer]
aufblasbar	**inflável**	[ĩ'flavew]
Welle (f)	**onda** (f)	['õda]
Boje (f)	**boia** (f)	['bɔja]
ertrinken (vi)	**afogar-se** (vr)	[afo'garse]
retten (vt)	**salvar** (vt)	[saw'var]
Schwimmweste (f)	**colete** (m) **salva-vidas**	[ko'letʃi 'sawva 'vidas]

beobachten (vt)	**observar** (vt)	[obser'var]
Bademeister (m)	**salva-vidas** (m)	[sawva-'vidas]

TECHNISCHES ZUBEHÖR. TRANSPORT

Technisches Zubehör

139. Computer

Computer (m)	**computador** (m)	[kõputa'dor]
Laptop (m), Notebook (n)	**computador** (m) **portátil**	[kõputa'dor por'tatʃiw]
einschalten (vt)	**ligar** (vt)	[li'gar]
abstellen (vt)	**desligar** (vt)	[dʒizli'gar]
Tastatur (f)	**teclado** (m)	[tɛk'ladu]
Taste (f)	**tecla** (f)	['tɛkla]
Maus (f)	**mouse** (m)	['mawz]
Mousepad (n)	**tapete** (m) **para mouse**	[ta'petʃi 'para 'mawz]
Knopf (m)	**botão** (m)	[bo'tãw]
Cursor (m)	**cursor** (m)	[kur'sor]
Monitor (m)	**monitor** (m)	[moni'tor]
Schirm (m)	**tela** (f)	['tɛla]
Festplatte (f)	**disco** (m) **rígido**	['dʒisku 'hiʒidu]
Festplattengröße (f)	**capacidade** (f) **do disco rígido**	[kapasi'dadʒi du 'dʒisku 'hiʒidu]
Speicher (m)	**memória** (f)	[me'mɔrja]
Arbeitsspeicher (m)	**memória RAM** (f)	[me'mɔrja ram]
Datei (f)	**arquivo** (m)	[ar'kivu]
Ordner (m)	**pasta** (f)	['pasta]
öffnen (vt)	**abrir** (vt)	[a'brir]
schließen (vt)	**fechar** (vt)	[fe'ʃar]
speichern (vt)	**salvar** (vt)	[saw'var]
löschen (vt)	**deletar** (vt)	[dele'tar]
kopieren (vt)	**copiar** (vt)	[ko'pjar]
sortieren (vt)	**ordenar** (vt)	[orde'nar]
transferieren (vt)	**copiar** (vt)	[ko'pjar]
Programm (n)	**programa** (m)	[pro'grama]
Software (f)	**software** (m)	[sof'twer]
Programmierer (m)	**programador** (m)	[programa'dor]
programmieren (vt)	**programar** (vt)	[progra'mar]
Hacker (m)	**hacker** (m)	['haker]
Kennwort (n)	**senha** (f)	['sɛɲa]
Virus (m, n)	**vírus** (m)	['virus]
entdecken (vt)	**detectar** (vt)	[detek'tar]

| Byte (n) | byte (m) | ['bajtʃi] |
| Megabyte (n) | megabyte (m) | [mega'bajtʃi] |

| Daten (pl) | dados (m pl) | ['dadus] |
| Datenbank (f) | base (f) de dados | ['bazi de 'dadus] |

Kabel (n)	cabo (m)	['kabu]
trennen (vt)	desconectar (vt)	[dezkonek'tar]
anschließen (vt)	conectar (vt)	[konek'tar]

140. Internet. E-Mail

Internet (n)	internet (f)	[īter'nɛtʃi]
Browser (m)	browser (m)	['brawzer]
Suchmaschine (f)	motor (m) de busca	[mo'tor de 'buska]
Provider (m)	provedor (m)	[prove'dor]

Webmaster (m)	webmaster (m)	[web'master]
Website (f)	website (m)	[websajt]
Webseite (f)	página web (f)	['paʒina webi]

| Adresse (f) | endereço (m) | [ẽde'resu] |
| Adressbuch (n) | livro (m) de endereços | ['livru de ẽde'resus] |

Mailbox (f)	caixa (f) de correio	['kaɪʃa de ko'heju]
Post (f)	correio (m)	[ko'heju]
überfüllt (-er Briefkasten)	cheia	['ʃeja]

Mitteilung (f)	mensagem (f)	[mẽ'saʒẽ]
eingehenden Nachrichten	mensagens (f pl) recebidas	[mẽ'saʒẽs hese'bidas]
ausgehenden Nachrichten	mensagens (f pl) enviadas	[mẽ'saʒẽs ẽ'vjadas]
Absender (m)	remetente (m)	[heme'tẽtʃi]
senden (vt)	enviar (vt)	[ẽ'vjar]
Absendung (f)	envio (m)	[ẽ'viu]

| Empfänger (m) | destinatário (m) | [destʃina'tarju] |
| empfangen (vt) | receber (vt) | [hese'ber] |

| Briefwechsel (m) | correspondência (f) | [kohespõ'dẽsja] |
| im Briefwechsel stehen | corresponder-se (vr) | [kohespõ'dersi] |

Datei (f)	arquivo (m)	[ar'kivu]
herunterladen (vt)	fazer o download, baixar (vt)	[fa'zer u dawn'load], [baj'ʃar]
schaffen (vt)	criar (vt)	[krjar]
löschen (vt)	deletar (vt)	[dele'tar]
gelöscht (Datei)	deletado	[dele'tadu]

Verbindung (f)	conexão (f)	[konek'sãw]
Geschwindigkeit (f)	velocidade (f)	[velosi'dadʒi]
Modem (n)	modem (m)	['modẽ]
Zugang (m)	acesso (m)	[a'sɛsu]
Port (m)	porta (f)	['porta]
Anschluss (m)	conexão (f)	[konek'sãw]
sich anschließen	conectar (vi)	[konek'tar]

auswählen (vt)	**escolher** (vt)	[isko'ʎer]
suchen (vt)	**buscar** (vt)	[bus'kar]

Transport

141. Flugzeug

Flugzeug (n)	**avião** (m)	[a'vjãw]
Flugticket (n)	**passagem** (f) **aérea**	[pa'saʒẽ a'erja]
Fluggesellschaft (f)	**companhia** (f) **aérea**	[kõpa'ɲia a'erja]
Flughafen (m)	**aeroporto** (m)	[aero'portu]
Überschall-	**supersônico**	[super'soniku]
Flugkapitän (m)	**comandante** (m) **do avião**	[komã'dãtʃi du a'vjãw]
Besatzung (f)	**tripulação** (f)	[tripula'sãw]
Pilot (m)	**piloto** (m)	[pi'lotu]
Flugbegleiterin (f)	**aeromoça** (f)	[aero'mosa]
Steuermann (m)	**copiloto** (m)	[kopi'lotu]
Flügel (pl)	**asas** (f pl)	['azas]
Schwanz (m)	**cauda** (f)	['kawda]
Kabine (f)	**cabine** (f)	[ka'bini]
Motor (m)	**motor** (m)	[mo'tor]
Fahrgestell (n)	**trem** (m) **de pouso**	[trẽj de 'pozu]
Turbine (f)	**turbina** (f)	[tur'bina]
Propeller (m)	**hélice** (f)	['ɛlisi]
Flugschreiber (m)	**caixa-preta** (f)	['kaɪʃa 'preta]
Steuerrad (n)	**coluna** (f) **de controle**	[ko'luna de kõ'troli]
Treibstoff (m)	**combustível** (m)	[kõbus'tʃivew]
Sicherheitskarte (f)	**instruções** (f pl) **de segurança**	[ĩstru'sõjs de segu'rãsa]
Sauerstoffmaske (f)	**máscara** (f) **de oxigênio**	['maskara de oksi'ʒenju]
Uniform (f)	**uniforme** (m)	[uni'formi]
Rettungsweste (f)	**colete** (m) **salva-vidas**	[ko'letʃi 'sawva 'vidas]
Fallschirm (m)	**paraquedas** (m)	[para'kɛdas]
Abflug, Start (m)	**decolagem** (f)	[deko'laʒẽ]
starten (vi)	**descolar** (vi)	[dʒisko'lar]
Startbahn (f)	**pista** (f) **de decolagem**	['pista de deko'laʒẽ]
Sicht (f)	**visibilidade** (f)	[vizibili'dadʒi]
Flug (m)	**voo** (m)	['vou]
Höhe (f)	**altura** (f)	[aw'tura]
Luftloch (n)	**poço** (m) **de ar**	['posu de 'ar]
Platz (m)	**assento** (m)	[a'sẽtu]
Kopfhörer (m)	**fone** (m) **de ouvido**	['foni de o'vidu]
Klapptisch (m)	**mesa** (f) **retrátil**	['meza he'tratʃiw]
Bullauge (n)	**janela** (f)	[ʒa'nɛla]
Durchgang (m)	**corredor** (m)	[kohe'dor]

142. Zug

Zug (m)	**trem** (m)	[trẽj]
elektrischer Zug (m)	**trem** (m) **elétrico**	[trẽj e'lɛtriku]
Schnellzug (m)	**trem** (m)	[trẽj]
Diesellok (f)	**locomotiva** (f) **diesel**	[lokomo'tʃiva 'dʒizew]
Dampflok (f)	**locomotiva** (f) **a vapor**	[lokomo'tʃiva a va'por]
Personenwagen (m)	**vagão** (f) **de passageiros**	[va'gãw de pasa'ʒejrus]
Speisewagen (m)	**vagão-restaurante** (m)	[va'gãw-hestaw'rätʃi]
Schienen (pl)	**carris** (m pl)	[ka'his]
Eisenbahn (f)	**estrada** (f) **de ferro**	[is'trada de 'fɛhu]
Bahnschwelle (f)	**travessa** (f)	[tra'vɛsa]
Bahnsteig (m)	**plataforma** (f)	[plata'fɔrma]
Gleis (n)	**linha** (f)	['liɲa]
Eisenbahnsignal (n)	**semáforo** (m)	[se'maforu]
Station (f)	**estação** (f)	[ista'sãw]
Lokomotivführer (m)	**maquinista** (m)	[maki'nista]
Träger (m)	**bagageiro** (m)	[baga'ʒejru]
Schaffner (m)	**hospedeiro, -a** (m, f)	[ospe'dejru, -a]
Fahrgast (m)	**passageiro** (m)	[pasa'ʒejru]
Fahrkartenkontrolleur (m)	**revisor** (m)	[hevi'zor]
Flur (m)	**corredor** (m)	[kohe'dor]
Notbremse (f)	**freio** (m) **de emergência**	['freju de imer'ʒẽsja]
Abteil (n)	**compartimento** (m)	[kõpartʃi'mẽtu]
Liegeplatz (m), Schlafkoje (f)	**cama** (f)	['kama]
oberer Liegeplatz (m)	**cama** (f) **de cima**	['kama de 'sima]
unterer Liegeplatz (m)	**cama** (f) **de baixo**	['kama de 'baɪʃu]
Bettwäsche (f)	**roupa** (f) **de cama**	['hopa de 'kama]
Fahrkarte (f)	**passagem** (f)	[pa'saʒẽ]
Fahrplan (m)	**horário** (m)	[o'rarju]
Anzeigetafel (f)	**painel** (m) **de informação**	[paj'nɛw de ĩforma'sãw]
abfahren (der Zug)	**partir** (vt)	[par'tʃir]
Abfahrt (f)	**partida** (f)	[par'tʃida]
ankommen (der Zug)	**chegar** (vi)	[ʃe'gar]
Ankunft (f)	**chegada** (f)	[ʃe'gada]
mit dem Zug kommen	**chegar de trem**	[ʃe'gar de trẽj]
in den Zug einsteigen	**pegar o trem**	[pe'gar u trẽj]
aus dem Zug aussteigen	**descer de trem**	[de'ser de trẽj]
Zugunglück (n)	**acidente** (m) **ferroviário**	[asi'dẽtʃi feho'vjarju]
entgleisen (vi)	**descarrilar** (vi)	[dʒiskahi'ʎar]
Dampflok (f)	**locomotiva** (f) **a vapor**	[lokomo'tʃiva a va'por]
Heizer (m)	**foguista** (m)	[fo'gista]
Feuerbüchse (f)	**fornalha** (f)	[for'naʎa]
Kohle (f)	**carvão** (m)	[kar'vãw]

143. Schiff

| Schiff (n) | navio (m) | [na'viu] |
| Fahrzeug (n) | embarcação (f) | [ẽbarka'sãw] |

Dampfer (m)	barco (m) a vapor	['barku a va'por]
Motorschiff (n)	barco (m) fluvial	['barku flu'vjaw]
Kreuzfahrtschiff (n)	transatlântico (m)	[trãzat'lãtʃiku]
Kreuzer (m)	cruzeiro (m)	[kru'zejru]

Jacht (f)	iate (m)	['jatʃi]
Schlepper (m)	rebocador (m)	[heboka'dor]
Lastkahn (m)	barcaça (f)	[bar'kasa]
Fähre (f)	ferry (m), balsa (f)	['fɛʀi], ['balsa]

| Segelschiff (n) | veleiro (m) | [ve'lejru] |
| Brigantine (f) | bergantim (m) | [behgã'tʃi] |

| Eisbrecher (m) | quebra-gelo (m) | ['kɛbra 'ʒelu] |
| U-Boot (n) | submarino (m) | [subma'rinu] |

Boot (n)	bote, barco (m)	['botʃi], ['barku]
Dingi (n), Beiboot (n)	baleeira (f)	[bale'ejra]
Rettungsboot (n)	bote (m) salva-vidas	['botʃi 'sawva 'vidas]
Motorboot (n)	lancha (f)	['lãʃa]

Kapitän (m)	capitão (m)	[kapi'tãw]
Matrose (m)	marinheiro (m)	[mari'ɲejru]
Seemann (m)	marujo (m)	[ma'ruʒu]
Besatzung (f)	tripulação (f)	[tripula'sãw]

Bootsmann (m)	contramestre (m)	[kõtra'mɛstri]
Schiffsjunge (m)	grumete (m)	[gru'mɛtʃi]
Schiffskoch (m)	cozinheiro (m) de bordo	[kozi'ɲejru de 'bordu]
Schiffsarzt (m)	médico (m) de bordo	['mɛdʒiku de 'bordu]

Deck (n)	convés (m)	[kõ'vɛs]
Mast (m)	mastro (m)	['mastru]
Segel (n)	vela (f)	['vɛla]

Schiffsraum (m)	porão (m)	[po'rãw]
Bug (m)	proa (f)	['proa]
Heck (n)	popa (f)	['popa]
Ruder (n)	remo (m)	['hɛmu]
Schraube (f)	hélice (f)	['ɛlisi]

Kajüte (f)	cabine (m)	[ka'bini]
Messe (f)	sala (f) dos oficiais	['sala dus ofi'sjajs]
Maschinenraum (m)	sala (f) das máquinas	['sala das 'makinas]
Kommandobrücke (f)	ponte (m) de comando	['põtʃi de ko'mãdu]
Funkraum (m)	sala (f) de comunicações	['sala de komunika'sõjs]
Radiowelle (f)	onda (f)	['õda]
Schiffstagebuch (n)	diário (m) de bordo	['dʒjarju de 'bordu]
Fernrohr (n)	luneta (f)	[lu'neta]
Glocke (f)	sino (m)	['sinu]

Fahne (f)	bandeira (f)	[bã'dejra]
Seil (n)	cabo (m)	['kabu]
Knoten (m)	nó (m)	[nɔ]

| Geländer (n) | corrimão (m) | [kohi'mãw] |
| Treppe (f) | prancha (f) de embarque | ['prãʃa de ẽ'barki] |

Anker (m)	âncora (f)	['ãkora]
den Anker lichten	recolher a âncora	[heko'ʎer a 'ãkora]
Anker werfen	jogar a âncora	[ʒo'gar a 'ãkora]
Ankerkette (f)	amarra (f)	[a'maha]

Hafen (m)	porto (m)	['portu]
Anlegestelle (f)	cais, amarradouro (m)	[kajs], [amaha'doru]
anlegen (vi)	atracar (vi)	[atra'kar]
abstoßen (vt)	desatracar (vi)	[dʒizatra'kar]

Reise (f)	viagem (f)	['vjaʒẽ]
Kreuzfahrt (f)	cruzeiro (m)	[kru'zejru]
Kurs (m), Richtung (f)	rumo (m)	['humu]
Reiseroute (f)	itinerário (m)	[itʃine'rarju]

Fahrwasser (n)	canal (m) de navegação	[ka'naw de navega'sãw]
Untiefe (f)	banco (m) de areia	['bãku de a'reja]
stranden (vi)	encalhar (vt)	[ẽka'ʎar]

Sturm (m)	tempestade (f)	[tẽpes'tadʒi]
Signal (n)	sinal (m)	[si'naw]
untergehen (vi)	afundar-se (vr)	[afũ'darse]
Mann über Bord!	Homem ao mar!	['ɔmẽ aw mah]
SOS	SOS	[ɛseo'ɛsi]
Rettungsring (m)	boia (f) salva-vidas	['bɔja 'sawva 'vidas]

144. Flughafen

Flughafen (m)	aeroporto (m)	[aero'portu]
Flugzeug (n)	avião (m)	[a'vjãw]
Fluggesellschaft (f)	companhia (f) aérea	[kõpa'ɲia a'erja]
Fluglotse (m)	controlador (m) de tráfego aéreo	[kõtrola'dor de 'trafegu a'erju]

Abflug (m)	partida (f)	[par'tʃida]
Ankunft (f)	chegada (f)	[ʃe'gada]
anfliegen (vi)	chegar (vi)	[ʃe'gar]

| Abflugzeit (f) | hora (f) de partida | ['ɔra de par'tʃida] |
| Ankunftszeit (f) | hora (f) de chegada | ['ɔra de ʃe'gada] |

| sich verspäten | estar atrasado | [is'tar atra'zadu] |
| Abflugverspätung (f) | atraso (m) de voo | [a'trazu de 'vou] |

Anzeigetafel (f)	painel (m) de informação	[paj'nɛw de ĩforma'sãw]
Information (f)	informação (f)	[ĩforma'sãw]
ankündigen (vt)	anunciar (vt)	[anũ'sjar]

Flug (m)	voo (m)	['vou]
Zollamt (n)	alfândega (f)	[aw'fãdʒiga]
Zollbeamter (m)	funcionário (m) da alfândega	[füsjo'narju da aw'fãdʒiga]

Zolldeklaration (f)	declaração (f) alfandegária	[deklara'sãw awfãde'garja]
ausfüllen (vt)	preencher (vt)	[preẽ'ʃer]
die Zollerklärung ausfüllen	preencher a declaração	[preẽ'ʃer a deklara'sãw]
Passkontrolle (f)	controle (m) de passaporte	[kõ'troli de pasa'pɔrtʃi]

Gepäck (n)	bagagem (f)	[ba'gaʒẽ]
Handgepäck (n)	bagagem (f) de mão	[ba'gaʒẽ de 'mãw]
Kofferkuli (m)	carrinho (m)	[ka'hiɲu]

Landung (f)	pouso (m)	['pozu]
Landebahn (f)	pista (f) de pouso	['pista de 'pozu]
landen (vi)	aterrissar (vi)	[atehi'sar]
Fluggasttreppe (f)	escada (f) de avião	[is'kada de a'vjãw]

Check-in (n)	check-in (m)	[ʃɛ'kin]
Check-in-Schalter (m)	balcão (m) do check-in	[baw'kãw du ʃɛ'kin]
sich registrieren lassen	fazer o check-in	[fa'zer u ʃɛ'kin]
Bordkarte (f)	cartão (m) de embarque	[kar'tãw de ẽ'barki]
Abfluggate (n)	portão (m) de embarque	[por'tãw de ẽ'barki]

Transit (m)	trânsito (m)	['trãzitu]
warten (vi)	esperar (vt)	[ispe'rar]
Wartesaal (m)	sala (f) de espera	['sala de is'pɛra]
begleiten (vt)	despedir-se de ...	[dʒispe'dʒirsi de]
sich verabschieden	despedir-se (vr)	[dʒispe'dʒirsi]

145. Fahrrad. Motorrad

Fahrrad (n)	bicicleta (f)	[bisi'klɛta]
Motorroller (m)	lambreta (f)	[lã'breta]
Motorrad (n)	moto (f)	['mɔtu]

Rad fahren	ir de bicicleta	[ir de bisi'klɛta]
Lenkstange (f)	guidão (m)	[gi'dãw]
Pedal (n)	pedal (m)	[pe'daw]
Bremsen (pl)	freios (m pl)	['frejus]
Sattel (m)	banco, selim (m)	['bãku], [se'lĩ]

Pumpe (f)	bomba (f)	['bõba]
Gepäckträger (m)	bagageiro (m) de teto	[baga'ʒejru de tɛtu]
Scheinwerfer (m)	lanterna (f)	[lã'tɛrna]
Helm (m)	capacete (m)	[kapa'setʃi]

Rad (n)	roda (f)	['hɔda]
Schutzblech (n)	para-choque (m)	[para'ʃɔki]
Felge (f)	aro (m)	['aru]
Speiche (f)	raio (m)	['haju]

Autos

146. Autotypen

Auto (n)	carro, automóvel (m)	['kaho], [awto'mɔvew]
Sportwagen (m)	carro (m) esportivo	['kaho ispor'tʃivu]
Limousine (f)	limusine (f)	[limu'zini]
Geländewagen (m)	todo o terreno (m)	['todu u te'hɛnu]
Kabriolett (n)	conversível (m)	[kõver'sivew]
Kleinbus (m)	minibus (m)	['minibus]
Krankenwagen (m)	ambulância (f)	[ãbu'lãsja]
Schneepflug (m)	limpa-neve (m)	['lĩpa 'nɛvi]
Lastkraftwagen (m)	caminhão (m)	[kami'ɲãw]
Tankwagen (m)	caminhão-tanque (m)	[kami'ɲãw-'tãki]
Kastenwagen (m)	perua, van (f)	[pe'rua], [van]
Sattelzug (m)	caminhão-trator (m)	[kami'ɲãw-tra'tor]
Anhänger (m)	reboque (m)	[he'bɔki]
komfortabel	confortável	[kõfor'tavew]
gebraucht	usado	[u'zadu]

147. Autos. Karosserie

Motorhaube (f)	capô (m)	[ka'po]
Kotflügel (m)	para-choque (m)	[para'ʃɔki]
Dach (n)	teto (m)	['tɛtu]
Windschutzscheibe (f)	para-brisa (m)	[para'briza]
Rückspiegel (m)	retrovisor (m)	[hetrovi'zor]
Scheibenwaschanlage (f)	esguicho (m)	[iʃ'giʃu]
Scheibenwischer (m)	limpadores (m) de para-brisas	[lĩpa'dores de para'brizas]
Seitenscheibe (f)	vidro (m) lateral	['vidru late'raw]
Fensterheber (m)	elevador (m) do vidro	[eleva'dor du 'vidru]
Antenne (f)	antena (f)	[ã'tɛna]
Schiebedach (n)	teto (m) solar	['tɛtu so'lar]
Stoßstange (f)	para-choque (m)	[para'ʃɔki]
Kofferraum (m)	porta-malas (f)	[pɔrta-'malas]
Dachgepäckträger (m)	bagageira (f)	[baga'ʒejra]
Wagenschlag (m)	porta (f)	['pɔrta]
Türgriff (m)	maçaneta (f)	[masa'neta]
Türschloss (n)	fechadura (f)	[feʃa'dura]
Nummernschild (n)	placa (f)	['plaka]

Auspufftopf (m)	silenciador (m)	[silẽsja'dor]
Benzintank (m)	tanque (m) de gasolina	['tãki de gazo'lina]
Auspuffrohr (n)	tubo (m) de exaustão	['tubu de ezaw'stãw]

Gas (n)	acelerador (m)	[aselera'dor]
Pedal (n)	pedal (m)	[pe'daw]
Gaspedal (n)	pedal (m) do acelerador	[pe'daw du aselera'dor]

Bremse (f)	freio (m)	['freju]
Bremspedal (n)	pedal (m) do freio	[pe'daw du 'freju]
bremsen (vi)	frear (vt)	[fre'ar]
Handbremse (f)	freio (m) de mão	['freju de mãw]

Kupplung (f)	embreagem (f)	[ẽb'rjaʒẽ]
Kupplungspedal (n)	pedal (m) da embreagem	[pe'daw da ẽb'rjaʒẽ]
Kupplungsscheibe (f)	disco (m) de embreagem	['dʒisku de ẽb'rjaʒẽ]
Stoßdämpfer (m)	amortecedor (m)	[amortese'dor]

Rad (n)	roda (f)	['hɔda]
Reserverad (n)	pneu (m) estepe	['pnew is'tɛpi]
Reifen (m)	pneu (m)	['pnew]
Radkappe (f)	calota (f)	[ka'lɔta]

Triebräder (pl)	rodas (f pl) motrizes	['hɔdas muo'trizis]
mit Vorderantrieb	de tração dianteira	[de tra'sãw dʒjã'tejra]
mit Hinterradantrieb	de tração traseira	[de tra'sãw tra'zejra]
mit Allradantrieb	de tração às 4 rodas	[de tra'sãw as 'kwatru 'hɔdas]

Getriebe (n)	caixa (f) de mudanças	['kaɪʃa de mu'dãsas]
Automatik-	automático	[awto'matʃiku]
Schalt-	mecânico	[me'kaniku]
Schalthebel (m)	alavanca (f) de câmbio	[ala'vãka de 'kãbju]

Scheinwerfer (m)	farol (m)	[fa'rɔw]
Scheinwerfer (pl)	faróis (m pl)	[fa'rɔis]

Abblendlicht (n)	farol (m) baixo	[fa'rɔw 'baɪʃu]
Fernlicht (n)	farol (m) alto	[fa'rɔw 'altu]
Stopplicht (n)	luzes (f pl) de parada	['luzes de pa'rada]

Standlicht (n)	luzes (f pl) de posição	['luzes de pozi'sãw]
Warnblinker (m)	luzes (f pl) de emergência	['luzes de emer'ʒẽsia]
Nebelscheinwerfer (pl)	faróis (m pl) de neblina	[fa'rɔis de ne'blina]
Blinker (m)	pisca-pisca (m)	[piska-'piska]
Rückfahrscheinwerfer (m)	luz (f) de marcha ré	[luz de 'marʃa hɛ]

148. Autos. Fahrgastraum

Wageninnere (n)	interior (m) do carro	[ĩte'rjor du 'kaho]
Leder-	de couro	[de 'koru]
aus Velours	de veludo	[de ve'ludu]
Polster (n)	estofamento (m)	[istofa'mẽtu]
Instrument (n)	indicador (m)	[ĩdʒika'dor]
Armaturenbrett (n)	painel (m)	[paj'nɛw]

Tachometer (m)	velocímetro (m)	[velo'simetru]
Nadel (f)	ponteiro (m)	[põ'tejru]

Kilometerzähler (m)	hodômetro, odômetro (m)	[o'dometru]
Anzeige (Temperatur-)	indicador (m)	[ĩdʒika'dor]
Pegel (m)	nível (m)	['nivew]
Kontrollleuchte (f)	luz (f) de aviso	[luz de a'vizu]

Steuerrad (n)	volante (m)	[vo'lãtʃi]
Hupe (f)	buzina (f)	[bu'zina]
Knopf (m)	botão (m)	[bo'tãw]
Umschalter (m)	interruptor (m)	[ĩtehup'tor]

Sitz (m)	assento (m)	[a'sẽtu]
Rückenlehne (f)	costas (f pl) do assento	['kɔstas du a'sẽtu]
Kopfstütze (f)	cabeceira (f)	[kabe'sejra]
Sicherheitsgurt (m)	cinto (m) de segurança	['sĩtu de segu'rãsa]
sich anschnallen	apertar o cinto	[aper'tar u 'sĩtu]
Einstellung (f)	ajuste (m)	[a'ʒustʃi]

Airbag (m)	airbag (m)	[ɛr'bɛgi]
Klimaanlage (f)	ar (m) condicionado	[ar kõdʒisjo'nadu]

Radio (n)	rádio (m)	['hadʒju]
CD-Spieler (m)	leitor (m) de CD	[lej'tor de 'sede]
einschalten (vt)	ligar (vt)	[li'gar]
Antenne (f)	antena (f)	[ã'tɛna]
Handschuhfach (n)	porta-luvas (m)	['pɔrta-'luvas]
Aschenbecher (m)	cinzeiro (m)	[sĩ'zejru]

149. Autos. Motor

Triebwerk (n), Motor (m)	motor (m)	[mo'tor]
Diesel-	a diesel	[a 'dʒizew]
Benzin-	a gasolina	[a gazo'lina]

Hubraum (m)	cilindrada (f)	[silĩ'drada]
Leistung (f)	potência (f)	[po'tẽsja]
Pferdestärke (f)	cavalo (m) de potência	[ka'valu de po'tẽsja]
Kolben (m)	pistão (m)	[pis'tãw]
Zylinder (m)	cilindro (m)	[si'lĩdru]
Ventil (n)	válvula (f)	['vawvula]

Injektor (m)	injetor (m)	[ĩʒɛ'tor]
Generator (m)	gerador (m)	[ʒera'dor]
Vergaser (m)	carburador (m)	[karbura'dor]
Motoröl (n)	óleo (m) de motor	['ɔlju de mo'tor]

Kühler (m)	radiador (m)	[hadʒja'dor]
Kühlflüssigkeit (f)	líquido (m) de arrefecimento	['likidu de ahefesi'mẽtu]
Ventilator (m)	ventilador (m)	[vẽtʃila'dor]

Autobatterie (f)	bateria (f)	[bate'ria]
Anlasser (m)	dispositivo (m) de arranque	[dʒispozi'tʃivu de a'hãki]

| Zündung (f) | ignição (f) | [igni'sãw] |
| Zündkerze (f) | vela (f) de ignição | ['vɛla de igni'sãw] |

Klemme (f)	terminal (m)	[termi'naw]
Pluspol (m)	terminal (m) positivo	[termi'naw pozi'tʃivu]
Minuspol (m)	terminal (m) negativo	[termi'naw nega'tʃivu]
Sicherung (f)	fusível (m)	[fu'zivew]

Luftfilter (m)	filtro (m) de ar	['fiwtru de ar]
Ölfilter (m)	filtro (m) de óleo	['fiwtru de 'ɔlju]
Treibstofffilter (m)	filtro (m) de combustível	['fiwtru de kõbus'tʃivew]

150. Autos. Unfall. Reparatur

Unfall (m)	acidente (m) de carro	[asi'dẽtʃi de 'kaho]
Verkehrsunfall (m)	acidente (m) rodoviário	[asi'dẽtʃi hodo'vjarju]
fahren gegen …	bater …	[ba'ter]
verunglücken (vi)	sofrer um acidente	[so'frer ũ asi'dẽtʃi]
Schaden (m)	dano (m)	['danu]
heil (Adj)	intato	[ĩ'tatu]

Panne (f)	pane (f)	['pani]
kaputtgehen (vi)	avariar (vi)	[ava'rjar]
Abschleppseil (n)	cabo (m) de reboque	['kabu de he'bɔki]

Reifenpanne (f)	furo (m)	['furu]
platt sein	estar furado	[is'tar fu'radu]
pumpen (vt)	encher (vt)	[ẽ'ʃer]
Reifendruck (m)	pressão (f)	[pre'sãw]
prüfen (vt)	verificar (vt)	[verifi'kar]

Reparatur (f)	reparo (m)	[he'paru]
Reparaturwerkstatt (f)	oficina (f) automotiva	[ɔfi'sina awtomo'tʃiva]
Ersatzteil (n)	peça (f) de reposição	['pɛsa de hepozi'sãw]
Einzelteil (n)	peça (f)	['pɛsa]

Bolzen (m)	parafuso (m)	[para'fuzu]
Schraube (f)	parafuso (m)	[para'fuzu]
Schraubenmutter (f)	porca (f)	['pɔrka]
Scheibe (f)	arruela (f)	[a'hwɛla]
Lager (n)	rolamento (m)	[hola'mẽtu]

Rohr (Abgas-)	tubo (m)	['tubu]
Dichtung (f)	junta, gaxeta (f)	['ʒũta], [ga'ʃɛta]
Draht (m)	fio, cabo (m)	['fiu], ['kabu]

Wagenheber (m)	macaco (m)	[ma'kaku]
Schraubenschlüssel (m)	chave (f) de boca	['ʃavi de 'boka]
Hammer (m)	martelo (m)	[mar'tɛlu]
Pumpe (f)	bomba (f)	['bõba]
Schraubenzieher (m)	chave (f) de fenda	['ʃavi de 'fẽda]

| Feuerlöscher (m) | extintor (m) | [istĩ'tor] |
| Warndreieck (n) | triângulo (m) de emergência | ['trjãgulo de imer'ʒẽsja] |

abwürgen (Motor)	morrer (vi)	[mo'her]
Anhalten (~ des Motors)	paragem (f)	[pa'raʒẽ]
kaputt sein	estar quebrado	[is'tar ke'bradu]

überhitzt werden (Motor)	superaquecer-se (vr)	[superake'sersi]
verstopft sein	entupir-se (vr)	[ẽtu'pirsi]
einfrieren (Schloss, Rohr)	congelar-se (vr)	[kõʒe'larsi]
zerplatzen (vi)	rebentar (vi)	[hebẽ'tar]

Druck (m)	pressão (f)	[pre'sãw]
Pegel (m)	nível (m)	['nivew]
schlaff (z.B. -e Riemen)	frouxo	['froʃu]

Delle (f)	batida (f)	[ba'tʃida]
Klopfen (n)	ruído (m)	['hwidu]
Riß (m)	fissura (f)	[fi'sura]
Kratzer (m)	arranhão (m)	[aha'ɲãw]

151. Autos. Straßen

Fahrbahn (f)	estrada (f)	[is'trada]
Schnellstraße (f)	autoestrada (f)	[awtois'trada]
Autobahn (f)	rodovia (f)	[hodo'via]
Richtung (f)	direção (f)	[dʒire'sãw]
Entfernung (f)	distância (f)	[dʒis'tãsja]

Brücke (f)	ponte (f)	['põtʃi]
Parkplatz (m)	parque (m) de estacionamento	['parki de istasjona'mẽtu]

Platz (m)	praça (f)	['prasa]
Autobahnkreuz (n)	nó (m) rodoviário	[nɔ hodo'vjarju]
Tunnel (m)	túnel (m)	['tunew]

Tankstelle (f)	posto (m) de gasolina	['postu de gazo'lina]
Parkplatz (m)	parque (m) de estacionamento	['parki de istasjona'mẽtu]
Zapfsäule (f)	bomba (f) de gasolina	['bõba de gazo'lina]
Reparaturwerkstatt (f)	oficina (f) automotiva	[ɔfi'sina awtɔmo'tʃiva]
tanken (vt)	abastecer (vt)	[abaste'ser]
Treibstoff (m)	combustível (m)	[kõbus'tʃivew]
Kanister (m)	galão (m) de gasolina	[ga'lãw de gazo'lina]

Asphalt (m)	asfalto (m)	[as'fawtu]
Markierung (f)	marcação (f) de estradas	[marka'sãw de is'tradas]
Bordstein (m)	meio-fio (m)	['meju-'fiu]
Leitplanke (f)	guard-rail (m)	[gward-'hejl]
Graben (m)	valeta (f)	[va'leta]
Straßenrand (m)	acostamento (m)	[akosta'mẽtu]
Straßenlaterne (f)	poste (m) de luz	['postʃi de luz]

fahren (vt)	dirigir (vt)	[dʒiri'ʒir]
abbiegen (nach links ~)	virar (vi)	[vi'rar]
umkehren (vi)	dar retorno	[dar he'tornu]
Rückwärtsgang (m)	ré (f)	[hɛ]

hupen (vi)	**buzinar** (vi)	[buzi'nar]
Hupe (f)	**buzina** (f)	[bu'zina]
stecken (im Schlamm ~)	**atolar-se** (vr)	[ato'larsi]
durchdrehen (Räder)	**patinar** (vi)	[patʃi'nar]
abstellen (Motor ~)	**desligar** (vt)	[dʒizli'gar]

Geschwindigkeit (f)	**velocidade** (f)	[velosi'dadʒi]
Geschwindigkeit überschreiten	**exceder a velocidade**	[ese'der a velosi'dadʒi]
bestrafen (vt)	**multar** (vt)	[muw'tar]
Ampel (f)	**semáforo** (m)	[se'maforu]
Führerschein (m)	**carteira** (f) **de motorista**	[kar'tejra de moto'rista]

Bahnübergang (m)	**passagem** (f) **de nível**	[pa'saʒẽ de 'nivew]
Straßenkreuzung (f)	**cruzamento** (m)	[kruza'mẽtu]
Fußgängerüberweg (m)	**faixa** (f)	['fajʃa]
Kehre (f)	**curva** (f)	['kurva]
Fußgängerzone (f)	**zona** (f) **de pedestres**	['zɔna de pe'dɛstris]

MENSCHEN. LEBENSEREIGNISSE

Lebensereignisse

152. Feiertage. Ereignis

Fest (n)	festa (f)	['fɛsta]
Nationalfeiertag (m)	feriado (m) nacional	[fe'rjadu nasjo'naw]
Feiertag (m)	feriado (m)	[fe'rjadu]
feiern (vt)	festejar (vt)	[feste'ʒar]
Ereignis (n)	evento (m)	[e'vẽtu]
Veranstaltung (f)	evento (m)	[e'vẽtu]
Bankett (n)	banquete (m)	[bã'ketʃi]
Empfang (m)	recepção (f)	[hesep'sãw]
Festmahl (n)	festim (m)	[fes'tʃĩ]
Jahrestag (m)	aniversário (m)	[aniver'sarju]
Jubiläumsfeier (f)	jubileu (m)	[ʒubi'lew]
begehen (vt)	celebrar (vt)	[sele'brar]
Neujahr (n)	Ano (m) Novo	['anu 'novu]
Frohes Neues Jahr!	Feliz Ano Novo!	[fe'liz 'anu 'novu]
Weihnachtsmann (m)	Papai Noel (m)	[pa'paj nɔ'ɛl]
Weihnachten (n)	Natal (m)	[na'taw]
Frohe Weihnachten!	Feliz Natal!	[fe'liz na'taw]
Tannenbaum (m)	árvore (f) de Natal	['arvori de na'taw]
Feuerwerk (n)	fogos (m pl) de artifício	['fogus de artʃi'fisju]
Hochzeit (f)	casamento (m)	[kaza'mẽtu]
Bräutigam (m)	noivo (m)	['nojvu]
Braut (f)	noiva (f)	['nojva]
einladen (vt)	convidar (vt)	[kõvi'dar]
Einladung (f)	convite (m)	[kõ'vitʃi]
Gast (m)	convidado (m)	[kõvi'dadu]
besuchen (vt)	visitar (vt)	[vizi'tar]
Gäste empfangen	receber os convidados	[hese'ber us kõvi'dadus]
Geschenk (n)	presente (m)	[pre'zẽtʃi]
schenken (vt)	oferecer, dar (vt)	[ofere'ser], [dar]
Geschenke bekommen	receber presentes	[hese'ber pre'zẽtʃis]
Blumenstrauß (m)	buquê (m) de flores	[bu'ke de 'floris]
Glückwunsch (m)	felicitações (f pl)	[felisita'sõjs]
gratulieren (vi)	felicitar (vt)	[felisi'tar]
Glückwunschkarte (f)	cartão (m) de parabéns	[kar'tãw de para'bẽjs]

eine Karte abschicken	enviar um cartão postal	[ẽ'vjar ũ kart'ãw pos'taw]
eine Karte erhalten	receber um cartão postal	[hese'ber ũ kart'ãw pos'taw]

Trinkspruch (m)	brinde (m)	['brĩdʒi]
anbieten (vt)	oferecer (vt)	[ofere'ser]
Champagner (m)	champanhe (m)	[ʃã'paɲi]

sich amüsieren	divertir-se (vr)	[dʒiver'tʃirsi]
Fröhlichkeit (f)	diversão (f)	[dʒiver'sãw]
Freude (f)	alegria (f)	[ale'gria]

| Tanz (m) | dança (f) | ['dãsa] |
| tanzen (vi, vt) | dançar (vi) | [dã'sar] |

| Walzer (m) | valsa (f) | ['vawsa] |
| Tango (m) | tango (m) | ['tãgu] |

153. Bestattungen. Begräbnis

Friedhof (m)	cemitério (m)	[semi'tɛrju]
Grab (n)	sepultura (f), túmulo (m)	[sepuw'tura], ['tumulu]
Kreuz (n)	cruz (f)	[kruz]
Grabstein (m)	lápide (f)	['lapidʒi]
Zaun (m)	cerca (f)	['serka]
Kapelle (f)	capela (f)	[ka'pɛla]

Tod (m)	morte (f)	['mɔrtʃi]
sterben (vi)	morrer (vi)	[mo'her]
Verstorbene (m)	defunto (m)	[de'fũtu]
Trauer (f)	luto (m)	['lutu]

begraben (vt)	enterrar, sepultar (vt)	[ẽte'har], [sepuw'tar]
Bestattungsinstitut (n)	casa (f) funerária	['kaza fune'raria]
Begräbnis (n)	funeral (m)	[fune'raw]

Kranz (m)	coroa (f) de flores	[ko'roa de 'flɔris]
Sarg (m)	caixão (m)	[kaɪ'ʃãw]
Katafalk (m)	carro (m) funerário	['kaho fune'rarju]
Totenhemd (n)	mortalha (f)	[mor'taʎa]

Trauerzug (m)	procissão (f) funerária	[prosi'sãw fune'rarja]
Urne (f)	urna (f) funerária	['urna fune'rarja]
Krematorium (n)	crematório (m)	[krema'tɔrju]

Nachruf (m)	obituário (m), necrologia (f)	[obi'twarju], [nekrolo'ʒia]
weinen (vi)	chorar (vi)	[ʃo'rar]
schluchzen (vi)	soluçar (vi)	[solu'sar]

154. Krieg. Soldaten

Zug (m)	pelotão (m)	[pelo'tãw]
Kompanie (f)	companhia (f)	[kõpa'ɲia]

Regiment (n)	regimento (m)	[heʒi'mẽtu]
Armee (f)	exército (m)	[e'zɛrsitu]
Division (f)	divisão (f)	[dʒivi'zãw]

Abteilung (f)	esquadrão (m)	[iskwa'drãw]
Heer (n)	hoste (f)	['ɔste]

Soldat (m)	soldado (m)	[sow'dadu]
Offizier (m)	oficial (m)	[ofi'sjaw]

Soldat (m)	soldado (m) raso	[sow'dadu 'hazu]
Feldwebel (m)	sargento (m)	[sar'ʒẽtu]
Leutnant (m)	tenente (m)	[te'nẽtʃi]
Hauptmann (m)	capitão (m)	[kapi'tãw]
Major (m)	major (m)	[ma'ʒɔr]
Oberst (m)	coronel (m)	[koro'nɛw]
General (m)	general (m)	[ʒene'raw]

Matrose (m)	marujo (m)	[ma'ruʒu]
Kapitän (m)	capitão (m)	[kapi'tãw]
Bootsmann (m)	contramestre (m)	[kõtra'mɛstri]

Artillerist (m)	artilheiro (m)	[artʃi'ʎejru]
Fallschirmjäger (m)	soldado (m) paraquedista	[sow'dadu parake'dʒista]
Pilot (m)	piloto (m)	[pi'lotu]
Steuermann (m)	navegador (m)	[navega'dor]
Mechaniker (m)	mecânico (m)	[me'kaniku]

Pionier (m)	sapador-mineiro (m)	[sapa'dor-mi'nejru]
Fallschirmspringer (m)	paraquedista (m)	[parake'dʒista]
Aufklärer (m)	explorador (m)	[isplora'dor]
Scharfschütze (m)	atirador (m) de tocaia	[atʃira'dor de to'kaja]

Patrouille (f)	patrulha (f)	[pa'truʎa]
patrouillieren (vi)	patrulhar (vt)	[patru'ʎar]
Wache (f)	sentinela (f)	[sẽtʃi'nɛla]

Krieger (m)	guerreiro (m)	[ge'hejru]
Patriot (m)	patriota (m)	[pa'trjɔta]

Held (m)	herói (m)	[e'rɔj]
Heldin (f)	heroína (f)	[ero'ina]

Verräter (m)	traidor (m)	[traj'dor]
verraten (vt)	trair (vt)	[tra'ir]

Deserteur (m)	desertor (m)	[dezer'tor]
desertieren (vi)	desertar (vt)	[deser'tar]

Söldner (m)	mercenário (m)	[merse'narju]
Rekrut (m)	recruta (f)	[he'kruta]
Freiwillige (m)	voluntário (m)	[volũ'tarju]

Getoetete (m)	morto (m)	['mortu]
Verwundete (m)	ferido (m)	[fe'ridu]
Kriegsgefangene (m)	prisioneiro (m) de guerra	[prizjo'nejru de 'gɛha]

155. Krieg. Militärische Aktionen. Teil 1

Krieg (m)	guerra (f)	['gɛha]
Krieg führen	guerrear (vt)	[ge'hjar]
Bürgerkrieg (m)	guerra (f) civil	['gɛha si'viw]

heimtückisch (Adv)	perfidamente	[perfida'mẽtʃi]
Kriegserklärung (f)	declaração (f) de guerra	[deklara'sãw de 'gɛha]
erklären (den Krieg ~)	declarar guerra	[dekla'rar 'gɛha]
Aggression (f)	agressão (f)	[agre'sãw]
einfallen (Staat usw.)	atacar (vt)	[ata'kar]

einfallen (in ein Land ~)	invadir (vt)	[ĩva'dʒir]
Invasoren (pl)	invasor (m)	[ĩva'zor]
Eroberer (m), Sieger (m)	conquistador (m)	[kõkista'dor]

Verteidigung (f)	defesa (f)	[de'feza]
verteidigen (vt)	defender (vt)	[defẽ'der]
sich verteidigen	defender-se (vr)	[defẽ'dersi]

Feind (m)	inimigo (m)	[ini'migu]
Gegner (m)	adversário (m)	[adʒiver'sarju]
Feind-	inimigo	[ini'migu]

Strategie (f)	estratégia (f)	[istra'tɛʒa]
Taktik (f)	tática (f)	['tatʃika]

Befehl (m)	ordem (f)	['ordẽ]
Anordnung (f)	comando (m)	[ko'mãdu]
befehlen (vt)	ordenar (vt)	[orde'nar]
Auftrag (m)	missão (f)	[mi'sãw]
geheim (Adj)	secreto	[se'krɛtu]

Schlacht (f)	batalha (f)	[ba'taʎa]
Kampf (m)	combate (m)	[kõ'batʃi]

Angriff (m)	ataque (m)	[a'taki]
Sturm (m)	assalto (m)	[a'sawtu]
stürmen (vt)	assaltar (vt)	[asaw'tar]
Belagerung (f)	assédio, sítio (m)	[a'sɛdʒu], ['sitʃu]

Angriff (m)	ofensiva (f)	[ɔfẽ'siva]
angreifen (vt)	tomar à ofensiva	[to'mar a ofẽ'siva]

Rückzug (m)	retirada (f)	[hetʃi'rada]
sich zurückziehen	retirar-se (vr)	[hetʃi'rarse]

Einkesselung (f)	cerco (m)	['serku]
einkesseln (vt)	cercar (vt)	[ser'kar]

Bombenangriff (m)	bombardeio (m)	[bõbar'deju]
eine Bombe abwerfen	lançar uma bomba	[lã'sar 'uma 'bõba]
bombardieren (vt)	bombardear (vt)	[bõbar'dʒjar]
Explosion (f)	explosão (f)	[isplo'zãw]
Schuss (m)	tiro (m)	['tʃiru]

| schießen (vt) | dar um tiro | [dar ũ 'tʃiru] |
| Schießerei (f) | tiroteio (m) | [tʃiro'teju] |

zielen auf …	apontar para …	[apõ'tar 'para]
richten (die Waffe)	apontar (vt)	[apõ'tar]
treffen (ins Schwarze ~)	acertar (vt)	[aser'tar]

versenken (vt)	afundar (vt)	[afũ'dar]
Loch (im Schiffsrumpf)	brecha (f)	['brɛʃa]
versinken (Schiff)	afundar-se (vr)	[afũ'darse]

Front (f)	frente (m)	['frẽtʃi]
Evakuierung (f)	evacuação (f)	[evakwa'sãw]
evakuieren (vt)	evacuar (vt)	[eva'kwar]

Schützengraben (m)	trincheira (f)	[trĩ'ʃejra]
Stacheldraht (m)	arame (m) enfarpado	[a'rami ẽfar'padu]
Sperre (z.B. Panzersperre)	barreira (f) anti-tanque	[ba'hejra ãtʃi-'tãki]
Wachtturm (m)	torre (f) de vigia	['tohi de vi'ʒia]

Lazarett (n)	hospital (m) militar	[ospi'taw mili'tar]
verwunden (vt)	ferir (vt)	[fe'rir]
Wunde (f)	ferida (f)	[fe'rida]
Verwundete (m)	ferido (m)	[fe'ridu]
verletzt sein	ficar ferido	[fi'kar fe'ridu]
schwer (-e Verletzung)	grave	['gravi]

156. Waffen

Waffe (f)	arma (f)	['arma]
Schusswaffe (f)	arma (f) de fogo	['arma de 'fogu]
blanke Waffe (f)	arma (f) branca	['arma 'brãka]

chemischen Waffen (pl)	arma (f) química	['arma 'kimika]
Kern-, Atom-	nuclear	[nu'kljar]
Kernwaffe (f)	arma (f) nuclear	['arma nu'kljar]

| Bombe (f) | bomba (f) | ['bõba] |
| Atombombe (f) | bomba (f) atômica | ['bõba a'tomika] |

Pistole (f)	pistola (f)	[pis'tɔla]
Gewehr (n)	rifle (m)	['hifli]
Maschinenpistole (f)	semi-automática (f)	[semi-awto'matʃika]
Maschinengewehr (n)	metralhadora (f)	[metraʎa'dora]

Mündung (f)	boca (f)	['boka]
Lauf (Gewehr-)	cano (m)	['kanu]
Kaliber (n)	calibre (m)	[ka'libri]

Abzug (m)	gatilho (m)	[ga'tʃiʎu]
Visier (n)	mira (f)	['mira]
Magazin (n)	carregador (m)	[kahega'dor]
Kolben (m)	coronha (f)	[ko'rɔɲa]
Handgranate (f)	granada (f) de mão	[gra'nada de mãw]

Sprengstoff (m)	explosivo (m)	[isplo'zivu]
Kugel (f)	bala (f)	['bala]
Patrone (f)	cartucho (m)	[kar'tuʃu]
Ladung (f)	carga (f)	['karga]
Munition (f)	munições (f pl)	[muni'sõjs]

Bomber (m)	bombardeiro (m)	[bõbar'dejru]
Kampfflugzeug (n)	avião (m) de caça	[a'vjãw de 'kasa]
Hubschrauber (m)	helicóptero (m)	[eli'kɔpteru]

Flugabwehrkanone (f)	canhão (m) antiaéreo	[ka'ɲãw ãtʃja'ɛrju]
Panzer (m)	tanque (m)	['tãki]
Panzerkanone (f)	canhão (m)	[ka'ɲãw]

Artillerie (f)	artilharia (f)	[artʃiʎa'ria]
Kanone (f)	canhão (m)	[ka'ɲãw]
richten (die Waffe)	fazer a pontaria	[fa'zer a põta'ria]

Geschoß (n)	projétil (m)	[pro'ʒɛtʃiw]
Wurfgranate (f)	granada (f) de morteiro	[gra'nada de mor'tejru]
Granatwerfer (m)	morteiro (m)	[mor'tejru]
Splitter (m)	estilhaço (m)	[istʃi'ʎasu]

U-Boot (n)	submarino (m)	[subma'rinu]
Torpedo (m)	torpedo (m)	[tor'pedu]
Rakete (f)	míssil (m)	['misiw]

laden (Gewehr)	carregar (vt)	[kahe'gar]
schießen (vi)	disparar, atirar (vi)	[dʒispa'rar], [atʃi'rar]
zielen auf ...	apontar para ...	[apõ'tar 'para]
Bajonett (n)	baioneta (f)	[bajo'neta]

Degen (m)	espada (f)	[is'pada]
Säbel (m)	sabre (m)	['sabri]
Speer (m)	lança (f)	['lãsa]
Bogen (m)	arco (m)	['arku]
Pfeil (m)	flecha (f)	['flɛʃa]
Muskete (f)	mosquete (m)	[mos'ketʃi]
Armbrust (f)	besta (f)	['besta]

157. Menschen der Antike

vorzeitlich	primitivo	[primi'tʃivu]
prähistorisch	pré-histórico	[prɛ-is'tɔriku]
alt (antik)	antigo	[ã'tʃigu]

Steinzeit (f)	Idade (f) da Pedra	[i'dadʒi da 'pɛdra]
Bronzezeit (f)	Idade (f) do Bronze	[i'dadʒi du 'brõzi]
Eiszeit (f)	Era (f) do Gelo	['ɛra du 'ʒelu]

Stamm (m)	tribo (f)	['tribu]
Kannibale (m)	canibal (m)	[kani'baw]
Jäger (m)	caçador (m)	[kasa'dor]
jagen (vi)	caçar (vi)	[ka'sar]

Mammut (n)	mamute (m)	[ma'mutʃi]
Höhle (f)	caverna (f)	[ka'vɛrna]
Feuer (n)	fogo (m)	['fogu]
Lagerfeuer (n)	fogueira (f)	[fo'gejra]
Höhlenmalerei (f)	pintura (f) rupestre	[pĩ'tura hu'pɛstri]

Werkzeug (n)	ferramenta (f)	[feha'mẽta]
Speer (m)	lança (f)	['lãsa]
Steinbeil (n), Steinaxt (f)	machado (m) de pedra	[ma'ʃadu de 'pɛdra]
Krieg führen	guerrear (vt)	[ge'hjar]
domestizieren (vt)	domesticar (vt)	[domestʃi'kar]

Idol (n)	ídolo (m)	['idolu]
anbeten (vt)	adorar, venerar (vt)	[ado'rar], [vene'rar]
Aberglaube (m)	superstição (f)	[superstʃi'sãw]
Brauch (m), Ritus (m)	ritual (m)	[hi'twaw]

Evolution (f)	evolução (f)	[evolu'sãw]
Entwicklung (f)	desenvolvimento (m)	[dʒizẽvowvi'mẽtu]
Verschwinden (n)	extinção (f)	[istʃi'sãw]
sich anpassen	adaptar-se (vr)	[adap'tarse]

Archäologie (f)	arqueologia (f)	[arkjolo'ʒia]
Archäologe (m)	arqueólogo (m)	[ar'kjɔlogu]
archäologisch	arqueológico	[arkjo'lɔʒiku]

Ausgrabungsstätte (f)	escavação (f)	[iskava'sãw]
Ausgrabungen (pl)	escavações (f pl)	[iskava'sõjs]
Fund (m)	achado (m)	[a'ʃadu]
Fragment (n)	fragmento (m)	[frag'mẽtu]

158. Mittelalter

Volk (n)	povo (m)	['povu]
Völker (pl)	povos (m pl)	['pɔvus]
Stamm (m)	tribo (f)	['tribu]
Stämme (pl)	tribos (f pl)	['tribus]

Barbaren (pl)	bárbaros (pl)	['barbarus]
Gallier (pl)	gauleses (pl)	[gaw'lezes]
Goten (pl)	godos (pl)	['godus]
Slawen (pl)	eslavos (pl)	[iʃ'lavus]
Wikinger (pl)	viquingues (pl)	['vikĩgis]

| Römer (pl) | romanos (pl) | [ho'manus] |
| römisch | romano | [ho'manu] |

Byzantiner (pl)	bizantinos (pl)	[bizã'tʃinus]
Byzanz (n)	Bizâncio	[bi'zãsju]
byzantinisch	bizantino	[bizã'tʃinu]

Kaiser (m)	imperador (m)	[ĩpera'dor]
Häuptling (m)	líder (m)	['lider]
mächtig (Kaiser usw.)	poderoso	[pode'rozu]

| König (m) | rei (m) | [hej] |
| Herrscher (Monarch) | governante (m) | [gover'nãtʃi] |

Ritter (m)	cavaleiro (m)	[kava'lejru]
Feudalherr (m)	senhor feudal (m)	[se'ɲor few'daw]
feudal, Feudal-	feudal	[few'daw]
Vasall (m)	vassalo (m)	[va'salu]

Herzog (m)	duque (m)	['duki]
Graf (m)	conde (m)	['kõdʒi]
Baron (m)	barão (m)	[ba'rãw]
Bischof (m)	bispo (m)	['bispu]

Rüstung (f)	armadura (f)	[arma'dura]
Schild (m)	escudo (m)	[is'kudu]
Schwert (n)	espada (f)	[is'pada]
Visier (n)	viseira (f)	[vi'zejra]
Panzerhemd (n)	cota (f) de malha	['kɔta de 'maʎa]

| Kreuzzug (m) | cruzada (f) | [kru'zada] |
| Kreuzritter (m) | cruzado (m) | [kru'zadu] |

| Territorium (n) | território (m) | [tehi'tɔrju] |
| einfallen (vt) | atacar (vt) | [ata'kar] |

| erobern (vt) | conquistar (vt) | [kõkis'tar] |
| besetzen (Land usw.) | ocupar, invadir (vt) | [oku'parsi], [ĩva'dʒir] |

Belagerung (f)	assédio, sítio (m)	[a'sɛdʒu], ['sitʃu]
belagert	sitiado	[si'tʃadu]
belagern (vt)	assediar, sitiar (vt)	[ase'dʒjar], [si'tʃjar]

Inquisition (f)	inquisição (f)	[ĩkizi'sãw]
Inquisitor (m)	inquisidor (m)	[ĩkizi'dor]
Folter (f)	tortura (f)	[tor'tura]
grausam (-e Folter)	cruel	[kru'ɛw]

| Häretiker (m) | herege (m) | [e'reʒi] |
| Häresie (f) | heresia (f) | [ere'zia] |

Seefahrt (f)	navegação (f) marítima	[navega'sãu ma'ritʃima]
Seeräuber (m)	pirata (m)	[pi'rata]
Seeräuberei (f)	pirataria (f)	[pirata'ria]
Enterung (f)	abordagem (f)	[abor'daʒẽ]

| Beute (f) | presa (f), butim (m) | ['preza], [bu'tĩ] |
| Schätze (pl) | tesouros (m pl) | [te'zorus] |

Entdeckung (f)	descobrimento (m)	[dʒiskobri'mẽtu]
entdecken (vt)	descobrir (vt)	[dʒisko'brir]
Expedition (f)	expedição (f)	[ispedʒi'sãw]

Musketier (m)	mosqueteiro (m)	[moske'tejru]
Kardinal (m)	cardeal (m)	[kar'dʒjaw]
Heraldik (f)	heráldica (f)	[e'rawdʒika]
heraldisch	heráldico	[e'rawdʒiku]

159. Führungspersonen. Chef. Behörden

König (m)	rei (m)	[hej]
Königin (f)	rainha (f)	[ha'iɲa]
königlich	real	[he'aw]
Königreich (n)	reino (m)	['hejnu]
Prinz (m)	príncipe (m)	['prĩsipi]
Prinzessin (f)	princesa (f)	[prĩ'seza]
Präsident (m)	presidente (m)	[prezi'dẽtʃi]
Vizepräsident (m)	vice-presidente (m)	['visi-prezi'dẽtʃi]
Senator (m)	senador (m)	[sena'dor]
Monarch (m)	monarca (m)	[mo'narka]
Herrscher (m)	governante (m)	[gover'nãtʃi]
Diktator (m)	ditador (m)	[dʒita'dor]
Tyrann (m)	tirano (m)	[tʃi'ranu]
Magnat (m)	magnata (m)	[mag'nata]
Direktor (m)	diretor (m)	[dʒire'tor]
Chef (m)	chefe (m)	['ʃɛfi]
Leiter (einer Abteilung)	gerente (m)	[ʒe'rẽtʃi]
Boss (m)	patrão (m)	[pa'trãw]
Eigentümer (m)	dono (m)	['donu]
Leiter (Delegations-)	chefe (m)	['ʃɛfi]
Behörden (pl)	autoridades (f pl)	[awtori'dadʒis]
Vorgesetzten (pl)	superiores (m pl)	[supe'rjores]
Gouverneur (m)	governador (m)	[governa'dor]
Konsul (m)	cônsul (m)	['kõsuw]
Diplomat (m)	diplomata (m)	[dʒiplo'mata]
Bürgermeister (m)	Presidente (m) da Câmara	[prezi'dẽtʃi da 'kamara]
Sheriff (m)	xerife (m)	[ʃe'rifi]
Kaiser (m)	imperador (m)	[ĩpera'dor]
Zar (m)	czar (m)	['kzar]
Pharao (m)	faraó (m)	[fara'ɔ]
Khan (m)	cã, khan (m)	[kã]

160. Gesetzesverstoß Verbrecher. Teil 1

Bandit (m)	bandido (m)	[bã'dʒidu]
Verbrechen (n)	crime (m)	['krimi]
Verbrecher (m)	criminoso (m)	[krimi'nozu]
Dieb (m)	ladrão (m)	[la'drãw]
stehlen (vt)	roubar (vt)	[ho'bar]
Diebstahl (Aktivität)	furto (m)	['furtu]
Stehlen (n)	furto (m)	['furtu]
kidnappen (vt)	raptar, sequestrar (vt)	[hap'tar], [sekwes'trar]
Kidnapping (n)	sequestro (m)	[se'kwɛstru]

Kidnapper (m)	sequestrador (m)	[sekwestra'dor]
Lösegeld (n)	resgate (m)	[hez'gatʃi]
Lösegeld verlangen	pedir resgate	[pe'dʒir hez'gatʃi]
rauben (vt)	roubar (vt)	[ho'bar]
Raub (m)	assalto, roubo (m)	[a'sawtu], ['hobu]
Räuber (m)	assaltante (m)	[asaw'tãtʃi]
erpressen (vt)	extorquir (vt)	[istor'kir]
Erpresser (m)	extorsionário (m)	[istorsjo'narju]
Erpressung (f)	extorsão (f)	[istor'sãw]
morden (vt)	matar, assassinar (vt)	[ma'tar], [asasi'nar]
Mord (m)	homicídio (m)	[omi'sidʒju]
Mörder (m)	homicida, assassino (m)	[ɔmi'sida], [asa'sinu]
Schuss (m)	tiro (m)	['tʃiru]
schießen (vt)	dar um tiro	[dar ũ 'tʃiru]
erschießen (vt)	matar a tiro	[ma'tar a 'tʃiru]
feuern (vi)	disparar, atirar (vi)	[dʒispa'rar], [atʃi'rar]
Schießerei (f)	tiroteio (m)	[tʃiro'teju]
Vorfall (m)	incidente (m)	[ĩsi'dẽtʃi]
Schlägerei (f)	briga (f)	['briga]
Hilfe!	Socorro!	[so'kohu]
Opfer (n)	vítima (f)	['vitʃima]
beschädigen (vt)	danificar (vt)	[danifi'kar]
Schaden (m)	dano (m)	['danu]
Leiche (f)	cadáver (m)	[ka'daver]
schwer (-es Verbrechen)	grave	['gravi]
angreifen (vt)	atacar (vt)	[ata'kar]
schlagen (vt)	bater (vt)	[ba'ter]
verprügeln (vt)	espancar (vt)	[ispã'kar]
wegnehmen (vt)	tirar (vt)	[tʃi'rar]
erstechen (vt)	esfaquear (vt)	[isfaki'ar]
verstümmeln (vt)	mutilar (vt)	[mutʃi'lar]
verwunden (vt)	ferir (vt)	[fe'rir]
Erpressung (f)	chantagem (f)	[ʃã'taʒẽ]
erpressen (vt)	chantagear (vt)	[ʃãta'ʒjar]
Erpresser (m)	chantagista (m)	[ʃãta'ʒista]
Schutzgelderpressung (f)	extorsão (f)	[istor'sãw]
Erpresser (Racketeer)	extorsionário (m)	[istorsjo'narju]
Gangster (m)	gângster (m)	['gãŋster]
Mafia (f)	máfia (f)	['mafja]
Taschendieb (m)	punguista (m)	[pũ'gista]
Einbrecher (m)	assaltante, ladrão (m)	[asaw'tãtʃi], [la'drãw]
Schmuggel (m)	contrabando (m)	[kõtra'bãdu]
Schmuggler (m)	contrabandista (m)	[kõtrabã'dʒista]
Fälschung (f)	falsificação (f)	[fawsifika'sãw]
fälschen (vt)	falsificar (vt)	[fawsifi'kar]
gefälscht	falsificado	[fawsifi'kadu]

161. Gesetzesbruch. Verbrecher. Teil 2

Vergewaltigung (f)	**estupro** (m)	[is'tupru]
vergewaltigen (vt)	**estuprar** (vt)	[istu'prar]
Gewalttäter (m)	**estuprador** (m)	[istupra'dor]
Besessene (m)	**maníaco** (m)	[ma'niaku]
Prostituierte (f)	**prostituta** (f)	[prostʃi'tuta]
Prostitution (f)	**prostituição** (f)	[prostʃitwi'sãw]
Zuhälter (m)	**cafetão** (m)	[kafe'tãw]
Drogenabhängiger (m)	**drogado** (m)	[dro'gadu]
Drogenhändler (m)	**traficante** (m)	[trafi'kãtʃi]
sprengen (vt)	**explodir** (vt)	[isplo'dʒir]
Explosion (f)	**explosão** (f)	[isplo'zãw]
in Brand stecken	**incendiar** (vt)	[ĩsẽ'dʒjar]
Brandstifter (m)	**incendiário** (m)	[ĩsẽ'dʒjarju]
Terrorismus (m)	**terrorismo** (m)	[teho'rizmu]
Terrorist (m)	**terrorista** (m)	[teho'rista]
Geisel (m, f)	**refém** (m)	[he'fẽ]
betrügen (vt)	**enganar** (vt)	[ẽga'nar]
Betrug (m)	**engano** (m)	[ẽ'gãnu]
Betrüger (m)	**vigarista** (m)	[viga'rista]
bestechen (vt)	**subornar** (vt)	[subor'nar]
Bestechlichkeit (f)	**suborno** (m)	[su'bornu]
Bestechungsgeld (n)	**suborno** (m)	[su'bornu]
Gift (n)	**veneno** (m)	[ve'nɛnu]
vergiften (vt)	**envenenar** (vt)	[ẽvene'nar]
sich vergiften	**envenenar-se** (vr)	[ẽvene'narsi]
Selbstmord (m)	**suicídio** (m)	[swi'sidʒju]
Selbstmörder (m)	**suicida** (m)	[swi'sida]
drohen (vi)	**ameaçar** (vt)	[amea'sar]
Drohung (f)	**ameaça** (f)	[ame'asa]
versuchen (vt)	**atentar contra a vida de ...**	[atẽ'tar 'kõtra a 'vida de]
Attentat (n)	**atentado** (m)	[atẽ'tadu]
stehlen (Auto ~)	**roubar** (vt)	[ho'bar]
entführen (Flugzeug ~)	**sequestrar** (vt)	[sekwes'trar]
Rache (f)	**vingança** (f)	[vĩ'gãsa]
sich rächen	**vingar** (vt)	[vĩ'gar]
foltern (vt)	**torturar** (vt)	[tortu'rar]
Folter (f)	**tortura** (f)	[tor'tura]
quälen (vt)	**atormentar** (vt)	[atormẽ'tar]
Seeräuber (m)	**pirata** (m)	[pi'rata]
Rowdy (m)	**desordeiro** (m)	[dʒizor'dejru]

bewaffnet	armado	[ar'madu]
Gewalt (f)	violência (f)	[vjo'lẽsja]
ungesetzlich	ilegal	[ile'gaw]

| Spionage (f) | espionagem (f) | [ispio'naʒẽ] |
| spionieren (vi) | espionar (vi) | [ispjo'nar] |

162. Polizei Recht. Teil 1

| Justiz (f) | justiça (f) | [ʒus'tʃisa] |
| Gericht (n) | tribunal (m) | [tribu'naw] |

Richter (m)	juiz (m)	[ʒwiz]
Geschworenen (pl)	jurados (m pl)	[ʒu'radus]
Geschworenengericht (n)	tribunal (m) do júri	[tribu'naw du 'ʒuri]
richten (vt)	julgar (vt)	[ʒuw'gar]

Rechtsanwalt (m)	advogado (m)	[adʒivo'gadu]
Angeklagte (m)	réu (m)	['hɛw]
Anklagebank (f)	banco (m) dos réus	['bãku dus hɛws]

| Anklage (f) | acusação (f) | [akuza'sãw] |
| Beschuldigte (m) | acusado (m) | [aku'zadu] |

| Urteil (n) | sentença (f) | [sẽ'tẽsa] |
| verurteilen (vt) | sentenciar (vt) | [sẽtẽ'sjar] |

Schuldige (m)	culpado (m)	[kuw'padu]
bestrafen (vt)	punir (vt)	[pu'nir]
Strafe (f)	punição (f)	[puni'sãw]

Geldstrafe (f)	multa (f)	['muwta]
lebenslange Haft (f)	prisão (f) perpétua	[pri'zãw per'pɛtwa]
Todesstrafe (f)	pena (f) de morte	['pena de 'mortʃi]
elektrischer Stuhl (m)	cadeira (f) elétrica	[ka'dejra e'lɛtrika]
Galgen (m)	forca (f)	['forka]

| hinrichten (vt) | executar (vt) | [ezeku'tar] |
| Hinrichtung (f) | execução (f) | [ezeku'sãw] |

| Gefängnis (n) | prisão (f) | [pri'zãw] |
| Zelle (f) | cela (f) de prisão | ['sɛla de pri'zãw] |

Eskorte (f)	escolta (f)	[is'kɔwta]
Gefängniswärter (m)	guarda (m) prisional	['gwarda prizjo'naw]
Gefangene (m)	preso (m)	['prezu]

| Handschellen (pl) | algemas (f pl) | [aw'ʒɛmas] |
| Handschellen anlegen | algemar (vt) | [awʒe'mar] |

Ausbruch (Flucht)	fuga, evasão (f)	['fuga], [eva'zãw]
ausbrechen (vi)	fugir (vi)	[fu'ʒir]
verschwinden (vi)	desaparecer (vi)	[dʒizapare'ser]
aus ... entlassen	soltar, libertar (vt)	[sow'tar], [liber'tar]

Amnestie (f)	anistia (f)	[anis'tʃia]
Polizei (f)	polícia (f)	[po'lisja]
Polizist (m)	polícia (m)	[po'lisja]
Polizeiwache (f)	delegacia (f) de polícia	[delega'sia de po'lisja]
Gummiknüppel (m)	cassetete (m)	[kase'tɛtʃi]
Sprachrohr (n)	megafone (m)	[mega'fɔni]

Streifenwagen (m)	carro (m) de patrulha	['kaho de pa'truʎa]
Sirene (f)	sirene (f)	[si'rɛni]
die Sirene einschalten	ligar a sirene	[li'gar a si'rɛni]
Sirenengeheul (n)	toque (m) da sirene	['tɔki da si'rɛni]

Tatort (m)	cena (f) do crime	['sɛna du 'krimi]
Zeuge (m)	testemunha (f)	[teste'muɲa]
Freiheit (f)	liberdade (f)	[liber'dadʒi]
Komplize (m)	cúmplice (m)	['kũplisi]
verschwinden (vi)	escapar (vi)	[iska'par]
Spur (f)	traço (m)	['trasu]

163. Polizei. Recht. Teil 2

Fahndung (f)	procura (f)	[pro'kura]
suchen (vt)	procurar (vt)	[proku'rar]
Verdacht (m)	suspeita (f)	[sus'pejta]
verdächtig (Adj)	suspeito	[sus'pejtu]
anhalten (Polizei)	parar (vt)	[pa'rar]
verhaften (vt)	deter (vt)	[de'ter]

Fall (m), Klage (f)	caso (m)	['kazu]
Untersuchung (f)	investigação (f)	[ĩvestʃiga'sãw]
Detektiv (m)	detetive (m)	[dete'tʃivi]
Ermittlungsrichter (m)	investigador (m)	[ĩvestʃiga'dor]
Version (f)	versão (f)	[ver'sãw]

Motiv (n)	motivo (m)	[mo'tʃivu]
Verhör (n)	interrogatório (m)	[ĩtehoga'tɔrju]
verhören (vt)	interrogar (vt)	[ĩteho'gar]
vernehmen (vt)	questionar (vt)	[kestʃo'nar]
Kontrolle (Personen-)	verificação (f)	[verifika'sãw]

Razzia (f)	batida (f) policial	[ba'tʃida poli'sjaw]
Durchsuchung (f)	busca (f)	['buska]
Verfolgung (f)	perseguição (f)	[persegi'sãw]
nachjagen (vi)	perseguir (vt)	[perse'gir]
verfolgen (vt)	seguir, rastrear (vt)	[se'gir], [has'trjar]

Verhaftung (f)	prisão (f)	[pri'zãw]
verhaften (vt)	prender (vt)	[prẽ'der]
fangen (vt)	pegar, capturar (vt)	[pe'gar], [kaptu'rar]
Festnahme (f)	captura (f)	[kap'tura]

Dokument (n)	documento (m)	[doku'mẽtu]
Beweis (m)	prova (f)	['prɔva]
beweisen (vt)	provar (vt)	[pro'var]

Fußspur (f)	pegada (f)	[pe'gada]
Fingerabdrücke (pl)	impressões (f pl) digitais	[impre'sõjs dʒiʒi'tajs]
Beweisstück (n)	prova (f)	['prɔva]

Alibi (n)	álibi (m)	['alibi]
unschuldig	inocente	[ino'sẽtʃi]
Ungerechtigkeit (f)	injustiça (f)	[ĩʒus'tʃisa]
ungerecht	injusto	[ĩ'ʒustu]

Kriminal-	criminal	[krimi'naw]
beschlagnahmen (vt)	confiscar (vt)	[kõfis'kar]
Droge (f)	droga (f)	['drɔga]
Waffe (f)	arma (f)	['arma]
entwaffnen (vt)	desarmar (vt)	[dʒizar'mar]
befehlen (vt)	ordenar (vt)	[orde'nar]
verschwinden (vi)	desaparecer (vi)	[dʒizapare'ser]

Gesetz (n)	lei (f)	[lej]
gesetzlich	legal	[le'gaw]
ungesetzlich	ilegal	[ile'gaw]

| Verantwortlichkeit (f) | responsabilidade (f) | [hespõsabili'dadʒi] |
| verantwortlich | responsável | [hespõ'savew] |

NATUR

Die Erde. Teil 1

164. Weltall

Kosmos (m)	espaço, cosmo (m)	[is'pasu], ['kɔzmu]
kosmisch, Raum-	espacial, cósmico	[ispa'sjaw], ['kɔzmiku]
Weltraum (m)	espaço (m) cósmico	[is'pasu 'kɔzmiku]
All (n)	mundo (m)	['mũdu]
Universum (n)	universo (m)	[uni'vɛrsu]
Galaxie (f)	galáxia (f)	[ga'laksja]
Stern (m)	estrela (f)	[is'trela]
Gestirn (n)	constelação (f)	[kõstela'sãw]
Planet (m)	planeta (m)	[pla'neta]
Satellit (m)	satélite (m)	[sa'tɛlitʃi]
Meteorit (m)	meteorito (m)	[meteo'ritu]
Komet (m)	cometa (m)	[ko'meta]
Asteroid (m)	asteroide (m)	[aste'rɔjdʒi]
Umlaufbahn (f)	órbita (f)	['ɔrbita]
sich drehen	girar (vi)	[ʒi'rar]
Atmosphäre (f)	atmosfera (f)	[atmos'fɛra]
Sonne (f)	Sol (m)	[sɔw]
Sonnensystem (n)	Sistema (m) Solar	[sis'tɛma so'lar]
Sonnenfinsternis (f)	eclipse (m) solar	[e'klipsi so'lar]
Erde (f)	Terra (f)	['tɛha]
Mond (m)	Lua (f)	['lua]
Mars (m)	Marte (m)	['martʃi]
Venus (f)	Vênus (f)	['venus]
Jupiter (m)	Júpiter (m)	['ʒupiter]
Saturn (m)	Saturno (m)	[sa'turnu]
Merkur (m)	Mercúrio (m)	[mer'kurju]
Uran (m)	Urano (m)	[u'ranu]
Neptun (m)	Netuno (m)	[ne'tunu]
Pluto (m)	Plutão (m)	[plu'tãw]
Milchstraße (f)	Via Láctea (f)	['via 'laktja]
Der Große Bär	Ursa Maior (f)	[ursa ma'jɔr]
Polarstern (m)	Estrela Polar (f)	[is'trela po'lar]
Marsbewohner (m)	marciano (m)	[mar'sjanu]
Außerirdischer (m)	extraterrestre (m)	[estrate'hɛstri]

außerirdisches Wesen (n)	alienígena (m)	[alje'niʒena]
fliegende Untertasse (f)	disco (m) voador	['dʒisku vwa'dor]

Raumschiff (n)	nave (f) espacial	['navi ispa'sjaw]
Raumstation (f)	estação (f) orbital	[eʃta'sãw orbi'taw]
Raketenstart (m)	lançamento (m)	[lãsa'mẽtu]

Triebwerk (n)	motor (m)	[mo'tor]
Düse (f)	bocal (m)	[bo'kaw]
Treibstoff (m)	combustível (m)	[kõbus'tʃivew]

Kabine (f)	cabine (f)	[ka'bini]
Antenne (f)	antena (f)	[ã'tɛna]
Bullauge (n)	vigia (f)	[vi'ʒia]
Sonnenbatterie (f)	bateria (f) solar	[bate'ria so'lar]
Raumanzug (m)	traje (m) espacial	['traʒi ispa'sjaw]

Schwerelosigkeit (f)	imponderabilidade (f)	[ĩpõderabili'dadʒi]
Sauerstoff (m)	oxigênio (m)	[oksi'ʒenju]

Ankopplung (f)	acoplagem (f)	[ako'plaʒẽ]
koppeln (vi)	fazer uma acoplagem	[fa'zer 'uma ako'plaʒẽ]

Observatorium (n)	observatório (m)	[observa'tɔrju]
Teleskop (n)	telescópio (m)	[tele'skɔpju]
beobachten (vt)	observar (vt)	[obser'var]
erforschen (vt)	explorar (vt)	[isplo'rar]

165. Die Erde

Erde (f)	Terra (f)	['tɛha]
Erdkugel (f)	globo (m) terrestre	['globu te'hɛstri]
Planet (m)	planeta (m)	[pla'neta]

Atmosphäre (f)	atmosfera (f)	[atmos'fɛra]
Geographie (f)	geografia (f)	[ʒeogra'fia]
Natur (f)	natureza (f)	[natu'reza]

Globus (m)	globo (m)	['globu]
Landkarte (f)	mapa (m)	['mapa]
Atlas (m)	atlas (m)	['atlas]

Europa (n)	Europa (f)	[ew'rɔpa]
Asien (n)	Ásia (f)	['azja]

Afrika (n)	África (f)	['afrika]
Australien (n)	Austrália (f)	[aws'tralja]

Amerika (n)	América (f)	[a'mɛrika]
Nordamerika (n)	América (f) do Norte	[a'mɛrika du 'nɔrtʃi]
Südamerika (n)	América (f) do Sul	[a'mɛrika du suw]

Antarktis (f)	Antártida (f)	[ã'tartʃida]
Arktis (f)	Ártico (m)	['artʃiku]

166. Himmelsrichtungen

Norden (m)	norte (m)	['nɔrtʃi]
nach Norden	para norte	['para 'nɔrtʃi]
im Norden	no norte	[nu 'nɔrtʃi]
nördlich	do norte	[du 'nɔrtʃi]
Süden (m)	sul (m)	[suw]
nach Süden	para sul	['para suw]
im Süden	no sul	[nu suw]
südlich	do sul	[du suw]
Westen (m)	oeste, ocidente (m)	['wɛstʃi], [osi'dẽtʃi]
nach Westen	para oeste	['para 'wɛstʃi]
im Westen	no oeste	[nu 'wɛstʃi]
westlich, West-	ocidental	[osidẽ'taw]
Osten (m)	leste, oriente (m)	['lɛstʃi], [o'rjẽtʃi]
nach Osten	para leste	['para 'lɛstʃi]
im Osten	no leste	[nu 'lɛstʃi]
östlich	oriental	[orjẽ'taw]

167. Meer. Ozean

Meer (n), See (f)	mar (m)	[mah]
Ozean (m)	oceano (m)	[o'sjanu]
Golf (m)	golfo (m)	['gowfu]
Meerenge (f)	estreito (m)	[is'trejtu]
Festland (n)	terra (f) firme	['tɛha 'firmi]
Kontinent (m)	continente (m)	[kõtʃi'nẽtʃi]
Insel (f)	ilha (f)	['iʎa]
Halbinsel (f)	península (f)	[pe'nĩsula]
Archipel (m)	arquipélago (m)	[arki'pɛlagu]
Bucht (f)	baía (f)	[ba'ia]
Hafen (m)	porto (m)	['portu]
Lagune (f)	lagoa (f)	[la'goa]
Kap (n)	cabo (m)	['kabu]
Atoll (n)	atol (m)	[a'tɔw]
Riff (n)	recife (m)	[he'sifi]
Koralle (f)	coral (m)	[ko'raw]
Korallenriff (n)	recife (m) de coral	[he'sifi de ko'raw]
tief (Adj)	profundo	[pro'fũdu]
Tiefe (f)	profundidade (f)	[profũdʒi'dadʒi]
Abgrund (m)	abismo (m)	[a'bizmu]
Graben (m)	fossa (f) oceânica	['fɔsa o'sjanika]
Strom (m)	corrente (f)	[ko'hẽtʃi]
umspülen (vt)	banhar (vt)	[ba'ɲar]
Ufer (n)	litoral (m)	[lito'raw]

Küste (f)	costa (f)	['kɔsta]
Flut (f)	maré (f) alta	[ma'rɛ 'awta]
Ebbe (f)	refluxo (m)	[he'fluksu]
Sandbank (f)	restinga (f)	[hes'tʃĩga]
Boden (m)	fundo (m)	['fũdu]

Welle (f)	onda (f)	['õda]
Wellenkamm (m)	crista (f) da onda	['krista da 'õda]
Schaum (m)	espuma (f)	[is'puma]

Sturm (m)	tempestade (f)	[tẽpes'tadʒi]
Orkan (m)	furacão (m)	[fura'kãw]
Tsunami (m)	tsunami (m)	[tsu'nami]
Windstille (f)	calmaria (f)	[kawma'ria]
ruhig	calmo	['kawmu]

| Pol (m) | polo (m) | ['pɔlu] |
| Polar- | polar | [po'lar] |

Breite (f)	latitude (f)	[latʃi'tudʒi]
Länge (f)	longitude (f)	[lõʒi'tudʒi]
Breitenkreis (m)	paralela (f)	[para'lɛla]
Äquator (m)	equador (m)	[ekwa'dor]

Himmel (m)	céu (m)	[sɛw]
Horizont (m)	horizonte (m)	[ori'zõtʃi]
Luft (f)	ar (m)	[ar]

Leuchtturm (m)	farol (m)	[fa'rɔw]
tauchen (vi)	mergulhar (vi)	[mergu'ʎar]
versinken (vi)	afundar-se (vr)	[afũ'darse]
Schätze (pl)	tesouros (m pl)	[te'zorus]

168. Berge

Berg (m)	montanha (f)	[mõ'taɲa]
Gebirgskette (f)	cordilheira (f)	[kordʒi'ʎejra]
Bergrücken (m)	serra (f)	['sɛha]

Gipfel (m)	cume (m)	['kumi]
Spitze (f)	pico (m)	['piku]
Bergfuß (m)	pé (m)	[pɛ]
Abhang (m)	declive (m)	[de'klivi]

Vulkan (m)	vulcão (m)	[vuw'kãw]
tätiger Vulkan (m)	vulcão (m) ativo	[vuw'kãw a'tʃivu]
schlafender Vulkan (m)	vulcão (m) extinto	[vuw'kãw is'tʃĩtu]

Ausbruch (m)	erupção (f)	[erup'sãw]
Krater (m)	cratera (f)	[kra'tɛra]
Magma (n)	magma (m)	['magma]
Lava (f)	lava (f)	['lava]
glühend heiß (-e Lava)	fundido	[fũ'dʒidu]
Cañon (m)	cânion, desfiladeiro (m)	['kanjon], [dʒisfila'dejru]

Schlucht (f)	garganta (f)	[gar'gãta]
Spalte (f)	fenda (f)	['fẽda]
Abgrund (m) (steiler ~)	precipício (m)	[presi'pisju]

Gebirgspass (m)	passo, colo (m)	['pasu], ['kɔlu]
Plateau (n)	planalto (m)	[pla'nawtu]
Fels (m)	falésia (f)	[fa'lɛzja]
Hügel (m)	colina (f)	[ko'lina]

Gletscher (m)	geleira (f)	[ʒe'lejra]
Wasserfall (m)	cachoeira (f)	[kaʃ'wejra]
Geiser (m)	gêiser (m)	['ʒɛjzer]
See (m)	lago (m)	['lagu]

Ebene (f)	planície (f)	[pla'nisi]
Landschaft (f)	paisagem (f)	[paj'zaʒẽ]
Echo (n)	eco (m)	['ɛku]

Bergsteiger (m)	alpinista (m)	[awpi'nista]
Kletterer (m)	escalador (m)	[iskala'dor]
bezwingen (vt)	conquistar (vt)	[kõkis'tar]
Aufstieg (m)	subida, escalada (f)	[su'bida], [iska'lada]

169. Flüsse

Fluss (m)	rio (m)	['hiu]
Quelle (f)	fonte, nascente (f)	['fõtʃi], [na'sẽtʃi]
Flussbett (n)	leito (m) de rio	['lejtu de 'hiu]
Stromgebiet (n)	bacia (f)	[ba'sia]
einmünden in …	desaguar no …	[dʒiza'gwar nu]

| Nebenfluss (m) | afluente (m) | [a'flwẽtʃi] |
| Ufer (n) | margem (f) | ['marʒẽ] |

Strom (m)	corrente (f)	[ko'hẽtʃi]
stromabwärts	rio abaixo	['hiu a'baɪʃu]
stromaufwärts	rio acima	['hiu a'sima]

Überschwemmung (f)	inundação (f)	[ĩtrodu'sãw]
Hochwasser (n)	cheia (f)	['ʃeja]
aus den Ufern treten	transbordar (vi)	[trãzbor'dar]
überfluten (vt)	inundar (vt)	[inũ'dar]

| Sandbank (f) | banco (m) de areia | ['bãku de a'reja] |
| Stromschnelle (f) | corredeira (f) | [kohe'dejra] |

Damm (m)	barragem (f)	[ba'haʒẽ]
Kanal (m)	canal (m)	[ka'naw]
Stausee (m)	reservatório (m) de água	[hezerva'tɔrju de 'agwa]
Schleuse (f)	eclusa (f)	[e'kluza]

Gewässer (n)	corpo (m) de água	['korpu de 'agwa]
Sumpf (m), Moor (n)	pântano (m)	['pãtanu]
Marsch (f)	lamaçal (m)	[lama'saw]

Strudel (m)	rodamoinho (m)	[hodamo'iɲu]
Bach (m)	riacho (m)	['hjaʃu]
Trink- (z.B. Trinkwasser)	potável	[po'tavew]
Süß- (Wasser)	doce	['dosi]

| Eis (n) | gelo (m) | ['ʒelu] |
| zufrieren (vi) | congelar-se (vr) | [kõʒe'larsi] |

170. Wald

| Wald (m) | floresta (f), bosque (m) | [flo'rɛsta], ['bɔski] |
| Wald- | florestal | [flores'taw] |

Dickicht (n)	mata (f) fechada	['mata fe'ʃada]
Gehölz (n)	arvoredo (m)	[arvo'redu]
Lichtung (f)	clareira (f)	[kla'rejra]

| Dickicht (n) | matagal (m) | [mata'gaw] |
| Gebüsch (n) | mato (m), caatinga (f) | ['matu], [ka'tʃĩga] |

| Fußweg (m) | trilha, vereda (f) | ['triʎa], [ve'reda] |
| Erosionsrinne (f) | ravina (f) | [ha'vina] |

Baum (m)	árvore (f)	['arvori]
Blatt (n)	folha (f)	['foʎa]
Laub (n)	folhagem (f)	[fo'ʎaʒẽ]

Laubfall (m)	queda (f) das folhas	['kɛda das 'foʎas]
fallen (Blätter)	cair (vi)	[ka'ir]
Wipfel (m)	topo (m)	['topu]

Zweig (m)	ramo (m)	['hamu]
Ast (m)	galho (m)	['gaʎu]
Knospe (f)	botão (m)	[bo'tãw]
Nadel (f)	agulha (f)	[a'guʎa]
Zapfen (m)	pinha (f)	['piɲa]

Höhlung (f)	buraco (m) de árvore	[bu'raku de 'arvori]
Nest (n)	ninho (m)	['niɲu]
Höhle (f)	toca (f)	['tɔka]

Stamm (m)	tronco (m)	['trõku]
Wurzel (f)	raiz (f)	[ha'iz]
Rinde (f)	casca (f) de árvore	['kaska de 'arvori]
Moos (n)	musgo (m)	['muzgu]

entwurzeln (vt)	arrancar pela raiz	[ahã'kar 'pɛla ha'iz]
fällen (vt)	cortar (vt)	[kor'tar]
abholzen (vt)	desflorestar (vt)	[dʒisflores'tar]
Baumstumpf (m)	toco, cepo (m)	['toku], ['sepu]

Lagerfeuer (n)	fogueira (f)	[fo'gejra]
Waldbrand (m)	incêndio (m) florestal	[ĩ'sẽdʒju flores'taw]
löschen (vt)	apagar (vt)	[apa'gar]

Förster (m)	guarda-parque (m)	['gwarda 'parki]
Schutz (m)	proteção (f)	[prote'sãw]
beschützen (vt)	proteger (vt)	[prote'ʒer]
Wilddieb (m)	caçador (m) furtivo	[kasa'dor fur'tʃivu]
Falle (f)	armadilha (f)	arma'dʒiʎa]
sammeln, pflücken (vt)	colher (vt)	[ko'ʎer]
sich verirren	perder-se (vr)	[per'dersi]

171. natürliche Lebensgrundlagen

Naturressourcen (pl)	recursos (m pl) naturais	[he'kursus natu'rajs]
Bodenschätze (pl)	minerais (m pl)	[mine'rajs]
Vorkommen (n)	depósitos (m pl)	[de'pozitus]
Feld (Ölfeld usw.)	jazida (f)	[ʒa'zida]
gewinnen (vt)	extrair (vt)	[istra'jir]
Gewinnung (f)	extração (f)	[istra'sãw]
Erz (n)	minério (m)	[mi'nɛrju]
Bergwerk (n)	mina (f)	['mina]
Schacht (m)	poço (m) de mina	['posu de 'mina]
Bergarbeiter (m)	mineiro (m)	[mi'nejru]
Erdgas (n)	gás (m)	[gajs]
Gasleitung (f)	gasoduto (m)	[gazo'dutu]
Erdöl (n)	petróleo (m)	[pe'trɔlju]
Erdölleitung (f)	oleoduto (m)	[oljo'dutu]
Ölquelle (f)	poço (m) de petróleo	['posu de pe'trɔlju]
Bohrturm (m)	torre (f) petrolífera	['tohi petro'lifera]
Tanker (m)	petroleiro (m)	[petro'lejru]
Sand (m)	areia (f)	[a'reja]
Kalkstein (m)	calcário (m)	[kaw'karju]
Kies (m)	cascalho (m)	[kas'kaʎu]
Torf (m)	turfa (f)	['turfa]
Ton (m)	argila (f)	[ar'ʒila]
Kohle (f)	carvão (m)	[kar'vãw]
Eisen (n)	ferro (m)	['fɛhu]
Gold (n)	ouro (m)	['oru]
Silber (n)	prata (f)	['prata]
Nickel (n)	níquel (m)	['nikew]
Kupfer (n)	cobre (m)	['kɔbri]
Zink (n)	zinco (m)	['zĩku]
Mangan (n)	manganês (m)	[mãga'nes]
Quecksilber (n)	mercúrio (m)	[mer'kurju]
Blei (n)	chumbo (m)	['ʃũbu]
Mineral (n)	mineral (m)	[mine'raw]
Kristall (m)	cristal (m)	[kris'taw]
Marmor (m)	mármore (m)	['marmori]
Uran (n)	urânio (m)	[u'ranju]

Die Erde. Teil 2

172. Wetter

Deutsch	Portugiesisch	Aussprache
Wetter (n)	tempo (m)	['tẽpu]
Wetterbericht (m)	previsão (f) do tempo	[previ'zãw du 'tẽpu]
Temperatur (f)	temperatura (f)	[tẽpera'tura]
Thermometer (n)	termômetro (m)	[ter'mometru]
Barometer (n)	barômetro (m)	[ba'rɔmɛtru]
feucht	úmido	['umidu]
Feuchtigkeit (f)	umidade (f)	[umi'dadʒi]
Hitze (f)	calor (m)	[ka'lor]
glutheiß	tórrido	['tɔhidu]
ist heiß	está muito calor	[is'ta 'mwĩtu ka'lor]
ist warm	está calor	[is'ta ka'lor]
warm (Adj)	quente	['kẽtʃi]
ist kalt	está frio	[is'ta 'friu]
kalt (Adj)	frio	['friu]
Sonne (f)	sol (m)	[sɔw]
scheinen (vi)	brilhar (vi)	[bri'ʎar]
sonnig (Adj)	de sol, ensolarado	[de sɔw], [ẽsola'radu]
aufgehen (vi)	nascer (vi)	[na'ser]
untergehen (vi)	pôr-se (vr)	['porsi]
Wolke (f)	nuvem (f)	['nuvẽj]
bewölkt, wolkig	nublado	[nu'bladu]
Regenwolke (f)	nuvem (f) preta	['nuvẽj 'preta]
trüb (-er Tag)	escuro	[is'kuru]
Regen (m)	chuva (f)	['ʃuva]
Es regnet	está a chover	[is'ta a ʃo'ver]
regnerisch (-er Tag)	chuvoso	[ʃu'vozu]
nieseln (vi)	chuviscar (vi)	[ʃuvis'kar]
strömender Regen (m)	chuva (f) torrencial	['ʃuva tohẽ'sjaw]
Regenschauer (m)	aguaceiro (m)	[agwa'sejru]
stark (-er Regen)	forte	['fortʃi]
Pfütze (f)	poça (f)	['posa]
nass werden (vi)	molhar-se (vr)	[mo'ʎarsi]
Nebel (m)	nevoeiro (m)	[nevo'ejru]
neblig (-er Tag)	de nevoeiro	[de nevu'ejru]
Schnee (m)	neve (f)	['nɛvi]
Es schneit	está nevando	[is'ta ne'vãdu]

173. Unwetter Naturkatastrophen

Gewitter (n)	trovoada (f)	[tro'vwada]
Blitz (m)	relâmpago (m)	[he'lãpagu]
blitzen (vi)	relampejar (vi)	[helãpe'ʒar]
Donner (m)	trovão (m)	[tro'vãw]
donnern (vi)	trovejar (vi)	[trove'ʒar]
Es donnert	está trovejando	[is'ta trove'ʒãdu]
Hagel (m)	granizo (m)	[gra'nizu]
Es hagelt	está caindo granizo	[is'ta ka'ĩdu gra'nizu]
überfluten (vt)	inundar (vt)	[inũ'dar]
Überschwemmung (f)	inundação (f)	[ĩtrodu'sãw]
Erdbeben (n)	terremoto (m)	[tehe'mɔtu]
Erschütterung (f)	abalo, tremor (m)	[a'balu], [tre'mor]
Epizentrum (n)	epicentro (m)	[epi'sẽtru]
Ausbruch (m)	erupção (f)	[erup'sãw]
Lava (f)	lava (f)	['lava]
Wirbelsturm (m)	tornado (m)	[tor'nadu]
Tornado (m)	tornado (m)	[tor'nadu]
Taifun (m)	tufão (m)	[tu'fãw]
Orkan (m)	furacão (m)	[fura'kãw]
Sturm (m)	tempestade (f)	[tẽpes'tadʒi]
Tsunami (m)	tsunami (m)	[tsu'nami]
Zyklon (m)	ciclone (m)	[si'klɔni]
Unwetter (n)	mau tempo (m)	[maw 'tẽpu]
Brand (m)	incêndio (m)	[ĩ'sẽdʒju]
Katastrophe (f)	catástrofe (f)	[ka'tastrofi]
Meteorit (m)	meteorito (m)	[meteo'ritu]
Lawine (f)	avalanche (f)	[ava'lãʃi]
Schneelawine (f)	deslizamento (m) de neve	[dʒizliza'mẽtu de 'nɛvi]
Schneegestöber (n)	nevasca (f)	[ne'vaska]
Schneesturm (m)	tempestade (f) de neve	[tẽpes'tadʒi de 'nɛvi]

Fauna

174. Säugetiere. Raubtiere

Raubtier (n)	**predador** (m)	[preda'dor]
Tiger (m)	**tigre** (m)	['tʃigri]
Löwe (m)	**leão** (m)	[le'ãw]
Wolf (m)	**lobo** (m)	['lobu]
Fuchs (m)	**raposa** (f)	[ha'pozu]
Jaguar (m)	**jaguar** (m)	[ʒa'gwar]
Leopard (m)	**leopardo** (m)	[ljo'pardu]
Gepard (m)	**chita** (f)	['ʃita]
Panther (m)	**pantera** (f)	[pã'tɛra]
Puma (m)	**puma** (m)	['puma]
Schneeleopard (m)	**leopardo-das-neves** (m)	[ljo'pardu das 'nɛvis]
Luchs (m)	**lince** (m)	['lĩsi]
Kojote (m)	**coiote** (m)	[ko'jɔtʃi]
Schakal (m)	**chacal** (m)	[ʃa'kaw]
Hyäne (f)	**hiena** (f)	['jena]

175. Tiere in freier Wildbahn

Tier (n)	**animal** (m)	[ani'maw]
Bestie (f)	**besta** (f)	['besta]
Eichhörnchen (n)	**esquilo** (m)	[is'kilu]
Igel (m)	**ouriço** (m)	[o'risu]
Hase (m)	**lebre** (f)	['lɛbri]
Kaninchen (n)	**coelho** (m)	[ko'eʎu]
Dachs (m)	**texugo** (m)	[te'ʃugu]
Waschbär (m)	**guaxinim** (m)	[gwaʃi'nĩ]
Hamster (m)	**hamster** (m)	['amster]
Murmeltier (n)	**marmota** (f)	[mah'mɔta]
Maulwurf (m)	**toupeira** (f)	[to'pejra]
Maus (f)	**rato** (m)	['hatu]
Ratte (f)	**ratazana** (f)	[hata'zana]
Fledermaus (f)	**morcego** (m)	[mor'segu]
Hermelin (n)	**arminho** (m)	[ar'miɲu]
Zobel (m)	**zibelina** (f)	[zibe'lina]
Marder (m)	**marta** (f)	['mahta]
Wiesel (n)	**doninha** (f)	[dɔ'niɲa]
Nerz (m)	**visom** (m)	[vi'zõ]

Biber (m)	castor (m)	[kas'tor]
Fischotter (m)	lontra (f)	['lõtra]
Pferd (n)	cavalo (m)	[ka'valu]
Elch (m)	alce (m)	['awsi]
Hirsch (m)	veado (m)	['vjadu]
Kamel (n)	camelo (m)	[ka'melu]
Bison (m)	bisão (m)	[bi'zãw]
Wisent (m)	auroque (m)	[aw'rɔki]
Büffel (m)	búfalo (m)	['bufalu]
Zebra (n)	zebra (f)	['zebra]
Antilope (f)	antílope (m)	[ã'tʃilopi]
Reh (n)	corça (f)	['korsa]
Damhirsch (m)	gamo (m)	['gamu]
Gämse (f)	camurça (f)	[ka'mursa]
Wildschwein (n)	javali (m)	[ʒava'li]
Wal (m)	baleia (f)	[ba'leja]
Seehund (m)	foca (f)	['fɔka]
Walroß (n)	morsa (f)	['mɔhsa]
Seebär (m)	urso-marinho (m)	['ursu ma'riɲu]
Delfin (m)	golfinho (m)	[gow'fiɲu]
Bär (m)	urso (m)	['ursu]
Eisbär (m)	urso (m) polar	['ursu po'lar]
Panda (m)	panda (m)	['pãda]
Affe (m)	macaco (m)	[ma'kaku]
Schimpanse (m)	chimpanzé (m)	[ʃĩpã'zɛ]
Orang-Utan (m)	orangotango (m)	[orãgu'tãgu]
Gorilla (m)	gorila (m)	[go'rila]
Makak (m)	macaco (m)	[ma'kaku]
Gibbon (m)	gibão (m)	[ʒi'bãw]
Elefant (m)	elefante (m)	[ele'fãtʃi]
Nashorn (n)	rinoceronte (m)	[hinose'rõtʃi]
Giraffe (f)	girafa (f)	[ʒi'rafa]
Flusspferd (n)	hipopótamo (m)	[ipo'pɔtamu]
Känguru (n)	canguru (m)	[kãgu'ru]
Koala (m)	coala (m)	['kwala]
Manguste (f)	mangusto (m)	[mã'gustu]
Chinchilla (n)	chinchila (f)	[ʃĩ'ʃila]
Stinktier (n)	cangambá (f)	[kã'gãba]
Stachelschwein (n)	porco-espinho (m)	['pɔrku is'piɲu]

176. Haustiere

Katze (f)	gata (f)	['gata]
Kater (m)	gato (m) macho	['gatu 'maʃu]
Hund (m)	cão (m)	['kãw]

Pferd (n)	cavalo (m)	[ka'valu]
Hengst (m)	garanhão (m)	[gara'ɲãw]
Stute (f)	égua (f)	['ɛgwa]

Kuh (f)	vaca (f)	['vaka]
Stier (m)	touro (m)	['toru]
Ochse (m)	boi (m)	[boj]

Schaf (n)	ovelha (f)	[o've ʎa]
Widder (m)	carneiro (m)	[kar'nejru]
Ziege (f)	cabra (f)	['kabra]
Ziegenbock (m)	bode (m)	['bɔdʒi]

| Esel (m) | burro (m) | ['buhu] |
| Maultier (n) | mula (f) | ['mula] |

Schwein (n)	porco (m)	['porku]
Ferkel (n)	leitão (m)	[lej'tãw]
Kaninchen (n)	coelho (m)	[ko'eʎu]

| Huhn (n) | galinha (f) | [ga'liɲa] |
| Hahn (m) | galo (m) | ['galu] |

Ente (f)	pata (f)	['pata]
Enterich (m)	pato (m)	['patu]
Gans (f)	ganso (m)	['gãsu]

| Puter (m) | peru (m) | [pe'ru] |
| Pute (f) | perua (f) | [pe'rua] |

Haustiere (pl)	animais (m pl) domésticos	[ani'majs do'mɛstʃikus]
zahm	domesticado	[domestʃi'kadu]
zähmen (vt)	domesticar (vt)	[domestʃi'kar]
züchten (vt)	criar (vt)	[krjar]

Farm (f)	fazenda (f)	[fa'zẽda]
Geflügel (n)	aves (f pl) domésticas	['avis do'mɛstʃikas]
Vieh (n)	gado (m)	['gadu]
Herde (f)	rebanho (m), manada (f)	[he'baɲu], [ma'nada]

Pferdestall (m)	estábulo (m)	[is'tabulu]
Schweinestall (m)	chiqueiro (m)	[ʃi'kejru]
Kuhstall (m)	estábulo (m)	[is'tabulu]
Kaninchenstall (m)	coelheira (f)	[kue'ʎejra]
Hühnerstall (m)	galinheiro (m)	[gali'ɲejru]

177. Hunde. Hunderassen

Hund (m)	cão (m)	['kãw]
Schäferhund (m)	cão pastor (m)	['kãw pas'tor]
Deutsche Schäferhund (m)	pastor-alemão (m)	[pas'tor ale'mãw]
Pudel (m)	poodle (m)	['pudw]
Dachshund (m)	linguicinha (m)	[lĩgwi'siɲa]
Bulldogge (f)	buldogue (m)	[buw'dɔgi]

Boxer (m)	boxer (m)	['bɔkser]
Mastiff (m)	mastim (m)	[mas'tʃĩ]
Rottweiler (m)	rottweiler (m)	[hɔt'vejler]
Dobermann (m)	dóberman (m)	['dɔberman]
Basset (m)	basset (m)	[ba'sɛt]
Bobtail (m)	pastor inglês (m)	[pas'tor ĩ'gles]
Dalmatiner (m)	dálmata (m)	['dalmata]
Cocker-Spaniel (m)	cocker spaniel (m)	['kɔker spa'njel]
Neufundländer (m)	terra-nova (m)	['tɛha-'nɔva]
Bernhardiner (m)	são-bernardo (m)	[sãw-ber'nardu]
Eskimohund (m)	husky (m) siberiano	['aski sibe'rjanu]
Chow-Chow (m)	Chow-chow (m)	[ʃou'ʃou]
Spitz (m)	spitz alemão (m)	['spits ale'mãw]
Mops (m)	pug (m)	[pug]

178. Tierlaute

Gebell (n)	latido (m)	[la'tʃidu]
bellen (vi)	latir (vi)	[la'tʃir]
miauen (vi)	miar (vi)	[mjar]
schnurren (Katze)	ronronar (vi)	[hõho'nar]
muhen (vi)	mugir (vi)	[mu'ʒir]
brüllen (Stier)	bramir (vi)	[bra'mir]
knurren (Hund usw.)	rosnar (vi)	[hoz'nar]
Heulen (n)	uivo (m)	['wivu]
heulen (vi)	uivar (vi)	[wi'var]
winseln (vi)	ganir (vi)	[ga'nir]
meckern (Ziege)	balir (vi)	[ba'lih]
grunzen (vi)	grunhir (vi)	[gru'ɲir]
kreischen (vi)	guinchar (vi)	[gĩ'ʃar]
quaken (vi)	coaxar (vi)	[koa'ʃar]
summen (Insekt)	zumbir (vi)	[zũ'bir]
zirpen (vi)	ziziar (vi)	[zi'zjar]

179. Vögel

Vogel (m)	pássaro (m), ave (f)	['pasaru], ['avi]
Taube (f)	pombo (m)	['põbu]
Spatz (m)	pardal (m)	[par'daw]
Meise (f)	chapim-real (m)	[ʃa'pĩ-he'aw]
Elster (f)	pega-rabuda (f)	['pega-ha'buda]
Rabe (m)	corvo (m)	['korvu]
Krähe (f)	gralha-cinzenta (f)	['graʎa sĩ'zẽta]
Dohle (f)	gralha-de-nuca-cinzenta (f)	['graʎa de 'nuka sĩ'zẽta]

Saatkrähe (f)	gralha-calva (f)	['graʎa 'kawvu]
Ente (f)	pato (m)	['patu]
Gans (f)	ganso (m)	['gãsu]
Fasan (m)	faisão (m)	[faj'zãw]
Adler (m)	águia (f)	['agja]
Habicht (m)	açor (m)	[a'sor]
Falke (m)	falcão (m)	[faw'kãw]
Greif (m)	abutre (m)	[a'butri]
Kondor (m)	condor (m)	[kõ'dor]
Schwan (m)	cisne (m)	['sizni]
Kranich (m)	grou (m)	[grow]
Storch (m)	cegonha (f)	[se'goɲa]
Papagei (m)	papagaio (m)	[papa'gaju]
Kolibri (m)	beija-flor (m)	[bejʒa'flɔr]
Pfau (m)	pavão (m)	[pa'vãw]
Strauß (m)	avestruz (m)	[aves'truz]
Reiher (m)	garça (f)	['garsa]
Flamingo (m)	flamingo (m)	[fla'mĩgu]
Pelikan (m)	pelicano (m)	[peli'kanu]
Nachtigall (f)	rouxinol (m)	[hoʃi'nɔw]
Schwalbe (f)	andorinha (f)	[ãdo'riɲa]
Drossel (f)	tordo-zornal (m)	['tɔrdu-zor'nal]
Singdrossel (f)	tordo-músico (m)	['tɔrdu-'muziku]
Amsel (f)	melro-preto (m)	['mɛwhu 'pretu]
Segler (m)	andorinhão (m)	[ãdori'ɲãw]
Lerche (f)	laverca, cotovia (f)	[la'verka], [kutu'via]
Wachtel (f)	codorna (f)	[ko'dɔrna]
Specht (m)	pica-pau (m)	['pika 'paw]
Kuckuck (m)	cuco (m)	['kuku]
Eule (f)	coruja (f)	[ko'ruʒa]
Uhu (m)	bufo-real (m)	['bufu-he'aw]
Auerhahn (m)	tetraz-grande (m)	[tɛ'tras-'grãdʒi]
Birkhahn (m)	tetraz-lira (m)	[tɛ'tras-'lira]
Rebhuhn (n)	perdiz-cinzenta (f)	[per'dis sĩ'zẽta]
Star (m)	estorninho (m)	[istor'niɲu]
Kanarienvogel (m)	canário (m)	[ka'narju]
Haselhuhn (n)	galinha-do-mato (f)	[ga'liɲa du 'matu]
Buchfink (m)	tentilhão (m)	[tẽtʃi'ʎãw]
Gimpel (m)	dom-fafe (m)	[dõ'fafi]
Möwe (f)	gaivota (f)	[gaj'vota]
Albatros (m)	albatroz (m)	[alba'trɔs]
Pinguin (m)	pinguim (m)	[pĩ'gwĩ]

180. Vögel. Gesang und Laute

singen (vt)	**cantar** (vi)	[kã'tar]
schreien (vi)	**gritar, chamar** (vi)	[gri'tar], [ʃa'mar]
kikeriki schreien	**cantar** (vi)	[kã'tar]
kikeriki	**cocorocó** (m)	[kɔkuru'kɔ]
gackern (vi)	**cacarejar** (vi)	[kakare'ʒar]
krächzen (vi)	**crocitar, grasnar** (vi)	[krosi'tar], [graz'nar]
schnattern (Ente)	**grasnar** (vi)	[graz'nar]
piepsen (vi)	**piar** (vi)	[pjar]
zwitschern (vi)	**chilrear, gorjear** (vi)	[ʃiw'hjar], [gor'ʒjar]

181. Fische. Meerestiere

Brachse (f)	**brema** (f)	['brema]
Karpfen (m)	**carpa** (f)	['karpa]
Barsch (m)	**perca** (f)	['pehka]
Wels (m)	**siluro** (m)	[si'luru]
Hecht (m)	**lúcio** (m)	['lusju]
Lachs (m)	**salmão** (m)	[saw'mãw]
Stör (m)	**esturjão** (m)	[istur'ʒãw]
Hering (m)	**arenque** (m)	[a'rẽki]
atlantische Lachs (m)	**salmão** (m) **do Atlântico**	[saw'mãw du at'lãtʃiku]
Makrele (f)	**cavala, sarda** (f)	[ka'vala], ['sarda]
Scholle (f)	**solha** (f), **linguado** (m)	['soʎa], [lĩ'gwadu]
Zander (m)	**lúcio perca** (m)	['lusju 'perka]
Dorsch (m)	**bacalhau** (m)	[baka'ʎaw]
Tunfisch (m)	**atum** (m)	[a'tũ]
Forelle (f)	**truta** (f)	['truta]
Aal (m)	**enguia** (f)	[ẽ'gia]
Zitterrochen (m)	**raia** (f) **elétrica**	['haja e'lɛtrika]
Muräne (f)	**moreia** (f)	[mo'reja]
Piranha (m)	**piranha** (f)	[pi'raɲa]
Hai (m)	**tubarão** (m)	[tuba'rãw]
Delfin (m)	**golfinho** (m)	[gow'fiɲu]
Wal (m)	**baleia** (f)	[ba'leja]
Krabbe (f)	**caranguejo** (m)	[karã'geʒu]
Meduse (f)	**água-viva** (f)	['agwa 'viva]
Krake (m)	**polvo** (m)	['powvu]
Seestern (m)	**estrela-do-mar** (f)	[is'trela du 'mar]
Seeigel (m)	**ouriço-do-mar** (m)	[o'risu du 'mar]
Seepferdchen (n)	**cavalo-marinho** (m)	[ka'valu ma'riɲu]
Auster (f)	**ostra** (f)	['ostra]
Garnele (f)	**camarão** (m)	[kama'rãw]

| Hummer (m) | lagosta (f) | [la'gosta] |
| Languste (f) | lagosta (f) | [la'gosta] |

182. Amphibien Reptilien

| Schlange (f) | cobra (f) | ['kɔbra] |
| Gift-, giftig | venenoso | [vene'nozu] |

Viper (f)	víbora (f)	['vibora]
Kobra (f)	naja (f)	['naʒa]
Python (m)	píton (m)	['pitɔn]
Boa (f)	jiboia (f)	[ʒi'bɔja]

Ringelnatter (f)	cobra-de-água (f)	[kɔbra de 'agwa]
Klapperschlange (f)	cascavel (f)	[kaska'vɛw]
Anakonda (f)	anaconda, sucuri (f)	[ana'kõda], [sukuri]

Eidechse (f)	lagarto (m)	[la'gartu]
Leguan (m)	iguana (f)	[i'gwana]
Waran (m)	varano (m)	[va'ranu]
Salamander (m)	salamandra (f)	[sala'mãdra]
Chamäleon (n)	camaleão (m)	[kamale'ãu]
Skorpion (m)	escorpião (m)	[iskorpi'ãw]

Schildkröte (f)	tartaruga (f)	[tarta'ruga]
Frosch (m)	rã (f)	[hã]
Kröte (f)	sapo (m)	['sapu]
Krokodil (n)	crocodilo (m)	[kroko'dʒilu]

183. Insekten

Insekt (n)	inseto (m)	[ĩ'sɛtu]
Schmetterling (m)	borboleta (f)	[borbo'leta]
Ameise (f)	formiga (f)	[for'miga]
Fliege (f)	mosca (f)	['moska]
Mücke (f)	mosquito (m)	[mos'kitu]
Käfer (m)	escaravelho (m)	[iskara'veʎu]

Wespe (f)	vespa (f)	['vespa]
Biene (f)	abelha (f)	[a'beʎa]
Hummel (f)	mamangaba (f)	[mamã'gaba]
Bremse (f)	moscardo (m)	[mos'kardu]

| Spinne (f) | aranha (f) | [a'raɲa] |
| Spinnennetz (n) | teia (f) de aranha | ['teja de a'raɲa] |

Libelle (f)	libélula (f)	[li'bɛlula]
Grashüpfer (m)	gafanhoto (m)	[gafa'ɲotu]
Schmetterling (m)	traça (f)	['trasa]

| Schabe (f) | barata (f) | [ba'rata] |
| Zecke (f) | carrapato (m) | [kaha'patu] |

| Floh (m) | pulga (f) | ['puwga] |
| Kriebelmücke (f) | borrachudo (m) | [boha'ʃudu] |

Heuschrecke (f)	gafanhoto-migratório (m)	[gafa'ɲotu-migra'tɔrju]
Schnecke (f)	caracol (m)	[kara'kɔw]
Heimchen (n)	grilo (m)	['grilu]
Leuchtkäfer (m)	pirilampo, vaga-lume (m)	[piri'lãpu], [vaga-'lumi]
Marienkäfer (m)	joaninha (f)	[ʒwa'niɲa]
Maikäfer (m)	besouro (m)	[be'zoru]

Blutegel (m)	sanguessuga (f)	[sãgi'suga]
Raupe (f)	lagarta (f)	[la'garta]
Wurm (m)	minhoca (f)	[mi'ɲɔka]
Larve (f)	larva (f)	['larva]

184. Tiere. Körperteile

Schnabel (m)	bico (m)	['biku]
Flügel (pl)	asas (f pl)	['azas]
Fuß (m)	pata (f)	['pata]
Gefieder (n)	plumagem (f)	[plu'maʒẽ]
Feder (f)	pena, pluma (f)	['pena], ['pluma]
Haube (f)	crista (f)	['krista]

Kiemen (pl)	guelras (f pl)	['gɛwhas]
Laich (m)	ovas (f pl)	['ɔvas]
Larve (f)	larva (f)	['larva]
Flosse (f)	barbatana (f)	[barba'tana]
Schuppe (f)	escama (f)	[is'kama]

Stoßzahn (m)	presa (f)	['preza]
Pfote (f)	pata (f)	['pata]
Schnauze (f)	focinho (m)	[fo'siɲu]
Rachen (m)	boca (f)	['boka]
Schwanz (m)	cauda (f), rabo (m)	['kawda], ['habu]
Barthaar (n)	bigodes (m pl)	[bi'gɔdʒis]

| Huf (m) | casco (m) | ['kasku] |
| Horn (n) | corno (m) | ['kornu] |

Panzer (m)	carapaça (f)	[kara'pasa]
Muschel (f)	concha (f)	['kõʃa]
Schale (f)	casca (f) de ovo	['kaska de 'ovu]

| Fell (n) | pelo (m) | ['pelu] |
| Haut (f) | pele (f), couro (m) | ['pɛli], ['koru] |

185. Tiere. Lebensräume

Lebensraum (f)	hábitat (m)	['abitatʃi]
Wanderung (f)	migração (f)	[migra'sãw]
Berg (m)	montanha (f)	[mõ'taɲa]

| Riff (n) | recife (m) | [he'sifi] |
| Fels (m) | falésia (f) | [fa'lɛzja] |

Wald (m)	floresta (f)	[flo'rɛsta]
Dschungel (m, n)	selva (f)	['sɛwva]
Savanne (f)	savana (f)	[sa'vana]
Tundra (f)	tundra (f)	['tũdra]

Steppe (f)	estepe (f)	[is'tɛpi]
Wüste (f)	deserto (m)	[de'zɛrtu]
Oase (f)	oásis (m)	[o'asis]

Meer (n), See (f)	mar (m)	[mah]
See (m)	lago (m)	['lagu]
Ozean (m)	oceano (m)	[o'sjanu]

Sumpf (m)	pântano (m)	['pãtanu]
Süßwasser-	de água doce	[de 'agwa 'dosi]
Teich (m)	lagoa (f)	[la'goa]
Fluss (m)	rio (m)	['hiu]

Höhle (f), Bau (m)	toca (f) do urso	['tɔka du 'ursu]
Nest (n)	ninho (m)	['niɲu]
Höhlung (f)	buraco (m) de árvore	[bu'raku de 'arvori]
Loch (z.B. Wurmloch)	toca (f)	['tɔka]
Ameisenhaufen (m)	formigueiro (m)	[formi'gejru]

Flora

186. Bäume

Baum (m)	árvore (f)	['arvori]
Laub-	decídua	[de'sidwa]
Nadel-	conífera	[ko'nifera]
immergrün	perene	[pe'rɛni]

Apfelbaum (m)	macieira (f)	[ma'sjejra]
Birnbaum (m)	pereira (f)	[pe'rejra]
Süßkirschbaum (m)	cerejeira (f)	[sere'ʒejra]
Sauerkirschbaum (m)	ginjeira (f)	[ʒĩ'ʒejra]
Pflaumenbaum (m)	ameixeira (f)	[amej'ʃejra]

Birke (f)	bétula (f)	['bɛtula]
Eiche (f)	carvalho (m)	[kar'vaʎu]
Linde (f)	tília (f)	['tʃilja]
Espe (f)	choupo-tremedor (m)	['ʃopu-treme'dor]
Ahorn (m)	bordo (m)	['bɔrdu]
Fichte (f)	espruce (m)	[is'pruse]
Kiefer (f)	pinheiro (m)	[pi'ɲejru]
Lärche (f)	alerce, lariço (m)	[a'lɛrse], [la'risu]
Tanne (f)	abeto (m)	[a'bɛtu]
Zeder (f)	cedro (m)	['sɛdru]

Pappel (f)	choupo, álamo (m)	['ʃopu], ['alamu]
Vogelbeerbaum (m)	tramazeira (f)	[trama'zejra]
Weide (f)	salgueiro (m)	[saw'gejru]
Erle (f)	amieiro (m)	[a'mjejru]
Buche (f)	faia (f)	['faja]
Ulme (f)	ulmeiro, olmo (m)	[ul'mejru], ['ɔwmu]
Esche (f)	freixo (m)	['frejʃu]
Kastanie (f)	castanheiro (m)	[kasta'ɲejru]

Magnolie (f)	magnólia (f)	[mag'nɔlja]
Palme (f)	palmeira (f)	[paw'mejra]
Zypresse (f)	cipreste (m)	[si'prɛstʃi]

Mangrovenbaum (m)	mangue (m)	['mãgi]
Baobab (m)	embondeiro, baobá (m)	[ẽbõ'dejru], [bao'ba]
Eukalyptus (m)	eucalipto (m)	[ewka'liptu]
Mammutbaum (m)	sequoia (f)	[se'kwɔja]

187. Büsche

| Strauch (m) | arbusto (m) | [ar'bustu] |
| Gebüsch (n) | arbusto (m), moita (f) | [ar'bustu], ['mɔjta] |

Weinstock (m)	**videira** (f)	[vi'dejra]
Weinberg (m)	**vinhedo** (m)	[vi'ɲedu]

Himbeerstrauch (m)	**framboeseira** (f)	[frãboe'zejra]
schwarze Johannisbeere (f)	**groselheira-negra** (f)	[groze'ʎejra 'negra]
rote Johannisbeere (f)	**groselheira-vermelha** (f)	[grozɛ'ʎejra ver'meʎa]
Stachelbeerstrauch (m)	**groselheira** (f) **espinhosa**	[groze'ʎejra ispi'ɲoza]

Akazie (f)	**acácia** (f)	[a'kasja]
Berberitze (f)	**bérberis** (f)	['bɛrberis]
Jasmin (m)	**jasmim** (m)	[ʒaz'mĩ]

Wacholder (m)	**junípero** (m)	[ʒu'niperu]
Rosenstrauch (m)	**roseira** (f)	[ho'zejra]
Heckenrose (f)	**roseira** (f) **brava**	[ho'zejra 'brava]

188. Pilze

Pilz (m)	**cogumelo** (m)	[kogu'mɛlu]
essbarer Pilz (m)	**cogumelo** (m) **comestível**	[kogu'mɛlu komes'tʃivew]
Giftpilz (m)	**cogumelo** (m) **venenoso**	[kogu'mɛlu vene'nozu]
Hut (m)	**chapéu** (m)	[ʃa'pɛw]
Stiel (m)	**pé, caule** (m)	[pɛ], ['kauli]

Steinpilz (m)	**boleto, porcino** (m)	[bu'letu], [pɔrsinu]
Rotkappe (f)	**boleto** (m) **alaranjado**	[bu'letu alarã'ʒadu]
Birkenpilz (m)	**boleto** (m) **de bétula**	[bu'letu de 'bɛtula]
Pfifferling (m)	**cantarelo** (m)	[kãta'rɛlu]
Täubling (m)	**rússula** (f)	['rusula]

Morchel (f)	**morchella** (f)	[mor'ʃɛla]
Fliegenpilz (m)	**agário-das-moscas** (m)	[a'garju das 'moskas]
Grüner Knollenblätterpilz	**cicuta** (f) **verde**	[si'kuta 'verdʒi]

189. Obst. Beeren

Frucht (f)	**fruta** (f)	['fruta]
Früchte (pl)	**frutas** (f pl)	['frutas]
Apfel (m)	**maçã** (f)	[ma'sã]
Birne (f)	**pera** (f)	['pera]
Pflaume (f)	**ameixa** (f)	[a'mejʃa]

Erdbeere (f)	**morango** (m)	[mo'rãgu]
Sauerkirsche (f)	**ginja** (f)	['ʒĩʒa]
Süßkirsche (f)	**cereja** (f)	[se'reʒa]
Weintrauben (pl)	**uva** (f)	['uva]

Himbeere (f)	**framboesa** (f)	[frãbo'eza]
schwarze Johannisbeere (f)	**groselha** (f) **negra**	[gro'zɛʎa 'negra]
rote Johannisbeere (f)	**groselha** (f) **vermelha**	[[gro'zɛʎa ver'meʎa]
Stachelbeere (f)	**groselha** (f) **espinhosa**	[gro'zɛʎa ispi'ɲoza]
Moosbeere (f)	**oxicoco** (m)	[oksi'koku]

Apfelsine (f)	laranja (f)	[la'rãʒa]
Mandarine (f)	tangerina (f)	[tãʒe'rina]
Ananas (f)	abacaxi (m)	[abaka'ʃi]
Banane (f)	banana (f)	[ba'nana]
Dattel (f)	tâmara (f)	['tamara]

Zitrone (f)	limão (m)	[li'mãw]
Aprikose (f)	damasco (m)	[da'masku]
Pfirsich (m)	pêssego (m)	['pesegu]
Kiwi (f)	quiuí (m)	[ki'vi]
Grapefruit (f)	toranja (f)	[to'rãʒa]

Beere (f)	baga (f)	['baga]
Beeren (pl)	bagas (f pl)	['bagas]
Preiselbeere (f)	arando (m) vermelho	[a'rãdu ver'meʎu]
Walderdbeere (f)	morango-silvestre (m)	[mo'rãgu siw'vɛstri]
Heidelbeere (f)	mirtilo (m)	[mih'tʃilu]

190. Blumen. Pflanzen

| Blume (f) | flor (f) | [flɔr] |
| Blumenstrauß (m) | buquê (m) de flores | [bu'ke de 'floris] |

Rose (f)	rosa (f)	['hɔza]
Tulpe (f)	tulipa (f)	[tu'lipa]
Nelke (f)	cravo (m)	['kravu]
Gladiole (f)	gladíolo (m)	[gla'dʒiolu]

Kornblume (f)	escovinha (f)	[isko'viɲa]
Glockenblume (f)	campainha (f)	[kampa'iɲa]
Löwenzahn (m)	dente-de-leão (m)	['dẽtʃi] de le'ãw]
Kamille (f)	camomila (f)	[kamo'mila]

Aloe (f)	aloé (m)	[alo'ɛ]
Kaktus (m)	cacto (m)	['kaktu]
Gummibaum (m)	fícus (m)	['fikus]

Lilie (f)	lírio (m)	['lirju]
Geranie (f)	gerânio (m)	[ʒe'ranju]
Hyazinthe (f)	jacinto (m)	[ʒa'sĩtu]

Mimose (f)	mimosa (f)	[mi'mɔza]
Narzisse (f)	narciso (m)	[nar'sizu]
Kapuzinerkresse (f)	capuchinha (f)	[kapu'ʃiɲa]

Orchidee (f)	orquídea (f)	[or'kidʒja]
Pfingstrose (f)	peônia (f)	[pi'onia]
Veilchen (n)	violeta (f)	[vjo'leta]

Stiefmütterchen (n)	amor-perfeito (m)	[a'mor per'fejtu]
Vergissmeinnicht (n)	não-me-esqueças (m)	['nãw mi is'kesas]
Gänseblümchen (n)	margarida (f)	[marga'rida]
Mohn (m)	papoula (f)	[pa'pola]
Hanf (m)	cânhamo (m)	['kaɲamu]

Minze (f)	hortelã, menta (f)	[orte'lã], ['mẽta]
Maiglöckchen (n)	lírio-do-vale (m)	['lirju du 'vali]
Schneeglöckchen (n)	campânula-branca (f)	[kã'panula-'brãka]

Brennnessel (f)	urtiga (f)	[ur'tʃiga]
Sauerampfer (m)	azedinha (f)	[aze'dʒinha]
Seerose (f)	nenúfar (m)	[ne'nufar]
Farn (m)	samambaia (f)	[samã'baja]
Flechte (f)	líquen (m)	['likẽ]

Gewächshaus (n)	estufa (f)	[is'tufa]
Rasen (m)	gramado (m)	[gra'madu]
Blumenbeet (n)	canteiro (m) de flores	[kã'tejru de 'floris]

Pflanze (f)	planta (f)	['plãta]
Gras (n)	grama (f)	['grama]
Grashalm (m)	folha (f) de grama	['foʎa de 'grama]

Blatt (n)	folha (f)	['foʎa]
Blütenblatt (n)	pétala (f)	['pɛtala]
Stiel (m)	talo (m)	['talu]
Knolle (f)	tubérculo (m)	[tu'berkulu]

| Jungpflanze (f) | broto, rebento (m) | ['brotu], [he'bẽtu] |
| Dorn (m) | espinho (m) | [is'piɲu] |

blühen (vi)	florescer (vi)	[flore'ser]
welken (vi)	murchar (vi)	[mur'ʃar]
Geruch (m)	cheiro (m)	['ʃejru]
abschneiden (vt)	cortar (vt)	[kor'tar]
pflücken (vt)	colher (vt)	[ko'ʎer]

191. Getreide, Körner

Getreide (n)	grão (m)	['grãw]
Getreidepflanzen (pl)	cereais (m pl)	[se'rjajs]
Ähre (f)	espiga (f)	[is'piga]

Weizen (m)	trigo (m)	['trigu]
Roggen (m)	centeio (m)	[sẽ'teju]
Hafer (m)	aveia (f)	[a'veja]

| Hirse (f) | painço (m) | [pa'ĩsu] |
| Gerste (f) | cevada (f) | [se'vada] |

Mais (m)	milho (m)	['miʎu]
Reis (m)	arroz (m)	[a'hoz]
Buchweizen (m)	trigo-sarraceno (m)	['trigu-saha'sẽnu]

Erbse (f)	ervilha (f)	[er'viʎa]
weiße Bohne (f)	feijão (m) roxo	[fej'ʒãw 'hoʃu]
Sojabohne (f)	soja (f)	['soʒa]
Linse (f)	lentilha (f)	[lẽ'tʃiʎa]
Bohnen (pl)	feijão (m)	[fej'ʒãw]

REGIONALE GEOGRAPHIE

Länder. Nationalitäten

192. Politik. Regierung. Teil 1

Politik (f)	**política** (f)	[po'litʃika]
politisch	**político**	[po'litʃiku]
Politiker (m)	**político** (m)	[po'litʃiku]
Staat (m)	**estado** (m)	[i'stadu]
Bürger (m)	**cidadão** (m)	[sida'dãw]
Staatsbürgerschaft (f)	**cidadania** (f)	[sidada'nia]
Staatswappen (n)	**brasão** (m) **de armas**	[bra'zãw de 'armas]
Nationalhymne (f)	**hino** (m) **nacional**	['inu nasjo'naw]
Regierung (f)	**governo** (m)	[go'vernu]
Staatschef (m)	**Chefe** (m) **de Estado**	['ʃɛfi de i'stadu]
Parlament (n)	**parlamento** (m)	[parla'mẽtu]
Partei (f)	**partido** (m)	[par'tʃidu]
Kapitalismus (m)	**capitalismo** (m)	[kapita'lizmu]
kapitalistisch	**capitalista**	[kapita'lista]
Sozialismus (m)	**socialismo** (m)	[sosja'lizmu]
sozialistisch	**socialista**	[sosja'lista]
Kommunismus (m)	**comunismo** (m)	[komu'nizmu]
kommunistisch	**comunista**	[komu'nista]
Kommunist (m)	**comunista** (m)	[komu'nista]
Demokratie (f)	**democracia** (f)	[demokra'sia]
Demokrat (m)	**democrata** (m)	[demo'krata]
demokratisch	**democrático**	[demo'kratʃiku]
demokratische Partei (f)	**Partido** (m) **Democrático**	[par'tʃidu demo'kratʃiku]
Liberale (m)	**liberal** (m)	[libe'raw]
liberal	**liberal**	[libe'raw]
Konservative (m)	**conservador** (m)	[kõserva'dor]
konservativ	**conservador**	[kõserva'dor]
Republik (f)	**república** (f)	[he'publika]
Republikaner (m)	**republicano** (m)	hepubli'kanu]
Republikanische Partei (f)	**Partido** (m) **Republicano**	[par'tʃidu hepubli'kanu]
Wahlen (pl)	**eleições** (f pl)	[elej'sõjs]
wählen (vt)	**eleger** (vt)	[ele'ʒer]

| Wähler (m) | eleitor (m) | [elej'tor] |
| Wahlkampagne (f) | campanha (f) eleitoral | [kã'paɲa elejto'raw] |

Abstimmung (f)	votação (f)	[vota'sãw]
abstimmen (vi)	votar (vi)	[vo'tar]
Abstimmungsrecht (n)	sufrágio (m)	[su'fraʒu]

Kandidat (m)	candidato (m)	[kãdʒi'datu]
kandidieren (vi)	candidatar-se (vi)	[kãdʒida'tarsi]
Kampagne (f)	campanha (f)	[kã'paɲa]

| Oppositions- | da oposição | [da opozi'sãw] |
| Opposition (f) | oposição (f) | [opozi'sãw] |

Besuch (m)	visita (f)	[vi'zita]
Staatsbesuch (m)	visita (f) oficial	[vi'zita ofi'sjaw]
international	internacional	[ĩternasjo'naw]

| Verhandlungen (pl) | negociações (f pl) | [negosja'sõjs] |
| verhandeln (vi) | negociar (vi) | [nego'sjar] |

193. Politik. Regierung. Teil 2

Gesellschaft (f)	sociedade (f)	[sosje'dadʒi]
Verfassung (f)	constituição (f)	[kõstʃitwi'sãw]
Macht (f)	poder (m)	[po'der]
Korruption (f)	corrupção (f)	[kohup'sãw]

| Gesetz (n) | lei (f) | [lej] |
| gesetzlich (Adj) | legal | [le'gaw] |

| Gerechtigkeit (f) | justeza (f) | [ʒus'teza] |
| gerecht | justo | ['ʒustu] |

Komitee (n)	comitê (m)	[komi'te]
Gesetzentwurf (m)	projeto-lei (m)	[pro'ʒɛtu-'lej]
Budget (n)	orçamento (m)	[orsa'mẽtu]
Politik (f)	política (f)	[po'litʃika]
Reform (f)	reforma (f)	[he'fɔrma]
radikal	radical	[hadʒi'kaw]

Macht (f)	força (f)	['forsa]
mächtig (Adj)	poderoso	[pode'rozu]
Anhänger (m)	partidário (m)	[partʃi'darju]
Einfluss (m)	influência (f)	[ĩ'flwẽsja]

Regime (n)	regime (m)	[he'ʒimi]
Konflikt (m)	conflito (m)	[kõ'flitu]
Verschwörung (f)	conspiração (f)	[kõspira'sãw]
Provokation (f)	provocação (f)	[provoka'sãw]

stürzen (vt)	derrubar (vt)	[dehu'bar]
Sturz (m)	derrube (m), queda (f)	[de'rube], ['kɛda]
Revolution (f)	revolução (f)	[hevolu'sãw]

| Staatsstreich (m) | golpe (m) de Estado | ['gɔwpi de i'stadu] |
| Militärputsch (m) | golpe (m) militar | ['gɔwpi mili'tar] |

Krise (f)	crise (f)	['krizi]
Rezession (f)	recessão (f) econômica	[hesep'sãw eko'nomika]
Demonstrant (m)	manifestante (m)	[manifes'tãtʃi]
Demonstration (f)	manifestação (f)	[manifesta'sãw]
Ausnahmezustand (m)	lei (f) marcial	[lej mar'sjaw]
Militärbasis (f)	base (f) militar	['bazi mili'tar]

| Stabilität (f) | estabilidade (f) | [istabili'dadʒi] |
| stabil | estável | [is'tavew] |

| Ausbeutung (f) | exploração (f) | [isplora'sãw] |
| ausbeuten (vt) | explorar (vt) | [isplo'rar] |

Rassismus (m)	racismo (m)	[ha'sizmu]
Rassist (m)	racista (m)	[ha'sista]
Faschismus (m)	fascismo (m)	[fa'sizmu]
Faschist (m)	fascista (m)	[fa'sista]

194. Länder. Verschiedenes

Ausländer (m)	estrangeiro (m)	[istrã'ʒejru]
ausländisch	estrangeiro	[istrã'ʒejru]
im Ausland	no estrangeiro	[no istrã'ʒejru]

Auswanderer (m)	emigrante (m)	[emi'grãtʃi]
Auswanderung (f)	emigração (f)	[emigra'sãw]
auswandern (vi)	emigrar (vi)	[emi'grar]

Westen (m)	Ocidente (m)	[osi'dẽtʃi]
Osten (m)	Oriente (m)	[o'rjẽtʃi]
Ferner Osten (m)	Extremo Oriente (m)	[is'trɛmu o'rjẽtʃi]

Zivilisation (f)	civilização (f)	[siviliza'sãw]
Menschheit (f)	humanidade (f)	[umani'dadʒi]
Welt (f)	mundo (m)	['mũdu]
Frieden (m)	paz (f)	[pajz]
Welt-	mundial	[mũ'dʒjaw]

Heimat (f)	pátria (f)	['patrja]
Volk (n)	povo (m)	['povu]
Bevölkerung (f)	população (f)	[popula'sãw]
Leute (pl)	gente (f)	['ʒẽtʃi]
Nation (f)	nação (f)	[na'sãw]
Generation (f)	geração (f)	[ʒera'sãw]

Territorium (n)	território (m)	[tehi'tɔrju]
Region (f)	região (f)	[he'ʒjãw]
Staat (z.B. ~ Alaska)	estado (m)	[i'stadu]

| Tradition (f) | tradição (f) | [tradʒi'sãw] |
| Brauch (m) | costume (m) | [kos'tumi] |

Ökologie (f)	ecologia (f)	[ekolo'ʒia]
Indianer (m)	índio (m)	['ĩdʒju]
Zigeuner (m)	cigano (m)	[si'ganu]
Zigeunerin (f)	cigana (f)	[si'gana]
Zigeuner-	cigano	[si'ganu]

Reich (n)	império (m)	['ĩpɛrju]
Kolonie (f)	colônia (f)	[ko'lonja]
Sklaverei (f)	escravidão (f)	[iskravi'dãw]
Einfall (m)	invasão (f)	[ĩva'zãw]
Hunger (m)	fome (f)	['fɔmi]

195. Wichtige Religionsgruppen. Konfessionen

Religion (f)	religião (f)	[heli'ʒãw]
religiös	religioso	[heli'ʒozu]

Glaube (m)	crença (f)	['krẽsa]
glauben (vt)	crer (vt)	[krer]
Gläubige (m)	crente (m)	['krẽtʃi]

Atheismus (m)	ateísmo (m)	[ate'izmu]
Atheist (m)	ateu (m)	[a'tew]

Christentum (n)	cristianismo (m)	[kristʃja'nizmu]
Christ (m)	cristão (m)	[kris'tãw]
christlich	cristão	[kris'tãw]

Katholizismus (m)	catolicismo (m)	[katoli'sizmu]
Katholik (m)	católico (m)	[ka'tɔliku]
katholisch	católico	[ka'tɔliku]

Protestantismus (m)	protestantismo (m)	[protestã'tʃizmu]
Protestantische Kirche (f)	Igreja (f) Protestante	[i'greʒa protes'tãtʃi]
Protestant (m)	protestante (m)	[protes'tãtʃi]

Orthodoxes Christentum (n)	ortodoxia (f)	[ortodok'sia]
Orthodoxe Kirche (f)	Igreja (f) Ortodoxa	[i'greʒa orto'dɔksa]
orthodoxer Christ (m)	ortodoxo (m)	[orto'dɔksu]

Presbyterianismus (m)	presbiterianismo (m)	[prezbiterja'nizmu]
Presbyterianische Kirche (f)	Igreja (f) Presbiteriana	[i'greʒa prezbite'rjana]
Presbyterianer (m)	presbiteriano (m)	[prezbite'rjanu]

Lutherische Kirche (f)	luteranismo (m)	[lutera'nizmu]
Lutheraner (m)	luterano (m)	[lute'ranu]

Baptismus (m)	Igreja (f) Batista	[i'greʒa ba'tʃista]
Baptist (m)	batista (m)	[ba'tʃista]

Anglikanische Kirche (f)	Igreja (f) Anglicana	[i'greʒa ãgli'kana]
Anglikaner (m)	anglicano (m)	[ãgli'kanu]
Mormonismus (m)	mormonismo (m)	[mormo'nizmu]
Mormone (m)	mórmon (m)	['mɔrmõ]

| Judentum (n) | Judaísmo (m) | [ʒuda'izmu] |
| Jude (m) | judeu (m) | [ʒu'dew] |

| Buddhismus (m) | budismo (m) | [bu'dʒizmu] |
| Buddhist (m) | budista (m) | [bu'dʒista] |

| Hinduismus (m) | hinduísmo (m) | [ĩ'dwizmu] |
| Hindu (m) | hindu (m) | [ĩ'du] |

Islam (m)	Islã (m)	[iz'lã]
Moslem (m)	muçulmano (m)	[musuw'manu]
moslemisch	muçulmano	[musuw'manu]

| Schiismus (m) | xiismo (m) | [ʃi'iʒmu] |
| Schiit (m) | xiita (m) | [ʃi'ita] |

| Sunnismus (m) | sunismo (m) | [su'nismu] |
| Sunnit (m) | sunita (m) | [su'nita] |

196. Religionen. Priester

| Priester (m) | padre (m) | ['padri] |
| Papst (m) | Papa (m) | ['papa] |

Mönch (m)	monge (m)	['mõʒi]
Nonne (f)	freira (f)	['frejra]
Pfarrer (m)	pastor (m)	[pas'tor]

Abt (m)	abade (m)	[a'badʒi]
Vikar (m)	vigário (m)	[vi'garju]
Bischof (m)	bispo (m)	['bispu]
Kardinal (m)	cardeal (m)	[kar'dʒjaw]

Prediger (m)	pregador (m)	[prega'dor]
Predigt (f)	sermão (m)	[ser'mãw]
Gemeinde (f)	paroquianos (pl)	[paro'kjanus]

| Gläubige (m) | crente (m) | ['krẽtʃi] |
| Atheist (m) | ateu (m) | [a'tew] |

197. Glauben. Christentum. Islam

| Adam | Adão | [a'dãw] |
| Eva | Eva | ['ɛva] |

Gott (m)	Deus (m)	['dews]
Herr (m)	Senhor (m)	[se'ɲor]
Der Allmächtige	Todo Poderoso (m)	['todu pode'rozu]

Sünde (f)	pecado (m)	[pe'kadu]
sündigen (vi)	pecar (vi)	[pe'kar]
Sünder (m)	pecador (m)	[peka'dor]

Sünderin (f)	**pecadora** (f)	[peka'dora]
Hölle (f)	**inferno** (m)	[ĩ'fɛrnu]
Paradies (n)	**paraíso** (m)	[para'izu]

Jesus	**Jesus**	[ʒe'zus]
Jesus Christus	**Jesus Cristo**	[ʒe'zus 'kristu]

der Heiliger Geist	**Espírito** (m) **Santo**	[is'piritu 'sãtu]
der Erlöser	**Salvador** (m)	[sawva'dor]
die Jungfrau Maria	**Virgem Maria** (f)	['virʒẽ ma'ria]

Teufel (m)	**Diabo** (m)	['dʒjabu]
teuflisch	**diabólico**	[dʒja'bɔliku]
Satan (m)	**Satanás** (m)	[sata'nas]
satanisch	**satânico**	[sa'taniku]

Engel (m)	**anjo** (m)	['ãʒu]
Schutzengel (m)	**anjo** (m) **da guarda**	['ãʒu da 'gwarda]
Engel(s)-	**angelical**	[ãʒeli'kaw]

Apostel (m)	**apóstolo** (m)	[a'pɔstolu]
Erzengel (m)	**arcanjo** (m)	[ar'kãʒu]
Antichrist (m)	**anticristo** (m)	[ãtʃi'kristu]

Kirche (f)	**Igreja** (f)	[i'greʒa]
Bibel (f)	**Bíblia** (f)	['biblja]
biblisch	**bíblico**	['bibliku]

Altes Testament (n)	**Velho Testamento** (m)	['vɛʎu testa'mẽtu]
Neues Testament (n)	**Novo Testamento** (m)	['novu testa'mẽtu]
Evangelium (n)	**Evangelho** (m)	[evã'ʒɛʎu]
Heilige Schrift (f)	**Sagradas Escrituras** (f pl)	[sa'gradas iskri'turas]
Himmelreich (n)	**Céu** (m)	[sɛw]

Gebot (n)	**mandamento** (m)	[mãda'mẽtu]
Prophet (m)	**profeta** (m)	[pro'fɛta]
Prophezeiung (f)	**profecia** (f)	[profe'sia]

Allah	**Alá** (m)	[a'la]
Mohammed	**Maomé** (m)	[mao'mɛ]
Koran (m)	**Alcorão** (m)	[awko'rãw]

Moschee (f)	**mesquita** (f)	[mes'kita]
Mullah (m)	**mulá** (m)	[mu'la]
Gebet (n)	**oração** (f)	[ora'sãw]
beten (vi)	**rezar, orar** (vi)	[he'zar], [o'rar]

Wallfahrt (f)	**peregrinação** (f)	[peregrina'sãw]
Pilger (m)	**peregrino** (m)	[pere'grinu]
Mekka (n)	**Meca** (f)	['mɛka]

Kirche (f)	**igreja** (f)	[i'greʒa]
Tempel (m)	**templo** (m)	['tẽplu]
Kathedrale (f)	**catedral** (f)	[kate'draw]
gotisch	**gótico**	['gɔtʃiku]
Synagoge (f)	**sinagoga** (f)	[sina'gɔga]

Moschee (f)	**mesquita** (f)	[mes'kita]
Kapelle (f)	**capela** (f)	[ka'pɛla]
Abtei (f)	**abadia** (f)	[aba'dʒia]
Nonnenkloster (n)	**convento** (m)	[kõ'vẽtu]
Mönchskloster (n)	**mosteiro, monastério** (m)	[mos'tejru], [monas'tɛrju]

Glocke (f)	**sino** (m)	['sinu]
Glockenturm (m)	**campanário** (m)	[kãpa'narju]
läuten (Glocken)	**repicar** (vi)	[hepi'kar]

Kreuz (n)	**cruz** (f)	[kruz]
Kuppel (f)	**cúpula** (f)	['kupula]
Ikone (f)	**ícone** (m)	['ikoni]

Seele (f)	**alma** (f)	['awma]
Schicksal (n)	**destino** (m)	[des'tʃinu]
das Böse	**mal** (m)	[maw]
Gute (n)	**bem** (m)	[bẽj]

Vampir (m)	**vampiro** (m)	[vã'piru]
Hexe (f)	**bruxa** (f)	['bruʃa]
Dämon (m)	**demônio** (m)	[de'monju]
Geist (m)	**espírito** (m)	[is'piritu]

| Sühne (f) | **redenção** (f) | [hedẽ'sãw] |
| sühnen (vt) | **redimir** (vt) | [hedʒi'mir] |

Gottesdienst (m)	**missa** (f)	['misa]
die Messe lesen	**celebrar a missa**	[sele'brar a 'misa]
Beichte (f)	**confissão** (f)	[kõfi'sãw]
beichten (vi)	**confessar-se** (vr)	[kõfe'sarsi]

Heilige (m)	**santo** (m)	['sãtu]
heilig	**sagrado**	[sa'gradu]
Weihwasser (n)	**água** (f) **benta**	['agwa 'bẽta]

Ritual (n)	**ritual** (m)	[hi'twaw]
rituell	**ritual**	[hi'twaw]
Opfer (n)	**sacrifício** (m)	[sakri'fisju]

Aberglaube (m)	**superstição** (f)	[superstʃi'sãw]
abergläubisch	**supersticioso**	[superstʃi'sjozu]
Nachleben (n)	**vida** (f) **após a morte**	['vida a'pɔjs a 'mɔrtʃi]
ewiges Leben (n)	**vida** (f) **eterna**	['vida e'terna]

VERSCHIEDENES

198. Verschiedene nützliche Wörter

Anfang (m)	começo, início (m)	[ko'mesu], [i'nisju]
Anstrengung (f)	esforço (m)	[is'forsu]
Anteil (m)	parte (f)	['partʃi]
Art (Typ, Sorte)	tipo (m)	['tʃipu]
Auswahl (f)	variedade (f)	[varje'dadʒi]
Barriere (f)	barreira (f)	[ba'hejra]
Basis (f)	base (f)	['bazi]
Beispiel (n)	exemplo (m)	[e'zẽplu]
bequem (gemütlich)	cômodo	['komodu]
Bilanz (f)	equilíbrio (m)	[eki'librju]
Ding (n)	coisa (f)	['kojza]
dringend (Adj)	urgente	[ur'ʒẽtʃi]
dringend (Adv)	urgentemente	[urʒẽte'mẽtʃi]
Effekt (m)	efeito (m)	[e'fejtu]
Eigenschaft (Werkstoff~)	propriedade (f)	[proprje'dadʒi]
Element (n)	elemento (m)	[ele'mẽtu]
Ende (n)	fim (m)	[fĩ]
Entwicklung (f)	desenvolvimento (m)	[dʒizẽvowvi'mẽtu]
Fachwort (n)	termo (m)	['termu]
Fehler (m)	erro (m)	['ehu]
Form (z.B. Kugel-)	forma (f)	['forma]
Fortschritt (m)	progresso (m)	[pro'grɛsu]
Gegenstand (m)	objeto (m)	[ob'ʒɛtu]
Geheimnis (n)	segredo (m)	[se'gredu]
Grad (Ausmaß)	grau (m)	[graw]
Halt (m), Pause (f)	paragem (f)	[pa'raʒẽ]
häufig (Adj)	frequente	[fre'kwẽtʃi]
Hilfe (f)	ajuda (f)	[a'ʒuda]
Hindernis (n)	obstáculo (m)	[ob'stakulu]
Hintergrund (m)	fundo (m)	['fũdu]
Ideal (n)	ideal (m)	[ide'jaw]
Kategorie (f)	categoria (f)	[katego'ria]
Kompensation (f)	compensação (f)	[kõpẽsa'sãw]
Labyrinth (n)	labirinto (m)	[labi'rĩtu]
Lösung (Problem usw.)	solução (f)	[solu'sãw]
Moment (m)	momento (m)	[mo'mẽtu]
Nutzen (m)	utilidade (f)	[utʃili'dadʒi]
Original (Schriftstück)	original (m)	[oriʒi'naw]
Pause (kleine ~)	pausa (f)	['pawza]

Position (f)	**posição** (f)	[pozi'sãw]
Prinzip (n)	**princípio** (m)	[prĩ'sipju]
Problem (n)	**problema** (m)	[prob'lɛma]
Prozess (m)	**processo** (m)	[pru'sɛsu]
Reaktion (f)	**reação** (f)	[hea'sãw]
Reihe (Sie sind an der ~)	**vez** (f)	[vez]
Risiko (n)	**risco** (m)	['hisku]
Serie (f)	**série** (f)	['sɛri]
Situation (f)	**situação** (f)	[sitwa'sãw]
Standard-	**padrão**	[pa'drãw]
Standard (m)	**padrão** (m)	[pa'drãw]
Stil (m)	**estilo** (m)	[is'tʃilu]
System (n)	**sistema** (m)	[sis'tɛma]
Tabelle (f)	**tabela** (f)	[ta'bɛla]
Tatsache (f)	**fato** (m)	['fatu]
Teilchen (n)	**partícula** (f)	[par'tʃikula]
Tempo (n)	**ritmo** (m)	['hitʃmu]
Typ (m)	**tipo** (m)	['tʃipu]
Unterschied (m)	**diferença** (f)	[dʒife'rẽsa]
Ursache (z.B. Todes-)	**causa** (f)	['kawza]
Variante (f)	**variante** (f)	[va'rjãtʃi]
Vergleich (m)	**comparação** (f)	[kõpara'sãw]
Wachstum (n)	**crescimento** (m)	[kresi'mẽtu]
Wahrheit (f)	**verdade** (f)	[ver'dadʒi]
Weise (Weg, Methode)	**modo** (m)	['mɔdu]
Zone (f)	**zona** (f)	['zɔna]
Zufall (m)	**coincidência** (f)	[koĩsi'dẽsja]